上海地方本科院校"十二五"内涵建设项目经费资助

上海"十二五"内涵建设项目案例系列教材

跨国企业经营管理案例分析

施 堃 编著

立信会计出版社
LIXIN ACCOUNTING PUBLISHING HOUSE

图书在版编目(CIP)数据

跨国企业经营管理案例分析 / 施堃编著. —上海：立信会计出版社，2014.12

上海"十二五"内涵建设项目案例系列教材

ISBN 978-7-5429-4418-4

Ⅰ.①跨… Ⅱ.①施… Ⅲ.①跨国公司—企业管理—案例—教材 Ⅳ.①F276.7

中国版本图书馆 CIP 数据核字(2014)第 282041 号

责任编辑　方士华
封面设计　周崇文

跨国企业经营管理案例分析

出版发行	立信会计出版社		
地　　址	上海市中山西路 2230 号	邮政编码	200235
电　　话	(021)64411389	传　真	(021)64411325
网　　址	www.lixinaph.com	电子邮箱	lxaph@sh163.net
网上书店	www.shlx.net	电　话	(021)64411071
经　　销	各地新华书店		
印　　刷	常熟市梅李印刷有限公司		
开　　本	710 毫米×960 毫米	1/16	
印　　张	13.25	插　页	1
字　　数	225 千字		
版　　次	2014 年 12 月第 1 版		
印　　次	2014 年 12 月第 1 次		
印　　数	1—2 100		
书　　号	ISBN 978-7-5429-4418-4/F		
定　　价	28.00 元		

如有印订差错，请与本社联系调换

前　　言

　　跨国企业是在多个国家从事经济活动的国际性公司集团，在其本国中的经济中占举足轻重的地位，随着经济全球化的进程，跨国公司在全球经济中的地位也越发显赫。中国加入 WTO 以后，中国企业走国际化经营之路是一种必然趋势，跨国企业经营管理课程正是适应这一趋势而开设的，也是应用型本科院校培养宽口径、厚基础、重实践、国际化人才的有益实践。

　　在笔者多年的教学实践过程中，学生普遍反映现有的教材理论内容偏多，而实际案例偏少；有的教材案例则显得陈旧，不能充分体现当今国际跨国企业的经营现状和发展趋势。就此，从一线的教学实践出发，笔者编纂了本书，希冀其能成为学生课堂学习的有益辅助读物，做到理论与实际相结合，扎实、全面地掌握相关课程的内容；同时，也希望本书能帮助读者拓宽视野，丰富知识，成为广大高等院校学生、教师和企业管理者的学习和参考用书。

目　录

第一章　解读跨国公司 ··· 1
　　案例1　跨国公司的雏形——东印度公司 ··························· 1
　　案例2　能源巨头——标准石油公司 ································ 4
　　案例3　财富的排行——《财富》"世界500强"排行榜 ············· 11

第二章　跨国公司的相关理论 ··· 22
　　案例4　邓宁国际生产折中理论的演变 ···························· 22
　　案例5　布雷顿森林体系 ··· 28

第三章　跨国企业进入外国市场的方式 ······························· 37
　　案例6　可口可乐公司 ··· 37
　　案例7　世界零售业帝国——沃尔玛公司 ·························· 42
　　案例8　中远的故事 ··· 48
　　案例9　众里寻他千百度 ··· 52

第四章　跨国企业的经营战略 ··· 58
　　案例10　杰克·韦尔奇的三圈整合 ································ 58
　　案例11　水土不服的百思买 ······································ 63
　　案例12　移动互联的TABLE ······································· 67

第五章　跨国并购 ·· 74
　　案例13　摩托罗拉系列并购案 ···································· 74
　　案例14　百胜吞"羊" ·· 81
　　案例15　优酷土豆合并案 ·· 86

第六章　跨国企业的组织结构 ··· 93
　　案例16　拜耳公司 ··· 93

案例 17　联合利华的重组之路 ·· 101

第七章　跨国公司采购、生产与营销管理 ··································· 109
　　案例 18　快餐巨无霸——麦当劳的故事 ······························ 109
　　案例 19　宝洁公司的市场营销策略 ···································· 119
　　案例 20　跨时代的交通工具——特斯拉 ······························ 127

第八章　跨国公司的税务与转移价格 ·· 134
　　案例 21　国际自由贸易区 ·· 134
　　案例 22　毕马威避税案 ·· 139

第九章　跨国企业技术管理 ··· 144
　　案例 23　改变世界的苹果 ·· 144
　　案例 24　数码时代折戟沉沙的百年老店——柯达 ················· 151

第十章　跨文化管理和企业社会责任 ·· 157
　　案例 25　戴姆勒-克莱斯勒的南柯一梦 ······························· 157
　　案例 26　墨西哥湾漏油事件 ··· 163
　　案例 27　康菲漏油事件 ·· 169

第十一章　跨国企业风险管理 ·· 175
　　案例 28　肯德基食品安全问题事件 ···································· 175
　　案例 29　荷兰郁金香的故事 ··· 181

第十二章　走向世界的中国跨国企业 ·· 186
　　案例 30　联想和 IBM ··· 186
　　案例 31　世界的海尔 ··· 196

参考文献 ·· 204

第一章
解读跨国公司

 案例 1　跨国公司的雏形——东印度公司

本案例学习目标

　　通过案例的学习,了解跨国公司在产生和发展的过程最早期的形式,从而利于了解跨国公司的起源和产业发展趋势。

一、问题的提出

　　跨国公司的实质在于,它是在不同国家和地区从事经济活动的公司。但是,跨国贸易、国际贸易由来已久,早期的跨国公司是何时产生的?

二、理论分析框架

　　历史上,真正的国际贸易是伴随着民族国家的兴起而出现的。近2 000年来,各国之间的贸易保持了稳定的、持续的规模,其中也出现了四波比较大的国际贸易的浪潮,分别是2 000年前的罗马帝国时期,15世纪起的大航海时代,第一次和第二次科技革命时期,第二次世界大战特别是冷战结束后时期并且绵延至今。而结合现代公司的实质这一角度来看,早期的跨国公司应产生于大航海时代,新大陆的发现、新航线的开辟,扩大了国际贸易活动的可能性,而新的企业组织形式——特权贸易公司的出现,意味着以商人个人冒险事业的消亡和现代公司企业的诞生。英国东印度公司就是典型的特权贸易公司,也被认为是跨国公司的雏形。

三、案例背景介绍

　　事实上,在欧洲历史上很多国家都建立了自己的"东印度公司"企业,例如:

1600年成立的英国东印度公司(不列颠东印度公司),1602年成立的荷兰东印度公司(Vereenigde Oost-Indische Compagnie),1616年成立的丹麦东印度公司(Dansk Ostindisk Kompagni),1664年成立的法国东印度公司(La Compagnie française des Indes orientales)以及1731年成立的瑞典东印度公司(Svenska Ostindiska Companiet)。其中尤以英国东印度公司最为著名。

英国东印度公司(British East India Company,BEIC)又称"可敬的东印度公司"(the Honourable East India Company,HEIC),有时也被称为"约翰公司"(John Company),是一个股份公司,最初的正式全名是"伦敦商人在东印度贸易的公司"(The Company of Merchants of London Trading into the East Indies)。它是由一群有创业心和影响力的商人所组成,成立初期公司共有125个持股人,资金为7.2万英镑。1600年12月31日,英国女王伊丽莎白一世授予该公司皇家特许状,给予该公司对东印度的15年的贸易专利特许,从而宣告了其实质意义上的正式组成。实际上,此特许状给予"可敬的东印度公司"在东印度贸易的垄断权21年。随着时间的变迁,东印度公司从一个商业贸易企业变成印度的实际主宰者。至1858年被解除行政权力为止,它还获得了协助统治和军事职能。图1-1为东印度公司的徽章。

图1-1 英国东印度公司的徽章

1613年,英国在印度西部的苏特拉设立贸易站,不久,又在印度东南部的马德拉斯建立商馆。随着经济实力的加强,东印度公司逐渐占领了马德拉斯、加尔各答和孟买,在这些地方各自设立了三个管辖区,各设一名省督管辖,而从地图上看这三个城市构成的三角形围住了印度中部的大片国土,东印度公司以此为基础进一步侵占印度其他地区。此外,东印度公司训练雇佣军,表面上是印度封建王公所拥有,但这些封建王公因受到东印度公司的"保护",实际上是为英国人服务的。这些雇佣军由欧洲军官指挥,对之后英国占领印度起到了极其重要的作用。

东印度公司在印度疯狂进行殖民掠夺,获得异常丰厚的利润和经济回报。英国通过东印度公司垄断鸦片、食盐和烟草贸易。其中,鸦片收入约占公司总收入的1/7,公司强迫孟加拉农民种植鸦片,再走私运到中国销售,从中牟取暴利。称其为后期中英鸦片战争的始作俑者也并不过分。

从18世纪60年代起,东印度公司开始走下坡路,1813年,东印度公司对印度的贸易垄断权被取消,同年,英政府又取消了它对中国的贸易垄断权。东印度公司对华贸易特权被取消后,来广州十三行贸易的英国商人从原来统一由东印度公司组织而变为散商,英国政府特派官员与中国政府交涉商务事宜,使原来商人与商人之间的交涉一变而成为政府间的交涉,由此而埋下了中英两国冲突导火线的种子。种种权力被取消后,东印度公司走向了破产的道路。1858年,东印度公司被英国政府正式取消,英国政府开始直接统治印度至1947年。

(资料来源:根据互联网资料综合整理。)

四、案例分析

贸易和商业是自古以来就存在于人类社会中的普遍的行为活动。随着科学技术和生产力的发展,商品贸易的数量和价值都逐渐提高,从而导致这些行为活动也不断地发生变化。从最初的商人的个别行为,到商人间合伙的买卖经营,再到形成固定的特殊的组织从事相关的贸易活动,以及之后以公司、企业的形式出现,人类社会的经济活动是一个不断发展的过程,也是整个人类文明持续进步的象征。

跨国公司的发展也与上述的行为和活动相互对应,是一个不断前进、发展的过程。从最初的不同国籍的商人互市,再到冒险家的跨国贸易活动。受限于人类活动范围和交通能力,之前的国际间经济行为都存在于个体以及小规模的人群之中。伴随着科学技术的进步和人类社会的发展,新的运输工具代替了传统的动物畜力,新的造船能力能更安全地航行于海洋,跨国贸易迎来了新的契机,也迎来了新的高峰。与之而来的正是新的贸易组织和管理的形式出现。

此外,荷兰、英国、法国都在东半球设立"东印度公司",也是具有其历史性的原因的。17~18世纪,伴随着航海技术的发展和新航线的开辟,这三国是世界上最为发达和强盛的国家,也是最主要的殖民国家(相对而言,另一殖民强国西班牙主要在西半球扩张),它们在东半球,尤其是东亚和南亚的争夺非常激烈,争相成立东印度公司是它们之间争夺的重要表现和手段。在各个殖民地上历经了多次政治、经济和军事的战争过程,最后在南亚次大陆的印度,英国取得胜利,所以英国东印度公司也最有名。

随着工业革命的开展和逐步完成,自由竞争、自由贸易已成为新兴工业资产阶级的强烈要求,这种特权公司已不适应资本主义进一步发展的要求,也不利于各国民族经济的发展,因此遭到各国的反对,所以在18世纪中期,先后被各国政府解散。在当时的时代背景和政治体系下,商人、企业的利润在更大的政府和国家利益前,终将难逃"鸟尽弓藏,兔死狗烹"的下场。

五、结论

东印度公司与今天的跨国公司并不相同。东印度公司是从自己政府那里获得贸易独占权而且拥有军队(包括舰队),在殖民地建立政府机构,对殖民地进行残暴的政治统治、经济掠夺甚至于贩卖奴隶、毒品的军政经合一的殖民机构。它们产生和存在于 16 世纪末到 19 世纪上半期,对各国资本主义原始积累起了重要作用,但是在大的殖民背景下,其更多的是属于殖民国家用于强化统治、控制殖民地经济命脉的不平等贸易组织形式,区别于现代意义上的跨国企业形式,因此将其称为跨国公司的雏形更为合适。

问题探讨与思考

1. 东印度公司为何被称为跨国企业的雏形?
2. 东印度公司的兴起和衰亡有何历史意义?

案例 2　能源巨头——标准石油公司

本案例学习目标

通过案例的学习,了解跨国公司在产生和发展的过程经典的企业案例,也是整个人类经济和社会发展过程中最具影响力的企业代表之一。

一、问题的提出

综观人类文明的发展历史,不少企业曾经历过辉煌,但之后却逐渐日落西山而走向沉沦。对于跨国企业来说,有没有一个行业能保证其永远的竞争力和丰厚的利润呢?

二、理论分析框架

有一种跨国公司,在历经了百年之后仍然没有太大的变化,并且公司本身仍然具有强盛的生存力和竞争力,这种企业就应是能源和矿产类的公司。如果要举一个典型的例子,那么非洛克菲勒创办的石油公司莫属。

石油被称为工业的血液。据美国地质勘探局(USGS)和能源信息署(EIA)的调查显示,2011 年年末,石油的用途结构中有 80% 以上为运输,此外其还被用于发电、化工等领域。在现代社会,公路运输所需要的汽油和柴油等都源于石油,是处于至关重要地位的能源。

19世纪末到20世纪初期,由于第二次科技革命的影响和现代企业组织的发展,一大批具有敏锐商业头脑的企业家和冒险家开始创办自己的实业公司,以期抓住或者分享产业革命带来的丰厚回报。通过残酷的同业竞争、资本兼并和重组,欧美各国都不断出现规模日益庞大的企业,同时半数以上的大公司都开始向海外投资,设立工厂和分公司。这些公司的市场范围和生产地也从国内延伸至国外,开始实行国内工厂和国外工厂同时生产和销售,从而成为世界上第一批以对外直接投资为主要特征的跨国公司。

与此同时,新的产业革命也带来了对新能源的渴求,而限于地理因素、地质成因和气候温湿等条件的限制,国内的资源需求无法得到满足,这就进一步促进了大公司的海外扩张。当时跨国公司对外直接投资的流向主要是经济落后的国家和地区,行业则主要分布在铁路、公用事业和矿产、能源行业,制造业整体偏低。

三、案例背景介绍

如果在20世纪初就有美国《福布斯》400名首富排行榜(Forbes 400)的话,约翰·洛克菲勒(John Davison Rockefeller,1839—1937)无疑将会荣登榜首。不仅如此,《福布斯》网站曾公布过"美国史上15大富豪"排行榜,最终洛克菲勒名列榜首,被视为人类近代史上首富,财富总值折合今日之4 000亿美元以上[2013年最新的福布斯富豪榜上,墨西哥电信大亨卡洛斯·斯利姆·埃卢(Carlos Slim Helú)连续第四年蝉联全球首富,净资产为730亿美元,而大家所熟知的比尔·盖茨排名第二,670亿美元]。作为一名美国实业家、慈善家,洛克菲勒以石油大亨与塑造现代慈善的企业化结构而闻名。

1870年,洛克菲勒创立了标准石油公司,历经数十年"不进则退"的激烈竞争,在全盛期他垄断了全美90%的石油市场,成为美国第一位十亿富豪与全球首富。标准石油公司最后被美国最高法院判决违反《反托拉斯法》并且在1911年被勒令拆分为38家公司,但是其规模之巨大,仍可以从其后继企业所见一斑:埃克森美孚(Exxon Mobil)、埃莫科(Amoco)、康纳科(Conoco)和雪佛龙(Chevron)这些在百年后的今天依然是世界最大的几家石油公司。其中,埃克森美孚公司是现今世界第一大石油公司,常年处于美国《财富》杂志评选的世界500强排行榜前10的行列。图1-2为标准石油公司的标志。

图1-2 标准石油公司的标志

19世纪60年代中期,美国南北战争结束,内战的结束意味着经济即将起飞,那正是洛克菲勒事业开始的背景。早期石油业发展漫无秩序,小成本的炼油厂到处都是。洛克菲勒是最早在克利夫兰设立炼油厂的人之一,那里是克州产油区铁道的终点站。1863年,洛克菲勒与克拉克(Maurice Clark)合资4 000美元,以及安德鲁斯(Samuel Andrews),三人一起设立了炼油厂,名叫精益工厂(Excelsior Works)。安德鲁斯负责改进炼油效能的技术,洛克菲勒则管理其他业务,特别是在把一切利润都必须再投入公司的扩张细节上。

在当时炼油行业里,只有能适应环境变化的公司才能生存。原油价格曾因产量突然暴增而下跌(在1861年1月到6月间,由每桶10美元跌到每桶只有0.5美元),面对产业的严冬,1864年时,洛克菲勒以利润再投资的方式在工厂里加设制桶设备,使每只桶的成本降为0.98美元;同时他认为增加利润的最好办法就是提高产量,因此又借钱开设第二家炼油厂,名为标准工厂(Standard Works),但是合伙人不愿意再举债扩张,于是在1865年2月,洛克菲勒以7.25万美元买下其他合伙人的所有股权,依靠自己狂热的工作和专注力,当年益精工厂就成为了克利夫兰最大的炼油厂之一,日产505桶油品。

这时,美国开始把大部分石油产品作为燃料和润滑剂销往需求量大的欧洲。仅1866年那一年,对欧洲出口就由60万桶暴增为150万桶。那时,独具慧眼的洛克菲勒邀弟弟威廉加入,在纽约设立办事处,直接对海外市场促销煤油。此举使标准工厂成为第一批扩展营业范围的炼油厂之一。由于威廉直接与国外买主订约,公司建立起独立的销售渠道。从其把石油产品外销时起,其公司性质就开始具有了"跨国企业"的性质和意义。

洛克菲勒意识到,光是炼油不足以维持公司的生存,因为石油产量的多少在于市场需求。为了控制油品的储藏及输送,标准石油公司设立了油库、输油管线,甚至制桶工厂,还迫使铁路公司给他大量折扣,以交换一定的货运量。1869年,标准工厂的产量已达一天1 500桶,规模经济的效益开始出现,因为日产500桶的炼油厂每加仑成本约6美分,而日产1 500桶的成本则只要3美分或更低。大额产量同时也增加了标准工厂与生产者和供应商的议价筹码。为进一步保护公司不受供应商和买主威胁,洛克菲勒还建立自己的运油车队,在铁路旁设置储油站,然后在纽约港建仓库。

长久以来,洛克菲勒一直认为规模扩大可使公司处于优势地位,与铁路公司的折扣交易证实了这个想法。尽管当时石油业混乱无序,洛克菲勒却能清楚看见未来的远景,以及自己公司将扮演的关键角色,这在之后的战略管理学中被引为BHAG的经典范例。1870年,洛克菲勒决定将所有在克利夫兰的炼油厂合并成一家公司，便于和原油生产商及铁路公司议价，又因为"公司组织"（corporation）在贷款和出售股票方面都较"合伙关系"（partnership）方便，洛克菲勒便把分别经营益精和标准工厂两家合伙企业，合并成为标准石油公司。完成内部兼并后，则伴随着一系列对外的扩张和收购过程，首批加入购并计划的包括当地最大的竞争对手克佩公司（Clark Payne Company）。当此合并案完成后，小厂立刻纷纷加入，短短2月内，洛克菲勒即买下了23家公司，其中18家为炼油厂，只有1家不在克利夫兰。到了1872年年底，标准石油的产量已提高超过6倍，日炼1万桶油，控制克利夫兰80%的炼油厂，成为全美最大的炼油公司，在建立一个稳固的大企业后，其开始进行横向与纵向的组合。在克利夫兰市中心有5个房间的办公室里，洛克菲勒和合伙人一步步地购并美国其他炼油公司，其中最重要的是范德葛特（Jacob Jay Vandergrift）的帝国炼油公司（Imperial Refining Company），以及在纽约、费城和匹兹堡都有炼油厂的派瑞公司（Charles Pratt & Company）。

除了合纵连横以扩大经营规模之外，标准石油公司在管理上的做法也为后人所瞩目。随着洛克菲勒帝国扩张，管理上的分工对标准石油公司而言日益重要。标准石油公司的整体政策虽然由克利夫兰总公司制定，但被收购公司的原经营者仍享有部分经营自主权，标准石油公司逐渐变成今日所谓的现代企业。那时的公司已变得非常庞大复杂，虽然洛克菲勒拥有最高职权，但他已为专业管理分工建立了基础，他自己不必亲自管理企业每个环节，而是组成委员会来管理公司，定期在纽约总部办公室开会。此外，为监督各单位营运状况，在纽约的董事会要求各单位负责人每季提交报表给董事会。到了1880年，由于需求持续增加，世界油市欣欣向荣，各国开始关注全球市场，标准石油公司开始面临来自国外的竞争压力，管理阶层又想出了"托拉斯"的应对之道——一群公司的集合体彼此相互关联，但又各自独立，可使不断成长的标准石油公司更有效地控制成本、提高利润和促进管理。当托拉斯组织结构于1882年1月2日生效时，标准石油麾下已经控制全美80%的炼油事业、90%的输油管线，在油罐车、石油副产品、油桶制造等相关行业中也居于领先地位。

标准石油公司的组织模式极度成功导致其他产业的大公司争相仿效，没多久，烟草、钢铁、电信等与人们生活息息相关的产业，都落入少数大企业的控制中。面对极不公平的垄断局面，时任美国总统西奥多·罗斯福（Theodore Roosevelt）把矛头指向标准石油公司及其他几家托拉斯企业，名气最大的标准石油公司尤其受到注目。1906年6月，密苏里州检察长哈德里（Herbert Hadley）宣称，将依据公司局（Bureau of Corporation）的一份报告起诉标准石油公司托拉斯,该份报告详述了标准石油公司庞大的规模和无比的权力,一个由8.8万英里长的输油管及每年运入标准石油公司炼油厂6 820万桶原油所建构的复杂组织。新政府如此致力于改革,标准石油公司没办法通过贿赂把问题摆平,司法大战于是展开。官司打到1907年夏天,联邦法庭判决:标准石油公司印第安纳分支单位收取铁路运费折扣是非法行为,罚款2 900万美元。虽然后来标准石油公司的律师群,在上级法院争取到二审的机会,但罗斯福总统的特派检察柯乐格(Frank Kellogg)在1908年5月,诉请解散新泽西标准石油公司(Standard Oil Company of New Jersey),也就是标准石油公司托拉斯的大本营。标准石油公司一路上诉到最高法院,最后由最高法院在1911年5月15日,判决标准石油公司败诉。在长达2万字的判决书中,最高法院称标准石油公司为"不合理"的托拉斯,命令解散38家分支机构,并把当初用于交换托拉斯的股票交还原股东。

终于,到了1911年7月,标准石油公司被分拆成38个独立的公司,而它的传奇则在这些公司中延续。很快这些公司又成为新的巨头。其中,其中两家比较大的是新泽西标准石油(Standard Oil Company of New Jersey)和纽约标准石油(Standard Oil Company of New York)。此后两家公司各自发展壮大。1972年,新泽西标准石油公司更名为埃克森公司,并在全美范围内统一使用埃克森商标。1975年,埃克森公司一举冲上了《财富》美国500强榜首。此后11年,除了在1978年和1979年被通用夺回榜首,其余9年都是埃克森公司的天下。

1999年,埃克森石油公司和已经成为美孚石油公司的原纽约标准石油合并,成立了埃克森美孚石油公司,并且荣登2001年《财富》杂志500强之首。现今,埃克森美孚公司是世界最大的非政府石油天然气生产商,总部设在美国得克萨斯州爱文市(Irving)。其在全球拥有生产设施和销售产品,在六大洲从事石油天然气勘探业务;通过其关联公司在全球大约200个国家和地区开展业务,拥有8.6万名员工,其中包括大约1.4万名工程技术人才和科学家。在能源和石化领域的诸多方面位居行业领先地位,分布在25个国家的45个炼油厂每天的炼油能力达640万桶;在全球拥有3.7万多座加油站及100万个工业和批发客户;每年在150多个国家销售大约2 800万吨石化产品。(数据引自财富中文网)2012年,其净利润达到450亿美元。(引自埃克森美孚2012年报)目前,埃克森美孚石油公司是《财富》杂志全球500强榜单前列的常客,其标志如图1-3所示。

图1-3 埃克森美孚公司标志

四、案例分析

石油作为现今社会最重要的能源,具有非常重要的战略意义。在整个世界的节奏飞速的今天,石油承担着最为重要的交通运输驱动能源的作用。无论是汽车、飞机还是船舶,绝大多数的交通工具和运输方式都需要石油的各种衍生产品,例如汽油、柴油、航空汽油等等,其在人类社会的交通出行、货物运输、物流配送、电力供应等方方面面起着决定性的作用。可以说,现代社会对于石油的依赖程度非常高,如果出现石油及其衍生品的供应紧张,在没有充足的储备假设下,任何国家和经济体可能不出几天就将处于瘫痪的状态,因此石油除了其经济地位外,往往带有更多的战略意义。

越是工业化、现代化的国家,其对石油的依赖程度就越高。与此同时,越是现代化的国家和经济实体,越是会动用一切手段来获取、保证甚至掠夺越多的石油资源,包括经济手段、贸易制度、外交策略乃至直接的军事行动,以平衡自身持续增加的巨大消耗,维持自己的经济地位和权力利益。同时,除了获得本土以及海外石油原油的勘探、开发、采集等上游行业利益之外,石油行业还包括了相关的炼油、加工以及化工等行业,充分挖掘原油的更多价值,研发衍生品的其他用途,以及下游的运输、销售、服务等产业,创造更多的经济利润,获取更多的投资回报。由于原油产地的地域局限,石油开发技术又伴随着具有较高的经济地位和科技实力,不同国家的资本、经济实力差异巨大,这一系列的非对称性、非普及性等不平衡因素导致这些经济行为显然不可避免地会发生在不同的国家和经济体之间时,这就是非常典型的跨国公司的行为。综上所述,不难解释为何现在各个发达国家会有如此多的石油巨头在从事相关开发、采集、炼油、加工等相关石油行业,也不难解释为何会有如此多的跨国石油公司巨擘。

标准石油公司的特点是以母国资源为主要对象,充分运用和发展新型技术,主要使用利润扩大规模、累积财富,建立庞大的组织体系来获取规模经济的低成本效应,并以此为基础向国外出售产品以获取利润。采用这种国际战略的企业,能在世界范围内通过充分利用母公司的创新能力和开发出的技术获得更多的利润,其发展主要依赖于新产品和新工艺流程,母公司具有雄厚的创新技术实力是其取得成功的前提条件,适用于跨国公司成长的初级阶段。标准石油公司正是抓住了第二次科技革命带来的产业发展对于新能源需求的绝佳契机,依靠技术发展、利润累积和管理优化而成就了一代石油帝国,它的成功虽然不

是偶然,但也是当时的国际形势和世界格局所造就的。

回顾标准石油公司的历史,不难看出,洛克菲勒本人在公司帝国登峰造极的过程中起到了至关重要的作用。首先,他独具慧眼,把握了整个社会潜在的、未来的、巨大的需求趋势,也就是商机。作为创业者,他敏锐地洞察到了石油背后巨大的商业利润空间和社会需求,抓住了机遇,利用地域优势,完善技术体系,从小企业起步,一步步造就了史上最辉煌、最庞大的石油帝国。其次,他执著于自己的事业,具有个人魅力、领导才能和管理天赋。从上述案例中不难看出,当时的石油业处于群雄割据的乱世,又历经市场萧条、竞争惨烈、利润空间一再被压缩的恶劣生存环境,在那个不进则退、适者生存的早期石油开发的起步阶段,洛克菲勒凭借自己个人的能力和强硬的手腕,多次挽狂澜于既倒,使得标准石油公司从众多类似、同质企业的残酷竞争中脱颖而出。同时,他又从整个产业链的上下游着眼,拓展经营领域,整合相关业务,采用纵向一体化的策略,一方面充分压缩了企业的各项成本支出,另一方面也为自己企业的核心竞争力完成资本累积和企业整体规模的持续发展保驾护航。再次,他创立了完善的企业管理制度和结构体系,其中不少都是开创性的,被后人誉为经典的现代企业管理范例和理念。在企业发展、壮大过程中,原有的适用于小作坊的管理体系势必会面临严峻挑战。标准石油公司在现代企业管理中写下浓墨重彩的一笔,因为它虽然具有庞大的规模、复杂的结构,却拥有明确的管理分工,企业帝国的首脑敢于放权,善于分权,深刻的管理哲学体现出了洛克菲勒本人所具有卓越的领导才能。最后,在一些管理模式上,如事业部、办事处,林林总总的各种兼并方式,所有权和管理权的分离以及具有争议的托拉斯,都是洛克菲勒灵活、创新性的管理方式的真实写照,也成为不少管理学经典所描述和研究的对象。

五、结论

商业历史学者钱德勒(Alfred D. Chandler)说:"若想了解美国大企业的兴起,必须了解标准石油公司的历史。"作为跨国公司历史上的经典案例,标准石油公司的发展是两次世界大战之前的产物,其特点是以母国资源、技术和财力为主体,建立庞大的组织体系来获取规模经济的低成本效应,并以此为基础向国外出售产品以获取利润。虽然颇有争议,但是其鼎盛至分解的传奇发展历程,以及留下的依然庞大的财富遗产,为管理学界津津乐道的模式体系,永远是世界经济和企业管理历史上的浓重一笔。

问题探讨与思考

1. 除了埃克森美孚石油公司,还有哪些你所熟悉的跨国石油企业?请举例说明。
2. 为何石油公司大多是跨国公司?试进行分析。
3. 你如何评价标准石油公司托拉斯模式的解散?
4. 跨国石油公司,是否能永远维系其目前能源巨头的经济地位?未来其会面临哪些风险?

案例 3 财富的排行——《财富》"世界 500 强"排行榜

本案例学习目标

通过本案例的学习,能初步了解衡量跨国企业体量、规模和影响力的重要依据。

一、问题的提出

跨国企业在全球经济中占据着越来越重要的地位。但是,如何对全球范围内如此众多的企业的"成功度"进行有效地衡量,并给出有说服力的排名呢?

二、理论分析框架

与同样推出公司排行榜的《福布斯》(Forbes)和《商业周刊》(Business Week)相比,《财富》的"500 强"以销售收入为依据进行排名,比较重视企业规模;而《商业周刊》则是把市值作为主要依据;《福布斯》则综合考虑年销售额、利润、总资产和市值。另外,《福布斯》的"500 强"排名不包括美国公司,《商业周刊》的排名仅限于发达国家,而《财富》则将世界各国的企业都进行排名。

销售收入是指销售商品产品、自制半成品或提供劳务等而收到的货款、劳务价款或取得索取价款凭证确认的收入,是指企业在一定时期内产品销售的货币收入总额。销售收入的发生,是以商品产品所有权的转移和已提供的劳务为依据,其主要标志是收到货款或取得收取款项的权利。销售收入被认为是衡量企业规模的一个有效的会计指标。

市值是指一家上市公司的发行股份按市场价格计算出来的股票总价值,其计算方法为每股股票的市场价格乘以发行总股数。市值是资本市场对于企业发展状态直观、动态的体现,具有趋势性、前瞻性,但是以市值进行统计企业的规模,会由于国别间证券交易市场制度的差异,以及全球汇率的动态波动而具有较大的局限性。

三、案例背景介绍

"世界500强",是对美国《财富》杂志(Fortune)每年评选的"全球最大500家公司"(Global 500)排行榜的一种约定俗成的叫法。《财富》"世界500强"排行榜一直是衡量全球大型公司的最著名、最权威的榜单,由《财富》杂志每年发布一次,公布的是上一年度全球范围内企业的各种经济数据,并且以销售收入为依据进行排行。

图1-4 《财富》"500强"标志

《财富》杂志还评选美国最大500家公司、全球最受赞赏的公司、全球最具影响力的50位商界领袖等一系列排名。同时,《财富》杂志还定期举办"《财富》全球论坛",在中国上海、香港和北京举办过3届,2013年《财富》全球论坛于6月6日至8日在中国四川成都举办。图1-4为《财富》"500强"标志。

1929年,美国人亨利·卢斯(Henny R. Luce)在经济萧条的背景下创办了《财富》杂志,他认为商业文化是一个社会的核心,期望借助《财富》杂志为低迷的经济描绘出未来的希望。第一份《财富》"500强"排行榜诞生于1955年,当时上榜的仅限于美国公司。自诞生之初起,《财富》杂志的编辑们就决定将收入作为企业排名的主要依据,因为收入是衡量增长和成功最可靠、最有证明力、最有意义的指标。1957年,美国之外的大公司首次拥有了专门的排行榜。1976年,第一份国际500强排行榜出炉,但仅包括美国之外的公司。直到1995年,第一份包含了美国和其他各国企业在内的综合榜单才正式问世:这也是第一份真正意义上的世界500强排行榜。这份榜单后来常被作为基准,用来对企业、行业或国家之间历年的表现进行数据对比。

表1-1至表1-13列出2001年至2013年历年公布的《财富》世界500强排行榜的前十名(数据出自财富中文网,http://www.fortunechina.com)。

表1-1　2013年《财富》世界500强排行榜前十名

排名	上年排名	公司名称(中英文)	营业收入(百万美元)	利润(百万美元)	国家
1	1	荷兰皇家壳牌石油公司(ROYAL DUTCH SHELL)	481 700.0	26 592.0	荷兰
2	3	沃尔玛(WAL-MART STORES)	469 162.0	16 999.0	美国
3	2	埃克森美孚(EXXON MOBIL)	449 886.0	44 880.0	美国
4	5	中国石油化工集团公司(SINOPEC GROUP)	428 167.4	8 221.1	中国
5	6	中国石油天然气集团公司(CHINA NATIONAL PETROLEUM)	408 630.0	18 195.9	中国
6	4	英国石油公司(BP)	388 285.0	11 582.0	英国
7	7	国家电网公司(STATE GRID)	298 448.8	12 317.9	中国
8	10	丰田汽车公司(TOYOTA MOTOR)	265 701.8	11 586.6	日本
9	12	大众公司(VOLKSWAGEN)	247 613.3	27 909.1	德国
10	11	道达尔公司(TOTAL)	234 277.5	13 743.2	法国

表1-2　2012年《财富》世界500强排行榜前十名

排名	上年排名	公司名称(中英文)	营业收入(百万美元)	利润(百万美元)	国家
1	2	荷兰皇家壳牌石油公司(ROYAL DUTCH SHELL)	484 489.0	30 918.0	荷兰
2	3	埃克森美孚(EXXON MOBIL)	452 926.0	41 060.0	美国
3	1	沃尔玛(WAL-MART STORES)	446 950.0	15 699.0	美国
4	4	英国石油公司(BP)	386 463.0	25 700.0	英国
5	5	中国石油化工集团公司(SINOPEC GROUP)	375 214.0	9 452.9	中国
6	6	中国石油天然气集团公司(CHINA NATIONAL PETROLEUM)	352 338.0	16 317.0	中国
7	7	国家电网公司(STATE GRID)	259 141.8	5 678.1	中国
8	10	雪佛龙(CHEVRON)	245 621.0	26 895.0	美国
9	12	康菲石油公司(CONOCOPHILLIPS)	237 272.0	12 436.0	美国
10	8	丰田汽车公司(TOYOTA MOTOR)	235 364.0	3 591.3	日本

表 1-3　2011 年《财富》世界 500 强排行榜前十名

排名	上年排名	公司名称(中英文)	营业收入(百万美元)	利润(百万美元)	国家
1	1	沃尔玛(WAL-MART STORES)	421 849	16 389	美国
2	2	荷兰皇家壳牌石油公司(ROYAL DUTCH SHELL)	378 152	20 127	荷兰
3	3	埃克森美孚(EXXON MOBIL)	354 674	30 460	美国
4	4	英国石油公司(BP)	308 928	-3 719	英国
5	7	中国石油化工集团公司(SINOPEC GROUP)	273 421.9	7 628.7	中国
6	10	中国石油天然气集团公司(CHINA NATIONAL PETROLEUM)	240 192.4	14 366.9	中国
7	8	国家电网公司(STATE GRID)	226 294	4 556.1	中国
8	5	丰田汽车公司(TOYOTA MOTOR)	221 760.2	4 765.7	日本
9	6	日本邮政控股公司(JAPAN POST HOLDINGS)	203 958.1	4 891.2	日本
10	11	雪佛龙(CHEVRON)	196 337	19 024	美国

表 1-4　2010 年《财富》世界 500 强排行榜前十名

排名	上年排名	公司名称(中英文)	营业收入(百万美元)	利润(百万美元)
1	3	沃尔玛(WAL-MART STORES)	408 214	14 335
2	1	荷兰皇家壳牌石油公司(ROYAL DUTCH SHELL)	285 129	12 518
3	2	埃克森美孚(EXXON MOBIL)	284 650	19 280
4	4	英国石油公司(BP)	246 138	16 578
5	10	丰田汽车公司(TOYOTA MOTOR)	204 106	2 256
6	11	日本邮政控股(JAPAN POST HOLDINGS)	202 196	4 849
7	9	中国石油化工集团公司(SINOPEC GROUP)	187 518	5 756
8	15	国家电网公司(STATE GRID)	184 496	-343
9	73	安盛(AXA)	175 257	5 012
10	13	中国石油天然气集团公司(CHINA NATIONAL PETROLEUM)	165 496	10 272

表1-5 2009年《财富》世界500强排行榜前十名

排名	上年排名	公司名称	国家	营业收入（百万美元）	利润（百万美元）
1	3	ROYAL DUTCH SHELL	荷兰	458 361.0	26 277.0
2	2	EXXON MOBIL	美国	442 851.0	45 200.0
3	1	WAL-MART STORES	美国	405 607.0	13 400.0
4	4	BP	英国	367 053.0	21 157.0
5	6	CHEVRON	美国	263 159.0	23 931.0
6	8	TOTAL	法国	234 674.1	15 500.4
7	10	CONOCOPHILLIPS	美国	230 764.0	−16 998.0
8	7	ING GROUP	荷兰	226 577.0	−1 067.0
9	16	SINOPEC	中国	207 814.5	1 961.2
10	5	TOYOTA MOTOR	日本	204 352.3	−4 349.3

表1-6 2008年《财富》世界500强排行榜前十名

排名	上年排名	公司	国家	营业收入百万美元	利润百万美元	资产百万美元	股东权益百万美元	成员人数
1	1	WAL-MART STORES	美国	378 799.0	12 731.0	163 514.0	64 608.0	2 055 000
2	2	EXXON MOBIL	美国	372 824.0	40 610.0	242 082.0	121 762.0	107 100
3	3	ROYAL DUTCH SHELL	荷兰	355 782.0	31 331.0	269 470.0	123 960.0	104 000
4	4	BP	英国	291 438.0	20 845.0	236 076.0	93 690.0	97 600
5	6	TOYOTA MOTOR	日本	230 200.8	15 042.5	326 099.0	119 249.6	316 121
6	7	CHEVRON	美国	210 783.0	18 688.0	148 786.0	77 088.0	65 035
7	13	ING GROUP	荷兰	201 516.0	12 648.7	1 918 969.7	54 400.4	120 282
8	10	TOTAL	法国	187 279.5	18 041.7	166 003.9	65 585.1	96 442
9	5	GENERAL MOTORS	美国	182 347.0	−38 732.0	148 883.0	−37 094.0	266 000
10	9	CONOCOPHILLIPS	美国	178 558.0	11 891.0	177 757.0	88 983.0	32 600

表 1-7　2007 年《财富》世界 500 强排行榜前十名

排名	公司名称	国家	营业收入（百万美元）	利润（百万美元）	雇员人数
1	WAL-MART STORES	美国	351 139.00	11 284.00	1 900 000
2	EXXON MOBIL	美国	347 254.00	39 500.00	160 400
3	ROYAL DUTCH SHELL	荷兰	318 845.00	25 442.00	108 000
4	BP	英国	274 316.00	22 000.00	97 000
5	GENERAL MOTORS	美国	207 349.00	−1 978.00	280 000
6	TOYOTA MOTOR	日本	204 746.40	14 055.80	299 394
7	CHEVRON	美国	200 567.00	17 138.00	62 500
8	DAIMLERCHRYSLER	德国	190 191.40	4 048.80	360 385
9	CONOCOPHILLIPS	美国	172 451.00	15 550.00	38 400
10	TOTAL	法国	168 356.70	14 764.70	95 070

表 1-8　2006 年《财富》世界 500 强排行榜前十名

排名	上年排名	公司名称	国家	营业收入（百万美元）	利润（百万美元）	资产（百万美元）	雇员人数
1	3	EXXON MOBIL	美国	339 938.00	36 130.0	208 335.0	83 700
2	1	WAL-MART STORES	美国	315 654.00	11 231.0	139 197.0	1 800 000
3	4	ROYAL DUTCH SHELL	荷兰	306 731.00	25 311.0	219 516.0	109 000
4	2	BP	英国	267 600.00	22 341.0	206 914.0	96 200
5	5	GENERAL MOTORS	美国	192 604.00	(10 567.0)	476 078.0	335 000
6	11	CHEVRON	美国	189 481.00	14 099.0	125 833.0	59 000
7	6	DAIMLER CHRYSLER	德国	186 106.30	3 536.3	237 839.0	382 724
8	7	TOYOTA MOTOR	日本	185 805.00	12 119.6	243 506.0	285 977
9	8	FORD MOTOR	美国	177 210.00	2 024.0	269 476.0	300 000
10	12	CONOCO PHILLIPS	美国	166 683.00	13 529.0	106 999.0	35 600

表 1-9 2005 年《财富》世界 500 强排行榜前十名

排名	公司名称	国家	营业收入 (百万美元)	利润 (百万美元)	资产 (百万美元)	股东权益 (百万美元)	雇员人数
1	WAL-MART STORES	美国	287 989.0	10 267.0	120 230.0	49 396.0	1 700 000
2	BP	英国	285 095.0	15 371.0	191 208.0	76 656.0	102 900
3	EXXON MOBIL	美国	270 772.0	25 330.0	195 256.0	101 756.0	85 900
4	ROYAL DUTCH/SHELL GROUP	英国/荷兰	268 690.0	18 183.0	192 811.0	84 576.0	114 000
5	GENERAL MOTORS	美国	193 517.0	2 805.0	479 603.0	27 726.0	324 000
6	DAIMLERCHRYSLER	德国	176 687.0	3 067.1	248 324.1	45 589.6	384 723
7	TOYOTA MOTOR	日本	172 616.3	10 898.2	227 512.9	84 563.0	265 753
8	FORD MOTOR	美国	172 233.0	3 487.0	292 654.0	16 045.0	324 864
9	GENERAL ELECTRIC	美国	152 886.0	16 819.0	750 507.0	110 821.0	307 000
10	TOTAL	法国	152 609.5	11 955.0	114 393.3	42 489.2	111 401

表 1-10 2004 年《财富》世界 500 强排行榜前十名

排名	公司名称	国家	营业收入 (百万美元)	利润 (百万美元)	资产 (百万美元)	股东权益 (百万美元)	雇员人数
1	WAL-MART STORES	美国	263 009.0	9 054.0	104 912.0	43 623.0	1 500 000
2	BP	英国	232 571.0	10 367.0	177 572.0	75 938.0	103 700
3	EXXON MOBIL	美国	222 883.00	21 510.0	174 278.0	89 915.0	88 300
4	ROYAL DUTCH/SHELL GROUP	荷兰/英国	201 728.0	12 496.0	168 091.0	72 848.0	119 000
5	GENERAL MOTORS	美国	195 324.0	3 822.0	448 507.0	25 268.0	326 000
6	FORD MOTOR	美国	164 505.0	495.0	304 594.0	11 651.0	327 531
7	DAIMLERCHRYSLER	德国	156 602.2	507.0	224 854.8	43 491.9	352 063
8	TOYOTA MOTOR	日本	153 111.0	10 288.1	211 852.9	78 613.2	264 410
9	GENERAL ELECTRIC	美国	134 187.0	15 002.0	647 483.0	79 180.0	305 000
10	TOTAL	法国	118 441.4	7 950.6	100 859.7	38 352.0	110 783

表 1-11　2003 年《财富》世界 500 强排行榜前十名

排名	公司名称	国家	营业收入（百万美元）	利润（百万美元）	资产（百万美元）	股东权益（百万美元）	成员人数
1	WAL-MART STORES	美国	246 525.0	8 039.0	94 685.0	39 337.0	1 300 000
2	GENERAL MOTORS	美国	186 763.0	1 736.0	370 782.0	68 140.0	350 000
3	EXXON MOBIL	美国	182 466.0	11 460.0	152 644.0	74 597.0	92 500
4	ROYAL DUTCH/CHELL GROUP	荷兰/英国	179 431.0	9 419.0	152 691.0	60 064.0	116 000
5	BP	英国	178 721.0	6 845.0	159 125.0	69 409.0	115 250
6	FORD MOTOR	美国	163 871.0	−980.0	289 357.0	5 590.0	350 321
7	DAIMLER CHRYSLER	德国	141 421.1	4 460.0	196 569.7	36 636.7	365 571
8	TOYOTA MOTOR	日本	131 754.2	7 752.7	174 922.6	62 913.2	264 096
9	GENERAL ELECTRIC	美国	131 698.0	14 118.0	575 244.0	63 706.0	315 000
10	MITSUBISHI	日本	109 386.1	494.6	68 290.7	7 902.3	47 370

表 1-12　2002 年《财富》世界 500 强排行榜前十名

排名	公司名称	国家	营业收入（百万美元）	利润（百万美元）	资产（百万美元）	股东权益（百万美元）	雇员人数
1	WAL-MART STORES	美国	219 812.0	6 671.0	83 375.0	35 102.0	1 383 000
2	EXXON MOBIL	美国	191 581.0	15 320.0	143 174.0	73 161.0	97 900
3	GENERAL MOTOR	美国	177 260.0	601.0	323 969.0	19 707.0	365 000
4	BP	英国	174 218.0	8 010.0	141 158.0	74 367.0	110 150
5	FORD MOTOR	美国	162 412.0	(5 453.0)	276 543.0	7 786.0	352 748
6	ENRON	美国	138 718.0	N.A	N.A	N.A	15 388
7	DAIMLERCHRYSLER	德国	136 897.3	(592.8)	184 671.4	34 727.9	372 470
8	ROYAL DUTCH/SHELL GROUP	荷兰/英国	135 211.0	10 852.0	111 543.0	56 160.0	91 000
9	GENERAL ELECTRIC	美国	125 913.0	13 684.0	495 023.0	54 824.0	310 000
10	TOYOTA MOTOR	日本	120 814.4	4 925.1	150 064.0	55 268.4	246 702

表 1-13 2001 年《财富》世界 500 强排行榜前十名

排名	公司名称	国家	营业收入（百万美元）	利润（百万美元）	资产（百万美元）	股东权益（百万美元）	雇员人数
1	EXXON MOBIL	美国	210 392.0	17 720.0	149 000.0	70 757.0	99 600
2	WAL-MART STORES	美国	193 295.0	6 295.0	77 895.0	31 108.0	1 244 000
3	GENERAL MOTORS	美国	184 632.0	4 452.0	303 100.0	30 175.0	386 000
4	FODR MOTOR	美国	180 598.0	3 467.0	284 421.0	18 610.0	345 991
5	DAIMLERCHRYSLER	德国	150 069.7	7 295.4	187 086.4	39 815.3	416 501
6	ROYAL DUTCH/SHELL GROUP	英国/荷兰	179 146.0	12 719.0	122 498.0	57 086.0	90 000
7	BP	英国	148 062.0	11 870.0	143 938.0	73 416.0	107 200
8	GENERAL ELECTRIC	美国	129 853.0	12 735.0	437 006.0	50 492.0	341 000
9	MITSUBISHI	日本	126 579.4	833.0	64 374.8	7 735.3	42 000
10	TOYOTA MOTOR	日本	121 416.2	4 262.6	139 801.5	56 772.8	215 648

四、案例分析

《财富》世界 500 强排行榜是衡量全球大型公司的最著名、最权威的榜单。综观 10 年来的排行榜，其真实而客观地显示出了世界各国企业发展的变化，以及行业间差异性的趋势，从而成为衡量全球经济的一张晴雨表。

分析近年来的排行榜，可以得到以下一些有趣的启示：

（1）入围榜单的企业基本全是跨国企业。这是现在世界经济全球化的一个真实写照。企业的经济要得以发展，规模得以扩大，经营范围和目标市场仅仅局限于一个国家或者经济体的做法显然不符合时代的潮流。把视野放得更广一些，参与更大范围内的竞争，争取更大地域范围的市场，是一个企业做大做强的常见思路。

（2）在目前和平和发展的世界主体下，全球经济整体处于发展和扩张阶段，各国企业得以入选榜单的门槛不断提高。各企业的营业收入处于稳定的逐年增长的状态，显示出企业的规模逐年扩大，发展趋势向好，并且随着企业间一系列兼并和重组的进行，渐有"强者愈强"的趋势和格局。

（3）世界经济和行业趋势正在发生变化。第一，以石油公司为代表的能源企业继续保持强劲的发展势头，典型的代表企业为荷兰皇家壳牌公司、美国的埃克森美孚公司、英国石油公司以及中国的中石油和中石化。此外,法国的道达尔公司和美国的雪佛龙公司、康菲公司也是前十名的常客。作为当今世界最重要的能源,石油在全球社会和经济中发挥着至关重要的作用,其产业辐射范围广,需求量巨大,应用普遍性强,暂时没有可以直接替代的竞争能源,极强的实用性和巨大的日耗量使得能源公司在榜单中的霸主地位无可动摇。此外,作为电力企业,中国的国家电网公司也可被理解为是能源类企业的另一重要分支。第二,与人民群众生活密切相关的企业,依托于巨大的人口基数和需求的普遍性,保持着稳定的优势。以沃尔玛为代表的零售业常年居于前十名的地位,民生类企业的通用电气、日本邮政控股公司等也经常居于前列。第三,汽车业正在面临转型的阶段。作为现代社会的象征,汽车在人们的日常生活和出行中起着重要的作用,前几年的榜单上多家汽车企业是前十名的常客,例如丰田、通用、福特、奔驰-克莱斯勒等。但是在能源稀缺的大背景下,和石油公司赚的盆满钵满相比,许多著名的汽车公司有些风光不再,颇有些日暮西山的味道。汽车过于依赖石油能源,以及作为城市空气污染的元凶,在日益注重生活质量的现今,使汽车市场的需求出现了分化和转变。另外,发达国家的汽车市场也出现了显著的饱和,但是行业巨头出于梯度性的策略已将目标市场转移到新兴国家,所以汽车业仍在转型期内具有较好的表现。丰田等汽车巨头也在新能源汽车研发领域投入了巨大的资金,汽车业的未来仍然值得拭目以待。

(4) 以中国为代表的新兴国家企业正在迅速崛起,并且占据重要地位。在全球化进程加速的今天,世界正在成为一个开放的、全球化的市场。占据世界大多数人口的发展中国家和新兴国家,在国际经济中正在扮演着越来越重要的地位。其中,拥有超过14亿人口的中国是其中最为重要的国际力量。目前中国的GDP总量已经高居世界第二,仅次于美国;同时,中国已经成为新的世界工厂,依托于巨大人口基数带来的人口红利,在低附加值、劳动力密集的制造行业拥有天然的优势。在中国高速发展的今天,一方面制造业对于原材料的输入、消耗和需求日益增加;另一方面依托于廉价劳动力带来的低成本优势,在产品输出和出口上具有较大的优势。此外,巨大的人口基数意味着潜在的庞大市场,也是世界各国企业和经济体着眼于中国的重要原因。在以上因素的共同影响下,中国企业在财富"500强"榜单上的地位越来越高,数量也越来越多。以前十为例,自2008年起,中国石化第一次出现在榜单的第一页中,位居第九;2009年,国家电网和中石油携手进入前十,中石化则上升至第七;2010年后,中国的3家国企能源巨头一直稳居榜单前十,也从一个侧面显示出中国经济整体上良好、平衡的发展和运行状态。

五、结论

《财富》"500强"排名是衡量全球大型公司的最著名、最权威的榜单。通过这份榜单,我们可以清楚地了解全球各国主流跨国企业的发展动态和趋势,从而对全球宏观经济有一个全面的把握,并是从事相关研究工作的一个重要的数据来源。

问题探讨与思考

1. 请比较几份著名的世界经济类排行榜的异同和特点。
2. 你认为近年来的《财富》500强排行榜有何特点?
3. 通过资料搜集,分析更为详细的榜单信息(不仅限于案例所列的前10名),请就某一年的《财富》500强排行榜做出当年的宏观世界经济评论。

第二章
跨国公司的相关理论

案例 4 邓宁国际生产折中理论的演变

本案例学习目标

通过本案例的学习,能够深刻地理解邓宁的国际生产折中理论,并能对其发展和修正有所了解。

一、问题的提出

为什么邓宁的国际生产折中理论(OLI 范式)被称为跨国公司研究领域内的通论?如何理解其理论地位?其对最近国际经济的发展有否做出相应的修正?

二、理论分析框架

1977 年,英国里丁大学教授约翰加·邓宁(John Harry Danning)发表了"贸易、经济活动的区位和跨国企业:折中理论探索"一文,提出了国际生产折中理论,即折中范式(Eclectic Paradigm)或 OLI 范式(Ownership, Location, Internalization Paradigm)。OLI 范式是对当前国际生产理论的综合,涵盖了垄断优势理论(Hymer,1960)、内部化理论(Buckly & Casson,1976、1985;Rugnan,1980)、区位理论(Dunning,1958)、投资发展路径(Dunning,1981、1988、1993、2001;Narula,1996)等主要分支理论。它能够解释对外直接投资(FDI)的产生原因、区位选择及国外市场进入模式选择等各种国际经济活动。从经济活动层次看,OLI 范式覆盖了微观层次与宏观层次,OLI 范式同时涉及企业理论、区位理论、产业组织理论、自由贸易理论等各门学科,其理论发展过程充分体现出了学科交叉的特性。

最初,Rostas(1948)和Frankel(1955)的研究显示,美国制造业的劳动生产率依行业不同,平均比英国制造业高2~5倍。邓宁认为,美国企业显然拥有一种资源优势,或是一种更加合理的组织利用企业资源的管理诀窍,造成了美、英两国制造业生产率的差异。邓宁进一步设想如果美、英企业效率差异与可以跨国界移动的管理因素完全相关,则美国在英国的子公司应当具有远高于当地企业的与母公司相似的效率,这被界定为所有权要素(O),依赖于母公司可移动无形资产的空间分布。但是调查结果显示,美国在英国子公司的效率与母公司相差甚远,邓宁便设想其中必有一些不可移动的因素造成了这种效率差异,这被界定为区位要素(L)。于是美国在英国子公司的效率就由可移动的所有权要素和不可移动的区位要素共同决定,其效率应该低于母公司而高于英国当地企业,调查显示确实如此。上述研究构成折中范式的前身,但只包含了所有权要素与区位要素,用来寻找跨国公司子公司的效率差异及其原因所在。

到了1972年邓宁在评估英国加入欧共体对英国经济的影响时,认为欧共体成员共同关税减免政策会增加区位优势,进而使成员国企业竞争优势和所有权优势得以加强,即区位优势对所有权优势有促进作用而非完全独立,这也就说明了跨国企业所有权优势的一部分是在从事直接投资(FDI)时,从东道国的区位因素中获得的。1973年,邓宁对企业为什么选择FDI而不是以母国为基地向国外出口商品或转让技术问题的研究促使其考虑O、L之外的其他要素。20世纪70年代早期已经有人开始把交易费用理论引进到FDI的研究之中,McManus(1972)用市场交易费用和内部管理成本界定了跨国公司的扩张规模。同一时期Buckly、Casson、Swedenberg、Lundgren以及Hennart都在从事着相似的研究,他们的研究成果最后合并成为内部化理论。内部化理论的倡导者认为内部化理论的解释力远远高于此前被称作"一般"理论的垄断优势理论。邓宁受到了内部化理论的影响,把跨国企业利用所有权优势在国外直接投资的方式与出售或非股权转让的方式对立起来,界定为内部化优势,与早先的所有权优势和区位优势合并在一起,形成了完整的OLI框架,用于分析企业进入国际市场的方式选择或者发生FDI的前提。

三、案例背景介绍

英国里丁大学的邓宁教授是OLI范式的提出者。近年来,面对国际经济环境变动带来的挑战,邓宁不断地对OLI范式给予发展和完善,开始向整合国际贸易理论、国际产业竞争理论、技术创新理论的方向迈进,反映了跨国公司投资和管理实践最新发展的本质。

邓宁面对跨国公司发展进程中出现的一些重大变化不断对OLI范式进行修正,邓宁在1988年曾经尝试把折中范式的框架结构加以模型化。面对折中范式变量自相关的批评意见,邓宁区分了所有权优势的两个来源:①资产优势(Oa),它在从事跨国经营之前已经出现;②交易优势(Ot),是从事FDI后由内部化优势派生并强化的资产优势。这种划分方法很大程度上减少了OLI变量之间的自相关。针对折中范式框架宏观与微观都可使用的模糊性,邓宁把适用对象区分成企业、产业、国家三个层次,并探讨OLI变量对这三个层次的影响。在建立模型时,在坚持原有中间产品市场失灵假设时又多了两条假设:①造成中间产品市场失灵的原因是要素禀赋分布差异;②跨国企业是转移资源的有效组织机制。另外,这个模型的重点在于区分OLI变量的相互关系及优势来源,并不是对折中范式内容的完整表述,所以邓宁称之为"国际生产的要素禀赋市场失灵"范式。但是很明显这个模型并没有纳入跨国企业战略行为研究。随着经济全球化的深入,OLI范式适用性遭到挑战,有些学者认为折中范式在微观层次的适用性明显劣于中观层次和宏观层次,而且它几乎不能解释企业从事跨国经营时具体战略行为的差异。企业OLI特性处在变化之中。过去的战略、以后的战略调整、内生变量及外生变量等都对跨国企业的OLI特性产生影响。

此后,邓宁在1988年指出对于不同的生产类型和行业,对外直接投资的决策对于三种优势条件的要求是有差异的,他列出了三种对外直接投资动机:资源寻求型、市场寻求型和效率寻求型。其后,邓宁又补充了战略资产寻求型动机。邓宁于1994年提出对外直接投资"战略性资产获取动机说",认为战略性资产获取型投资的目标是通过全球化战略以获得技术等关键资产,从而提高跨国企业的国际竞争力,并于1995年进一步提出,企业从事对外直接投资和跨国联盟的目的是为了获得外国的技术和市场,同时也是为了运用现有的竞争优势。在1998年他又指出,在过去的10年中,跨国公司对外直接投资动机的最显著的变化就是创造性资产寻求型。FDI的快速增长,这时FDI较少地强调利用既有的所有权特定优势,而更加关注通过并购新的资产,或与外国公司建立合作伙伴关系来扩展自身优势。在某种程度上,这种创造性资产寻求型FDI与早期的自然资源寻求型FDI有相似之处,但它们在区位选择上却有很大的不同。部分的原因是因为可以利用的创造性资产,如技术知识、学习经验、品牌商标、管理专长和组织能力主要集中在发达国家。

邓宁的OLI分析框架中,关于对外直接投资的条件不断拓展,如于1993年提出了附加策略变量的动态OLI模型,将企业策略作为一个独立的解释变量纳入FDI的动机分析,并将其与所有权优势结合起来进行统一处理。其后不断关注和强调外在条件中竞争优势的获取,如战略联盟方式(1995年)、区位优势(1998年)。而在2001年他认为,对外直接投资已经由传统意义上利用公司已经存在的所有权优势或竞争优势的一种产权,转变为跨边界经济活动的一种日益重要的形式。这种跨边界的经济活动不仅能够获得公司在多个国家经营所形成的技术的市场协同效应,而且更为重要的是可以利用和获取国外竞争者、供应商、顾客、国家教育和创新体系所提供的创造性资产。折中范式扩展和重新组合的一个重要方向就是关注通过对外直接投资获取创造性资产和竞争优势的问题。

邓宁对折中范式的扩展是沿着三个方向进行的:①对OLI范式的派生性改变,其表现形式与原框架相比已有较大区别,如投资发展路径;②对OLI要素及其相互关系作动态性考察,以容纳跨国企业的战略行为,如跨时OLI要素的相关分析;③OLI要素所包含的变量进行扩容或作出新解释,以适应经济全球化和跨国企业行为的深化,如要素的文化敏感性分析,以及要素变量的扩容等。

回顾近年来西方市场经济国家的发展历程,可以看出企业竞争形态发生了较明显的变化,技术合作、战略联盟等非股权合作在原先的自由竞争、兼并、合谋等竞争形态中凸显出来,它既是一种新的竞争形态,又是一种介于市场与科层之间的资源配置方式。从企业角度考察,它代表了一种全新的企业组织形式,是以企业间的合作契约代替一系列企业内部要素契约,从而使企业以虚拟网络的形式存在,原先明确的企业边界变得模糊起来。1995年,他对折中范式进行了变量内涵修正,对要素变量的内容作了扩充:

(1)企业所有权优势应该考虑来自企业之间互动关系和交易的成本收益,尤其是企业联盟和企业网络带来的竞争优势。

(2)区位优势变量应该重点考虑不可移动资产的区域专有性、FDI的空间集聚的地方行政力量在影响当地子公司绩效和地位方面扮演的角色。

(3)内部化优势应该包括来自企业网络治理结构的影响。

所有权优势中的某些专有资产优势,如内部工作程序或工艺,还有品牌所有权、货源供应控制、融资优势等,多数时候不会因为企业加入战略联盟而改变。但另一些专有资产优势则会受到联盟的强烈影响,这些优势主要来自创造和利用新知识、维持改善产品质量、与在不熟悉市场中供应商和顾客的联系、规避风险核心资产与价值创新管理、对其他企业的技术与学习经验内部化过程等。这些优势通过企业合作产生强烈的放大与互补作用,使参与企业能更好地组织跨国经营。但合作不能替代传统 FDI，只有通过传统科层控制，企业才能保留价值链的核心部分或发挥核心优势，如在路径依赖、学习经验、关键技术、资金全球控制对产生竞争优势至关重要时，采用非股权合作会因合作企业目标差异引发冲突，造成所有权优势的流失。所以，企业合作内容最好局限在某些特别方面，无论合作契约还是科层控制应该根据市场失灵类型而定，而且产业特性和国家特性、制度结构、技术变化、学习路径、文化因素都会影响到应对市场失灵的方式选择。

区位因素通常被认为是企业的外生变量。关注区位优势是为了借助那里的不可移动资产来维持或升级自己的所有权优势，这些不可移动资产实质上是企业所需的互补资产，利用这些互补资产，既可以通过参与当地市场运作，也可以通过与当地企业非股权合作的形式来完成。非股权合作的双边乃至多边契约经常造成关联企业的空间聚集，形成企业集群，由此改变区位因素现状。合作增加了跨国企业利用外部性知识和学习经验汇聚扩散的区位优势，又引导东道国政府为增强区位吸引力而制定优惠政策改善区位现状。随着传统区位因素重要性的下降，那些与减少交易成本和协调成本、企业集群专有优势以及与保护或增强跨国企业全球竞争力的区位因素正日益重要起来。另外，企业联盟减少市场风险和政治风险，实质上增加了投资地的区位吸引力。如何凭借自己的所有权优势和其他企业的互补资产去选择利用区位性不可移动资产，也将成为决定跨国企业的核心竞争能力的重要因素。

（资料来源：价值中国网。）

四、案例分析

OLI 范式包括了所有权优势（ownership advantage）、区位优势（location advantage）和内部化优势（internal advantage）三个要素变量，以其组合情况判断企业进入国际市场模式的条件。

所有权优势（又称企业特定优势）是指企业所拥有的相对外国企业的特定优势。它主要包括企业技术优势、规模优势、组织管理优势、金融和货币优势以及市场销售优势等。邓宁把企业的所有权优势分为三类：一是由内在规模、垄断资源的获得能力等所产生的优势，如生产规模巨大、寡占某种无形资产等。二是子公司与其他企业相比可以得到母公司的某些资源禀赋的优势。三是由于企业跨国性所产生的某些优势，如跨国公司所拥有的子公司越多，面临的经济环境差别越大，就越能利用不同的要素禀赋和市场的优势。其中，第三种优势是跨国活动所内生的所有权优势。可见邓宁所有权优势的本质还是垄断优势。所有权优势是邓宁理论中不断得到拓展的活跃部分，2006年他考虑了企业经营战略，将所有权优势界定为自身所有权优势(Oa)、寻求合作等内部化行为产生的所有权优势(Ot)、企业制度性因素带来的所有权优势(Oi)。

区位优势(又称国家特有优势)是指可供投资的地区在某些方面较国内优越，包括劳动力成本、市场需求、自然资源、运输成本、关税和非关税壁垒、政府对外国投资的政策等方面的优势。邓宁认为一国的区位优势取决于：要素投入和市场的地理分布状况、生产要素成本和质量、运输成本与通讯成本、基础设施、政府干预和调节举措的范围及力度、金融状况和金融制度、与他国市场差异程度，以及由于经济条件不同而形成与他国的物理距离和由历史、文化、语言、风俗、偏好、商业惯例等方面的差异而形成的心理距离。区位特定优势是东道国拥有的优势，企业只能适应和利用这项优势。它包括两个方面：一是东道国不可移动的要素禀赋所产生的优势，如自然资源丰富、地理位置方便等；二是东道国的政治经济制度、政策法规等形成的有利条件和良好的基础设施等。

内部化优势是指企业在通过对外直接投资将其资产或所有权内部化过程中所产生的优势，也就是企业将拥有的资产通过内部化转移给国外子公司，可以比通过交易转移给其他企业获得更多的利益，企业选择资产内部化还是资产外部化取决于利益的比较。内部化的根源在于外部市场失效。邓宁把市场失效分为结构性市场失效和交易性市场失效两类。结构性市场失效是指由于东道国贸易壁垒所引起的市场失效；交易性市场失效是指由于交易渠道不畅或有关信息不易获得而导致的市场失效。

折中理论的主要结论可以归纳为企业必须同时兼备所有权优势、内部化优势和区位优势才能从事有利的海外直接投资活动。如果企业仅有所有权优势和内部化优势，而不具备区位优势，这就意味着缺乏有利的海外投资场所。因此，企业只能将有关优势在国内加以利用，而后依靠产品出口来供应当地市场。如果企业只有所有权优势和区位优势，则说明企业拥有的所有权优势难以在内部利用，只能将其转让给外国企业。如果企业具备了内部化优势和区位优势而无所有权优势，则意味着企业缺乏对外直接投资的基本前提，海外扩张无法成功。

五、结论

邓宁的国际生产折中理论影响广泛，被称为跨国公司的通论。其在思想上对各家学说兼收并蓄，内容上涵盖了各种跨国经营活动，范围上既适用于发达国家，又适用于发展中国家。

随着时代的前进、社会的发展,邓宁又不断地对他的理论体系进行补充和完善,从而在面对新出现的跨国企业问题时具有更为有力的解释作用,使其理论更有生命力。

问题探讨与思考

1. 邓宁的理论基础是哪些前人研究的成果?
2. 你对邓宁的理论作何评价?

案例5　布雷顿森林体系

本案例学习目标

通过对布雷顿森林体系的学习,能对现今国际金融市场和金融格局有一个初步的了解,并对经济全球化能有更深刻的再认识。

一、问题的提出

美元作为现今国际市场的硬通货,其地位是如何确定的?美元在现在国际经济中扮演着怎样的地位?

二、理论分析框架

人们在第二次世界大战即将结束的时候发现,美国成为这场战争的最大赢家。美国不但最后打赢了战争,而且在经济上发了战争财。据统计数据显示在第二次世界大战即将结束时,美国拥有的黄金占当时世界各国官方黄金储备总量的75%以上,几乎全世界的黄金都通过战争这个机制流到了美国。

1944年7月,美国邀请参加筹建联合国的44国政府的代表在美国布雷顿森林举行会议,经过激烈的争论后各方签订了"布雷顿森林协议",建立了"金本位制"崩溃后的一个新的国际货币体系——布雷顿森林体系(Bretton Woods System)。由于当时美国拥有全球七成以上的黄金储备,而世界各主要国家的货币体系都在战争中受到重挫。布雷顿森林体系实际上是一种国际金汇兑本位制,又称美元—黄金本位制。它使美元在战后国际货币体系中处于中心地位,美元成了黄金的"等价物",美国承担以官价兑换黄金的义务,各国货币只有通过美元才能同黄金发生关系,美元处于中心地位,起世界货币的作用。从此,美元就成了国际清算的支付手段和各国的主要储备货币。布雷顿森林体系是以美元和黄金为基础的金汇兑本位制。

布雷顿森林体系的主要内容包括以下几点：

(1) 美元与黄金挂钩。各国确认1944年1月美国规定的35美元1盎司的黄金官价，每1美元的含金量为0.888 671克黄金。各国政府或中央银行可按官价用美元向美国兑换黄金。为使黄金官价不受自由市场金价冲击，各国政府需协同美国政府在国际金融市场上维持这一黄金官价。

(2) 其他国家货币与美元挂钩。其他国家政府规定各自货币的含金量，通过含金量的比例确定同美元的汇率。

(3) 实行可调整的固定汇率。《国际货币基金协定》(简称《协定》)规定，各国货币对美元的汇率，只能在法定汇率上下各1%的幅度内波动。若市场汇率超过法定汇率1%的波动幅度，各国政府有义务在外汇市场上进行干预，以维持汇率的稳定。若会员国法定汇率的变动超过10%，就必须得到国际货币基金组织的批准。1971年12月，这种即期汇率变动的幅度扩大为上下2.25%的范围，决定"平价"的标准由黄金改为特别提款权。布雷顿森林体系的这种汇率制度，被称为"可调整的钉住汇率制度"。

(4) 各国货币兑换性与国际支付结算原则。《协定》规定了各国货币自由兑换的原则：任何会员国对其他会员国在经常项目往来中积存的本国货币，若对方为支付经常项目货币换回本国货币。考虑到各国的实际情况，《协定》作了"过渡期"的规定。《协定》规定了国际支付结算的原则：会员国未经基金组织同意，不得对国际收支经常项目的支付或清算加以限制。

(5) 确定国际储备资产。《协定》中关于货币平价的规定，使美元处于等同黄金的地位，成为各国外汇储备中最主要的国际储备货币。

(6) 国际收支的调节。国际货币基金组织会员国份额的25%以黄金或可兑换成黄金的货币缴纳，其余则以本国货币缴纳。会员国发生国际收支逆差时，可用本国货币向基金组织按规定程序购买(即借贷)一定数额的外汇，并在规定时间内以购回本国货币的方式偿还借款。会员国所认缴的份额越大，得到的贷款也越多。贷款只限于会员国用于弥补国际收支赤字，即用于经常项目的支付。

第二次世界大战后的国际货币体系同历史上的国际货币制度相比，有了明显的改进：第一，建立了永久性的国际金融机构。布雷顿森林体系建立了国际货币基金组织(简称IMF)、国际复兴开发银行(简称BRD)[①]等永久性国际金融

---

① 国际复兴开发银行简称世界银行。

机构。通过国际金融机构的组织、协调和监督,保证统一的国际金汇兑本位制各项原则、措施的推行。第二,签订了有一定约束力的《国际货币基金协定》。金本位制对汇率制度、黄金输出入没有一个统一的协定,货币区是在规定的地区实施宗主国、联系国的法令。《国际货币基金协定》是一种国际协议,对会员国政府具有一定的约束力。它的统一性在于把资本主义国家囊括在国际金汇兑本位制之下;它的严整性在于对维持货币制度运转的有关问题做了全面规定,并要求各国遵守。第三,根据《国际货币基金协定》,建立了现代国际货币管理所必需的各项制度,例如,国际收支调节、国际金融统计、国际信贷监督、国际汇率、国际储备、国际清算制度等。

三、案例背景介绍

布雷顿森林货币体系是第二次世界大战后以美元为中心的国际货币体系。1944年7月,西方主要国家的代表在联合国国际货币金融会议上确立了该体系,1945年12月27日,参加布雷顿森林会议的国家中的22国代表在《布雷顿森林协定》上签字,正式成立国际货币基金组织和世界银行(简称WB)。两机构自1947年11月15日起成为联合国的常设专门机构。前者负责向成员国提供短期资金借贷,目的为保障国际货币体系的稳定;后者提供中长期信贷来促进成员国经济复苏。

布雷顿森林体系是以外汇自由化、资本自由化和贸易自由化为主要内容的多边经济制度,构成资本主义集团的核心内容,是按照美国制定的原则,实现美国经济霸权的体制。布雷顿森林体系的建立,促进了战后资本主义世界经济的恢复和发展。这是一套看上去设计得相当不错的制度,但是事实上,后来的国际局势发生了制定者始料未及的变化。因美元危机与美国经济危机的频繁爆发,以及制度本身不可解脱的矛盾性,该体系于1973年宣告结束。

1949年,美国的黄金储备为246亿美元,占当时整个资本主义世界黄金储备总额的73.4%,这是第二次世界大战后的最高数字。1950年以后,除个别年度略有顺差外,其余各年度都是逆差。1971年上半年,逆差达到83亿美元。随着国际收支逆差的逐步增加,美国的黄金储备日益减少。

20世纪六七十年代,美国深陷越南战争的泥潭,财政赤字巨大,国际收入情况恶化,美元的信誉受到冲击,爆发了多次美元危机。大量资本出逃,各国纷纷抛售自己手中的美元,抢购黄金,使美国黄金储备急剧减少,伦敦金价上涨。为了抑制金价上涨,保持美元汇率,减少黄金储备流失,美国联合英国、瑞士、法国、联邦德国、意大利、荷兰、比利时8个国家于1961年10月建立了黄金总库,8国央行共拿出2.7亿美元的黄金,由英格兰银行为黄金总库的代理机关,负责维持伦敦黄金价格,并采取各种手段阻止外国政府持美元外汇向美国兑换黄金。

20世纪60年代后期,美国进一步扩大了侵越战争,国际收支进一步恶化,美元危机再度爆发。1968年3月的半个月中,美国黄金储备流出了14亿多美元,3月14日一天,伦敦黄金市场的成交量达到了350吨～400吨的破纪录数字。美国没有了维持黄金官价的能力,经与黄金总库成员协商后,宣布不再按每盎司35美元官价向市场供应黄金,市场金价自由浮动。

1971年7月第七次美元危机爆发,尼克松政府于8月15日宣布实行"新经济政策",停止履行外国政府或中央银行可用美元向美国兑换黄金的义务。1971年12月以《史密森协定》为标志,美元对黄金贬值,美联储拒绝向国外中央银行出售黄金。至此,美元与黄金挂钩的体制名存实亡。

1973年3月,西欧出现抛售美元、抢购黄金和马克的风潮。3月16日,欧洲共同市场9国在巴黎举行会议并达成协议,联邦德国、法国等国家对美元实行"联合浮动",彼此之间实行固定汇率。英国、意大利、爱尔兰实行单独浮动,暂不参加共同浮动。其他主要西方货币实行了对美元的浮动汇率。至此,固定汇率制度完全垮台。

四、案例分析

布雷顿森林体系是以黄金为基础,以美元作为最主要的国际储备货币。在布雷顿森林体系下,美元可以兑换黄金和各国实行可调节的固定汇率制,是构成这一货币体系的两大支柱,国际货币基金组织则是维持这一体系正常运转的中心机构,它有监督国际汇率、提供国际信贷、协调国际货币关系三大职能。但是,要维持布雷顿森林体系的运转,需具备三项基本条件:第一,美国国际收支保持顺差,美元对外价值稳定。若其他国家通货膨胀严重,国际收支逆差,在基金组织同意下,该国货币可以贬值,重新与美元建立固定比价关系。但是反过来,如果美国经济出现崩溃或者严重的通胀,此体系则显然将无从应对,这对美国经济提出了非常苛刻的要求,而事实则证明美国经济根本无法负担起全球经济的发展重任。第二,美国的黄金储备充足。在布雷顿森林体系下,美元与黄金挂钩,外国政府或中央银行持有的美元可向美国兑换黄金。美国要履行35美元兑换1盎司黄金的义务,必须拥有充足的黄金储备。但是,随着时间的推进,地球的资源是会不断地被开发出来的,新增的黄金储备则间接地降低了美国在全球黄金储备中的比例,而美国的黄金储备也被证明是不断地在外流的,这双重因素严重地影响了美国的黄金储备。第三,黄金价格维持在官价水平。

第二次世界大战后,美国黄金储备充足,若市场价格发生波动,美国可以通过抛售或购进黄金加以平抑。

以美元为中心的国际货币制度本身存在着不可解脱的矛盾,是这个制度崩溃的根本原因。在这种制度下,美元作为国际支付手段与国际储备手段,发挥着世界货币的职能。一方面,作为国际支付手段与国际储备手段,美元币值稳定,其他国家就会接受;而美元币值稳定,要求美国有足够的黄金储备,而且美国的国际收支必须保持顺差,从而使黄金不断流入美国而增加其黄金储备。否则,人们在国际支付中就不会接受美元。另一方面,全世界要获得充足的外汇储备,美国的国际收支就要保持大量逆差,否则全世界就会面临外汇储备短缺,国际流通渠道出现国际支付手段短缺。随着美国逆差的增大,美元的黄金保证会不断减少,美元将不断贬值。第二次世界大战后从美元短缺到美元泛滥,是这种矛盾发展的必然结果。

美元危机与美国经济危机频繁爆发,资本主义世界经济此消彼长。美元危机是导致布雷顿森林体系崩溃的直接原因。首先,美国黄金储备减少。美国1950年发动朝鲜战争,海外军费剧增,国际收支连年逆差,黄金储备源源外流。1960年,美国的黄金储备下降到178亿美元,不足以抵补当时的210.3亿美元的流动债务,出现了美元的第一次危机。20世纪60年代中期,美国卷入越南战争,国际收支进一步恶化,黄金储备不断减少。1968年3月,美国黄金储备下降至121亿美元,同期的对外短期负债为331亿美元,引发了第二次美元危机。1971年,美国的黄金储备(102.1亿美元)是它对外流动负债(678亿美元)的15.05%。美国完全丧失了承担美元对外兑换黄金的能力。1973年,美国爆发了最为严重的经济危机,黄金储备已从战后初期的245.6亿美元下降到110亿美元。没有充分的黄金储备作基础,严重地动摇了美元的信誉。其次,美国通货膨胀加剧。美国发动侵越战争,财政赤字庞大,依靠发行货币来弥补,造成通货膨胀;在两次石油危机中因石油提价而增加支出;由于失业补贴增加,劳动生产率下降,造成政府支出急剧增加。美国消费物价指数1960年为1.6%,1970年上升到5.9%,1974年又上升到11%,这给美元的汇率带来了冲击。最后,美国国际收支持续逆差。第二次世界大战结束时,美国大举向西欧、日本和世界各地输出商品,使美国的国际收支持续出现巨额顺差,其他国家的黄金储备大量流入美国。各国普遍感到"美元荒"(Dollar Shortage)。但是之后,随着西欧各国经济的增长,出口贸易的扩大,其国际收支由逆差转为顺差,美元和黄金储备增加。美国则由于对外扩张和侵略战争,如上述的朝鲜战争和越南战争,国际收支由顺差转为逆差,美国资金大量外流,形成"美元过剩"(Dollar Gult)。

这使美元汇率承受巨大的冲击和压力,不断出现下浮的波动。

1944年的布雷顿森林体系成就了美国的超级强盛,也成就了美国现在的"疯狂"。现在从历史上看,布雷顿森林协定不是不合理,而是迈出了这一步之后,就意味着美元未来或迟或早必定会成为美国对世界财富掠夺的工具。世界各国不但受到美国"无形"的剥削,而且还受到了美国金融危机对世界造成的各种伤害。同时,这也促进了我们从另一个角度思考现在的"全球化"问题。

美元成为世界流通货币,从一开始的平等交易到后来的大肆掠夺大致可分四个阶段:1944—1971年、1971—1985年、1985—2000年和2001年至今。

第二次世界大战后(1944—1971年),美国成为经济最强大的国家,成为全世界最大的债权国,世界上一半以上的黄金储备在美国,美元以金本位挂钩成为全球使用、储存货币也成为很自然的事情。20世纪60年代以前美国还能够遵循金本位这一原则,但是随着债务国以商品还债,美国债权国的债权在缩小,全世界的各种商品进入美国,而美国渐渐不能平衡贸易,只能出口"美元"。因为美国的进出口逆差越来越大,各国出口到美国的货物多而美国可提供的东西少,没有那么多可供出口的产品,美国只有增加印制美钞来"满足"供货国的需求。美国用每张几美分成本的美元换取进口商品,由于当时美元有黄金做担保这些美元在世界其他国家自由流通,在流通使用中是货真价实的真金白银,用不了之后还可以储备起来。随着世界各国对美元的需求量激增,造成美元供不应求,美国后期大量印制美元,使美元数量与黄金储备严重脱钩,金本位无法与美元继续保持一致。进口远大于出口,从1970年开始,美国出现贸易赤字,而且越滚越大,美国无法解决这一矛盾,只有继续加大美钞数量的印制,并且在1971年正式宣布美元与黄金脱钩。美国用强权政治单方面终止了当年由44国制定的《国际货币基金协定》,以后世界各国只能用美元本位,美元至此真正确立了自己的全球霸主地位,真正开创了用印制品换取各国的各种商品的时代,美国利用美元优势盘剥世界财富已无法阻拦,同时美国也更加巩固了自己世界金融中心的地位。

1971—1985年,美元脱离金本位后即进入美元扩张的第二个阶段。全世界使用、储存美元的趋势加速,大量产品、货物运抵美国,贸易逆差飞速上升,美国加足马力印制美钞以求"平衡贸易",但是仍然出现了巨额贸易赤字。为了转嫁危机,美国1985年对其大量提供货物的日本采取措施,强迫日元急速升值,结果是日本经济遭受打击,十年未能翻身。从20世纪80年代开始美国"培养国民"学会贷款消费,成为"美国加大消费就是对世界作贡献"的奇观。这也是造成美国1985年赤字转嫁危机给日本的祸根,而美国却无忧无虑地活着。美国成了人间天堂，大量人才去美国发展，大批偷渡者到美国淘金，美国成了很多人向往的地方。美国人的享受令人羡慕，美国人的消费让人着迷。美元没有了金本位的束缚，美国侵吞世界财富在一步步加速，全世界的特产、原材料、上等商品源源不断地进入美国，全世界的大量的人、财、物涌进美国，又加速了美国高科技的发展。经济领先、教育领先、科技领先，这些优势的得来只需美国开动纸币印钞机来满足"平等交易"。美元需求量大于供给量的局面一直没有得到缓解，美元一直处于"坚挺"之中，而实际上美元的真正价值在不断地被稀释。

1985—2000年，美元进入强劲发展的第三阶段。在此期间世界政治格局发生了重大变化，由于以美国为首的资本主义市场经济蓬勃发展，有些社会主义国家在资本主义经济"绝对优势"下，纷纷改变体制，走向资本主义的"民主自由"市场经济。美国在不断地为世界提供钞票"创造财富"的过程中，不断强大自己。

美元在世界各国储量不断增加，美国一直生活在赤字当中，但美国却一直没有倒下，美国鼓励国民消费，而又没有更多的东西去弥补逆差，巨大的赤字对别的国家是灾难性的，而对美国却不会有事，因为美国可以大量印制钞票就可以解决一切问题。赤字经济是美国的专利和特色，没有赤字就没有美元大量"走出国门"的机会。美国与任何国家贸易都会产生赤字，只有不断地产生赤字，才能不断地用美元去交换，不断地用美元去平衡，才能致使现在2/3的美元在世界各地流通，成为国际货币。这是美国的"伟大"和"成功"，只不过在这个过程中使用的手段高明巧妙，未能引起人们的高度重视。苏联、东欧解体后，美国更加有恃无恐，利用"民主自由"国家的开放，放出美国跨国金融财团去洗钱、去抢掠，墨西哥金融危机、俄罗斯金融危机、东南亚金融危机等都是美国干的"好事"。

另外，由于欧盟一体化的发展，欧元呼之欲出，美国为了永远领先欧洲，美元优势永远超越欧元，一方面，利用英国拖住欧盟的后腿，使欧元的诞生一波三折，欧盟内部意见不能一致，整个欧盟松散涣散；另一方面，美国不断进行所谓的金融创新，领先世界。这一阶段在华尔街形成的大量衍生产品令人眼花缭乱，"就连现代银行家也看不明白的很多衍生品"支撑着美国金融帝国的老大地位。美国要把全世界的经济掌控在手中，要把全世界的金融、债券掌控在美国，要把美元存在各国的国库里，并且通过各种手段打造美国美元不可动摇的神话。这一阶段美国从原来的最大债权国转变为世界上最大的债务国，越来越突出地依靠消费发展经济，逐渐把国民培养成了负债消费的"欠债自豪国民"。为了维护这种长期霸权，美国一直在不断地加大军事投入，到处建基地、建核武

库、太空武器,不断地发动战争,消耗武器、出售武器,侵略掠夺被占领国,使用武力威胁世界,并把全世界的商人、银行、资本、财富吸引到美国,参加美国的金融豪赌,把全世界的资金吸引进去,吸引各国精英人才,继续为美国创造财富神话。

2001—2008年,美元发展到布什掌权的第四阶段时,美国金融进入了一个疯狂时期。克林顿时期的超前消费拉动了美国经济的高速增长,而布什时期则把超前消费引到疯狂,在金融创新上更加大胆,信用卡超透支消费,信贷购房远远超出信用范围,一切都靠贷款生活,把贷款消费推到美国经济发展的极限,推到客观现实不能承受的程度,超过了极限以致印制美钞都嫌费事,发放各种数字化债券更加便捷、省钱、省事。过大的超前消费,带来了巨大的贸易赤字、财政赤字,过多地印制美钞使美元明显贬值,在加快掠夺世界财富的过程中,国内金融危机爆发。这就是2008年美国金融危机的一种解读,而这一阶段其实现在仍然在继续。

美元发展到现在,美国2/3的美元是在世界各国,而这2/3的美元是各国用自己的产品、商品"换"来的,是血汗换来的,这些美元对美国来说都是它的欠账,其中70%的财富是全世界各国的财富。未来的美元贬值,包括现行的量化宽松政策(QE),美国是不会承担其美元存储国手中美元贬值的责任,因为美元"铸币税"已经为美元无止境贬值开脱了责任。

此外,"全球化"也多少带有美国霸权世界的影子。自第一次和第二次世界大战后,德国以军事实力强制夺取他国领土控制权的两次失败案例,使依靠战争发家致富、综合国力上升至世界第一的美国在战后重新分配世界政治经济格局时着手考虑其他更好的策略,从经济入手,以软实力称霸世界成为其真实战略,并逐步推行实施。

伴随着布雷顿森林体系的确立及其崩溃,美国首先将美元打造成了世界通行货币,并和国际大宗商品交易挂钩,其中既包括了黄金这种千年来世界经济的基础资源,也包括了石油等当代社会必备的新兴战略资源。接着,美国依靠美元为主的经济手段,全方位地加强了对世界的控制能力。美国鼓动国民贷款消费,就是为了促进、加大国外产品进口美国,增加美国财富,让美国国民享受,然后把美元印制品"美元代金券"向全世界发行出去,由于美国的消费而拉动了其他国家的再生产、再投入,使商品供给国发展经济,使用美元到世界各地去采购原材料,加工好产品后再把其中大部分送到美国,如此往复,发展自己,从中受益,推动经济发展、方便结算以及在客观上给世界带来的"好处",这就是美国美元的"功能"。全球化,从一个角度来看,只是在美元体系下,全球为美国经济服务的结果。它把战略资源的开发获取交给资源国,原材料的生产、加工交给新兴国家和发展中国家地区,各种技术手段的开发交由欧洲和本国完成,整个供应链经济的绝大多数环节都"外包"给世界各国,从而推行其全球化经济,而美国自己在其标榜的民主和自由的市场经济体系下则成为了世界最大的核心消费国,这一切都建立在美元是全球硬通货的基础上,同时美元的发行又显然缺乏相应的制衡手段——没有黄金挂钩,美元的印发和美债的发行可谓肆无忌惮;同时,自2012年起依靠所谓的金融创新工具,美国通过几大国际投行频频做空黄金,使之更加无法制衡美元。

五、结论

布雷顿森林体系可以说是国际经济的一个"潘多拉的盒子",它开启了一个时代,而即使当它不复存在之时,其影响仍然在继续。

当我们在享受全球化的便利,为全球化大唱赞歌的时候,又不可避免地身处全球化世界圈的同时,适时适当地从另一个角度来解读,应该能有不同的收获和自己的思考。

问题探讨与思考

1. 如何评价布雷顿森林体系?
2. 你对现在国际经济以美元结算为主有何评价?

第三章
跨国企业进入外国市场的方式

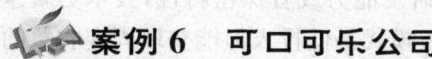 案例6　可口可乐公司

本案例学习目标

通过本案例的学习,了解可口可乐公司的发展历程和企业特色,从而更加深刻地理解跨国公司契约交易型进入外国市场的方式。

一、问题的提出

在跨国企业进入外国市场的过程中,什么是契约交易型进入方式?这种交易方式有何特点?能否举例说明?

二、理论分析框架

契约交易型进入方式,即服务贸易出口,是指跨国企业将所拥有的专利、商标、技术诀窍、营销模式及管理模式等无形资产,通过技术转让合同或特许权使用合同的方式转让给外国企业使用。通常而言,服务是无形的、不可储存的、生产和消费同时发生的,是一个经济单位为另一个经济单位的利益而进行的活动,是各国经济增长中的重要源泉,也是跨国公司经营活动的一种重要形式。自20世纪80年代以来,契约交易型进入方式成为各国企业特别是西方企业进入国际市场越来越普遍采用的一种方式。

契约交易性进入方式很多,总体可以分为三大类:国际旅游和交通,海外服务的效益,以及海外资产的使用。其中,跨国公司利用海外资产主要有两种形式:一种是许可证贸易,即交易双方通过签订许可协议而进行的技术贸易,是在

一定时期内,一家企业向外国企业转让其自有的无形资产使用权,并从中按比例地提取使用费及其他补偿。也就是说,企业以许可证方式向国外企业协议转让其专利、商标、产品配方、公司名称等使用权。另一种则是特许经营,是企业在国际间许可另一企业经销某种商品或者服务的销售制度,其一是特许者向受许方转让商标、技术或统一的商业运营模式等,二是受许方按照合同在支付使用费和加盟金的条件下从事特定经营。特许经营是一种企业从事跨国经营中产品与服务的营销方式,并不特指某一具体行业。

许可证贸易也被称为技术授权,适用于东道国限制进口和直接投资、特定的外国市场比较小的情况,通常其技术反馈前景光明,因此受到东道国的欢迎。这种形式以许可证协议作为校验和扩张市场的手段,将来能以直接投资方式进行市场开发作准备,同时由于母国公司的研发能力或者保密特性,技术更新速度快,或者能长期保持技术优势。技术授权模式是低投入但能获取固定收益的国际化方式,易于推动国际间技术联盟的形成,是海外经营风险最小的一种进入方式,同时也可以成为其他模式先期进入手段。这种方式可以绕过关税成本和配额数量限制的进口壁垒,或者以授权中间品代替开发最终产品,能降低运输成本,且便于技术成本的回收,同时也适合把技术当成股份投资,实现技术资本化,以技术化打进对方国家市场。但是这种方式也有缺点,因为不同市场的进入难度差异性较大,且许可证模式盈利水平不高,因为技术提成费由合同预先规定,较少超过5%,收入还要受到许可有效期限的限制(一般是5~7年)。同时,技术授权模式对打开国际市场可能会形成一定的制约,因技术外溢而为自己树立新的竞争对手。它的最显著特点就是控制程度低,且容易受到东道国国家限制:东道国会制定有管制许可证贸易规则,不允许许可证对特定产品和地区享有专有独占权利,或者对许可证技术的提成费实施外汇管制。

三、案例背景介绍

可口可乐公司(Coca-Cola Company)成立于1886年5月8日,总部设在美国佐治亚州的亚特兰大市,是全球最大的饮料公司,拥有全球40%以上的市场占有率以及全球前三大饮料的两项(可口可乐排名第一,百事可乐第二,低热量可口可乐第三)。目前,可口可乐公司在206个国家和地区拥有160种饮料品牌,包括汽水、运动饮料、乳类饮品、果汁、茶和咖啡,亦是全球最大的果汁饮料经销商。

可口可乐公司最著名的产品便是Coca-Cola,或者称Coke,是由美国可口可乐公司生产的一类含有咖啡因的汽水饮料,中文译为"可口可乐",作为一种碳酸饮料具有一种特殊风味,而这种风味来自原料中可乐种子(cola seed)。可口可乐不仅是全球销量排名第一的汽水饮料,而且也是全球最著名的软饮料品牌,在全球拥有接近一半的市场占有率。

可口可乐的诞生颇具神奇色彩。1885年,美国佐治亚州的约翰·彭伯顿(John Pemberton),根据医学杂志上古柯碱疗效的报道,发明了深色的糖浆称为彭伯顿法国酒可乐(Pemberton's French Wine Coka)。1886年,彭伯顿受到启发,想发明一种让很多需要补充营养的人喜欢喝的饮料。某天,他正在搅拌新配置的饮料,发现它具有提神、镇静的作用以及减轻头痛的效果,他将这种液体加入了糖浆和水,然后加上冰块,不过在倒第二杯时,助手一不小心加入了苏打水,却意外地使得饮料风味更佳了。他的合伙人罗宾逊(Frank M. Robinson)从糖浆的两种成分——古柯(Coca)的叶子和可拉(Kola)的果实激发出命名的灵感,为了整齐划一,将Kola的K改C,然后在两个词中间加一横,并用斯宾塞体提笔写了这一著名品牌标识。于是Coca-Cola便诞生了。

1886年5月8日,在亚特兰大的药房售卖出了第一瓶可口可乐,当时价格是5美分。可口可乐问世之初,其独特的味道和特殊的效果得到了广大顾客的好评。彭伯顿、罗宾逊和相关合作人在1886年以此创立了彭伯顿化学公司,并且于1887年6月6日由彭伯顿申请可口可乐注册商标专利权,以确定他享有相关品牌的法律权利。之后,公司的股权几经易手,最后由阿萨·坎德勒(Asa Candler)在1888年出资2 200美金获得对"可口可乐"配方和其专利的控制权。图3-1为可口可乐公司的创始人和品牌标志。

图3-1 可口可乐公司的创始人和品牌标志
(引自可口可乐公司官网)

在配方权终于易手之后,1891年12月29日,坎德勒申请成立可口可乐公司。1892年可口可乐公司获颁公司章程,正式组成公司(The Coca-Cola Company),并且在亚特兰大之外的地方生产可口可乐。随着公司规模的逐渐扩大,1895年起,可口可乐销往美国的所有州,消费者遍布美国全境。到1899年,坎德勒把装瓶权利卖出,但仍保留神秘配方及可口可乐名称的所有权。1900年,约瑟夫·怀特海德(Joseph Whitehead)取得执照在亚特兰大成立瓶盖工厂,从而意味着可口可乐的授权生产模式正式展开。1906年,在加拿大、古巴和巴拿马开始运营瓶装业务,它们成为美国本土之外首批开设"可口可乐"瓶装厂的三国。1915年,亚历山大·萨米尔森(Alexander Samuelson)设计了"可口可乐"弧形瓶的原型,由鲁特玻璃公司持有专利。经由瓶装商协会认可,成为标准包装瓶。

1919年,即坎德勒退休几年之后,他的家族将可口可乐出售,价格高达2 500百万美元。买下他的是银行家罗伯特·伍德拉夫(Robert Woodruff),1923年4月8日,他在德拉瓦州注册,并且让股份公开上市,每股以40美元挂牌。伍德拉夫当选可口可乐公司总裁,引领"可口可乐"业务发展长达60多年,一个新的、更加传奇的时代由此开始。

可口可乐的最传奇之处还是关于可口可乐的配方,其自1886年在美国亚特兰大诞生以来,已保密达128年之久。为了保住这一秘方,可口可乐公司享誉盛名的元老罗伯特·伍德拉夫在1923年成为公司领导人之初时,就把保护秘方作为首要任务。当时,可口可乐公司向公众播放了将这一饮料的发明者约翰·彭伯顿的手书藏在银行保险库中的过程,并表明,如果谁要查询这一秘方必须先提出申请,经由信托公司董事会批准,才能在有官员在场的情况下,在指定的时间内打开。截至2000年,知道这一秘方的只有不到10人。而在与合作伙伴的贸易中,可口可乐公司只向合作伙伴提供半成品,获得其生产许可的厂家只能得到将浓缩的原浆配成可口可乐成品的技术和方法,却得不到原浆的配方及技术。事实上,可口可乐的主要配料是公开的,包括糖、碳酸水、焦糖、磷酸、咖啡因、"失效"的古柯叶等,其核心技术是在可口可乐中占不到1%的神秘配料——"7X商品"。"7X"的信息被保存在亚特兰大一家银行的保险库里。它由三种关键成分组成,这三种成分分别由公司的3个高级职员掌握,三人的身份被绝对保密。同时,他们签署了"决不泄密"的协议,而且,连他们自己都不知道另外两种成分是什么。三人不允许乘坐同一交通工具外出,以防止发生飞机失事等事故导致秘方失传。

(资料来源:主要引自可口可乐公司的官网。)

四、案例分析

可口可乐以它不可抗拒的魅力征服了全世界数以亿计的消费者,成为"世界饮料之王",而可口可乐公司的经营信条正是:保住秘密,即保住了市场。

有了秘方和因此建立的品牌形象后,可口可乐便以许可证模式作为其进入国际市场的最主要方式。跨国经营中的许可证进入模式,是指在一定时期内,一家企业向外国企业转让其自有的无形资产使用权,并从中按比例地提取使用费及其他补偿。更具体地,它是企业以许可证方式向国外企业协议转让其专利、商标、产品配方、公司名称等使用权。其中,出让无形资产的一方被称为许可方或授权方,而接受无形资产的一方被称为被许可方或受权方。在这一模式下,可口可乐公司推行了"彻底的本土主义"原则,即:除了由可口可乐公司向全球各地生产厂商批发供应制造用的原液,并且由美国总公司负责必要的指导和宣传之外,其余从企业雇员到原材料采购等各个环节,一律实行本土主义原则。

首先,在雇员方面。在海外合作企业中,从最高层领导到生产员工和推销员,全部都由当地人充任,美国人一个也不参加。

其次,在采购方面。饮料中除原液外的99.69%的其他成分包括水、碳酸、砂糖、香料及其他各种添加物,都由当地工厂加工调配。不仅如此,像瓶、罐、罐装机械、输送工具、冷却器、搅拌机、纸杯及工作服全部都是在当地取料制造。

从运营管理角度来看,可口可乐的生产方式显然是属于重量增加型的,作为一种碳酸饮料产品,其产品在加工过程中,从原料到成品,重量逐渐增加,即从最初的浓缩原液到成品,其中的过程添加了大量水、二氧化碳、糖、香料、色素,以及外包装的环节附加。这样的方式,使用授权生产、当地化采购有利于降低采购和运输成本,同时又尽可能地接近当地市场和目标市场。可口可乐在全球拥有160种饮料品牌,其中不乏为了适应当地市场群众的需求而新增新创的饮料类型和风味饮料,以满足各种细分市场、区域市场的个性化需求,同时也进一步扩大了品牌影响力。

最后,在事关可口可乐公司最重要利益的资本方面。按照每一个合作项目事前签订的许可证协议,可口可乐公司的资金投入总是不足1‰,但其反过来却要收取相当多的保证金。出售可口可乐原液的价格,一般约占生产成本的10%左右。

五、结论

可口可乐公司在美国股市的市值曾经长期占据榜首的位置,也是全世界范围内最成功的百年企业之一,其贯穿于近代以来整个美国国家的发展和文明历史,有时候甚至被人认为是以美国为代表的西方文化的象征之一。它的秘方当然是可口可乐公司成功的法宝,但没有许可证模式的成功运作,秘方这一无形资产同样也将无法体现出其巨大的商业价值。因此,可口可乐公司也通常被认为是跨国企业契约交易型进入方式的杰出代表,是技术授权式贸易的经典案例。

问题探讨与思考

1. 可口可乐公司作为跨国企业,使用了哪一种进入方式?这种方式有何优点?
2. 请自行收集材料,比较分析可口可乐的商业推广模式。
3. 可口可乐为何能取得如此大的成功?从中你有何启示?

案例7 世界零售业帝国——沃尔玛公司

本案例学习目标

通过本案例的学习,了解沃尔玛公司的发展历程和企业特色,从而更好地理解跨国公司商品贸易型进入外国市场的方式。

一、问题的提出

在跨国企业进入外国市场的过程中,最常见的方式是哪种?这种交易方式有何特点?能否举例说明?

二、理论分析框架

跨国公司是进入到母国之外的某个国家或者地区从事经营活动,并从海外业务获得收益的企业集团。在跨国公司进入外国市场的方式中,商品贸易型进入方式是最简单的一种经营方式,因为其以实物形式进行。

商品贸易型进入方式是指通过向目标国家或地区出口商品而进入国际市场的方式。它的目的是获取比较利益,是企业经营国际化过程中最初级,也是最重要和最常用的市场进入模式,是大多数跨国企业国际化的第一步,因为在企业发展的最初阶段,这种方式可以降低资源上的风险,减少不必要的费用开支,又可以将剩余的生产能力输出国外,而不是用资本对外投资,增加了产品的收益。这种经营方式具体、实在,利于占领市场,也便于完善其他新型的经营活动。

商品贸易方式的主要优势是可以利用母国与东道国之间的比较成本差异,容易获得国际市场上的价格竞争优势,不涉及技术、生产设施和技术人员的跨国转移,因而经营风险较小。其缺点在于容易受到有关国家贸易保护政策的影响,不可控程度高,渠道较长,交易费用高;产品实物的产需远隔千里,使企业难以快速适应市场变化而做出调整。在市场快速变化产品竞争激烈或贸易壁垒盛行的情况下,出口方式就难以发挥出有力的作用。近年来,许多国家纷纷对我国出口的产品提起反倾销指控,严重地影响了我国产品的出口,也暴露了商品贸易进入方式的缺陷。

三、案例背景介绍

沃尔玛百货有限公司(Wal-Mart Stores, Inc.)是一家美国的跨国零售企业,总部设在阿肯色州本顿维尔(Bentonville, Arkansas),以营业额计算为全球最大的公司,是世界上最大的零售商,也是世界上最大的私人雇主,员工超过200万。沃尔玛仍然是一个家族企业,沃尔顿家族拥有沃尔玛48%的股权。

1962年,山姆·沃尔顿(Sam Walton)创立沃尔玛,1969年10月31日注册成立。1972年在纽约证券交易所公开交易。沃尔玛也是在美国最大的食品零售商。沃尔玛公司有11 000余家门店,分布于全球27个国家。沃尔玛在美国50个州和波多黎各运营,全资拥有在阿根廷、巴西和加拿大的业务,同时,在墨西哥经营Walmex,在英国经营阿斯达(ASDA),在日本经营西友百货,并与印度巴提企业(Bharti)合资经营"最优惠价现代批发卖场"(Best Price Modern Wholesale)。沃尔玛在北美以外的投资的业务中,在很多区域内都非常成功,其中就包括中国——我们身边的沃尔玛商场。沃尔玛主要有沃尔玛购物广场(Walmart Supercenter)、沃尔玛折扣商店(Walmart Discount Store)、沃尔玛社区店(Walmart Neighborhood Market)、山姆会员店(Sam's Club)等四种营业态式,自2011年起,又增加了沃尔玛快捷便利店(Walmart Express)的形式。此外,在目前的互联网时代背景下,沃尔玛也正在积极布局电子商店。在巨大的销售量的支持下,以营业额为统计基础的《财富》"世界500强"排行榜中,沃尔玛近年来长期占据榜单的最前列(参见案例3)。截至2013年1月,沃尔玛在2012年度的净销售额到达4 661亿美元,在2013年财富500强排行榜中名列第二。图3-2为沃尔玛品牌标志。

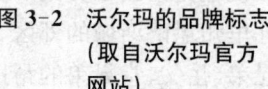

图3-2 沃尔玛的品牌标志(取自沃尔玛官方网站)

虽然已经于1992年去世,但是沃尔玛的创始人山姆·沃尔顿仍然是沃尔玛商业帝国最重要的奠基人。

1918年,山姆·沃尔顿出生在美国俄克拉荷马州的金菲舍镇,是一个土生土长的农村人。1945年离开军队后,沃尔顿在他26岁的时候接手了他第一家杂货店的经营管理。用来自他岳父的20 000美元的贷款,加上他在军队的时候攒下的5 000美元,沃尔顿在阿肯色州的纽波特开了一家本·富兰克林杂货店,是巴特勒兄弟连锁店的一家特许专营店。在纽波特店,沃尔顿收获了许多对他后来的成功至关重要的经营观念。他学会了采购、定价、销售。一次偶然的机会,山姆学到了连锁、零售的好处和实惠。沃尔顿有个著名的女裤理论:用单价80美分买进女裤,以1美元的价格出售,其销量是以1.2美元出售的三倍。单从一件商品上看,少赚了一半的钱,但卖出了三倍的商品,总利润则大得多。沃尔顿总是确保货架一直备有种类丰富的商品。当租期只剩1年的时候,商店开得仍十分红火,沃尔顿则想方设法协商在阿肯色州本顿维尔的市中心地段买下一处新地址,并在1950年5月9日以一天的重建甩卖开张营业。在他购买本顿维尔的商店之前,这家店的销售额是72 000美元。扩张之后,在沃尔顿5年的经营下,他的年销售额达到了250 000美元。图3-3为山姆·沃尔顿。

图3-3 山姆·沃尔顿

在成功经营两家距离遥远的商店后,山姆领悟到了授权的意义,并且热心于搜索更多的地址,开更多家店。(同时,他买了一架小飞机,他花了成千上万个小时寻找新的地点,不断扩展铺开他的家族生意。)由于正处第二次世界大战之后的经济重建时期,人们的购买需求非常旺盛,而山姆也正是看到了这个难得的商机。山姆创业之初,零售业市场上已经存在了像凯玛特、吉布森等一大批颇具规模的公司,这些企业的目标市场是大城镇,但是沃尔顿敏锐地觉察到在美国的小镇里同样存在着许多商业机会。1954年,沃尔顿在密苏里州堪萨斯城的郊区Ruskin Heights的一个购物中心开了一家商店。在他兄弟、岳父、堂兄弟的帮助下,又继续开了许多家杂货店。他鼓励他的店经理们投资和在生意中取得股权,这激励了经理们提高他们的经营管理技能以及全心投入到他们在这项事业的角色中去,而这做法正是现在使用颇广的"股权激励"。到1962年,他和他的兄弟一起,在阿肯色、密苏里和堪萨斯拥有了16家商店。其中,有15家本·富兰克林连锁店和一家费耶特维尔的独立经营的商店。

1962年,在经营了多年以他人命名的本·富兰克林特许店之后,历史性的时刻到来了。在美国阿肯色州罗杰斯城,沃尔顿开设第一家沃尔玛百货商店,也是第一家用他自己的姓来命名的商店。山姆·沃尔顿崇尚节俭的经营之道,在小城镇的店面租金更低,公司又很少在店内外装饰上花钱,也很少登广告,由此带来的价格最低符合消费者的最大利益。他始终采用大众化、低加价的零售经营方式,对供应商压低谈判价格,不过无论公司以多么低的价格购进商品,山姆坚持加价率绝不超过30%,即使比竞争者同样商品的价格低得多,也要坚持将此利益让给顾客,且绝不放弃对顾客许下的任何商品都比竞争者价格低的诺言。因为坚持低价策略,沃尔玛一开始就获得很大的成功。他很努力去寻找美国供货商为自己提供价格低廉的货品,以和进口商品竞争。同时,他观察了其他同类商店,发现一站式购物模式有利可图,从而加以发展。和其他商店不同,沃尔玛大部分都选择在小市镇建立,既可以减低租金成本,又可减少竞争对手。此外,山姆亦十分重视物流和供应链,建立了庞大的运输及仓存网络。沃尔玛帝国就此一步步发展壮大起来。

在20世纪70年代,沃尔玛的销售收入和纯收入以每年40%的速度增长着。营业收入和纯收入分别在10年时间增长40倍和35倍。这使沃尔玛一跃成为全美最年轻的年销售收入超10亿美元的区域性零售公司和成长最快的、领先的区域性折扣百货公司。而80年代则是沃尔玛走向巨人的10年,在这10年内它保持了35%以上的年增长速度和不断下降的经营成本,使它成为全国零售行业的巨人。

在管理学案例中,沃尔玛的经营理念和对管理技术方式的改进是非常经典的。

对内而言,在用人上,沃尔顿喜欢挑选精力充沛、乐于工作并忠诚公司的人,不太注重学历,不少经理是从内部逐级提上来的,因为沃尔顿相信个人的努力和诚意,并尽力保持与员工的大量个人接触,以个人魅力鼓励和维系了员工和顾客对公司的忠诚和赞扬。他一方面对经理布置高标准的工作任务,另一方面赋予其最大的权限和责任,鼓励他们在工作中保持激情和活力,从而最大限度地带动员工,让每一个人把潜力释放出来,让每一个人为沃尔玛做到最好,从而不断繁荣沃尔玛的业务。

对外来说,"让顾客满意"是沃尔玛公司的首要目标。山姆·沃尔顿开店坚守如下信念:"只要商店能够提供最全的商品、最好的服务,顾客就会蜂拥而至。"并且定义了"微笑服务"、"十英尺态度"、"日落准则"等。在山姆看来,只有微笑到露出八颗牙的程度,才称得上是合格的"微笑服务"。当顾客走到距离10英尺的范围内时,店员应温和地看着顾客的眼睛,鼓励咨询和求助,则被概括为

"十英尺态度",成为沃尔玛的员工准则。"不要把今天的工作拖到明天,每个员工都必须在太阳下山之前完成自己当天的任务,而且,如果顾客提出要求,也必须在太阳下山之前满足顾客"、"永远提供超出顾客预期的服务"等规则,已写进了美国的营销教科书。他还为公司制定了三大基本信仰:"服务顾客"、"尊重个人"和"追求卓越"。山姆在1983年又开办了山姆俱乐部,这是实行会员制的商店,只要缴纳25美元顾客就可以拥有会员资格,以批发价格获得大批高质量商品,这一超低价的实施带来的却是销售额的大幅增加。目前,山姆俱乐部的销售额已达100亿美元,拥有217家分店和巨大的发展潜力。

从运营管理领域来看,一个企业的创新和优化生产率是成功的法宝。沃尔玛的低成本主要依赖于以下几个方面:采取仓储式经营、加强与供应商的合作、强大的配送中心和通讯设备作技术支撑、严格控制管理费用、减少广告费用。诸如电子标签(RFID)、交叉转运等新的技术都起源于沃尔玛,其给连锁业带来的改革是不计其数的,如他发明了条形码、无线扫描枪、计算机跟踪存货等,如今已成为行业标准;他改变了传统的进货方式,货物直接在仓库转运而不需要放入库存,大大加快了商品的流转速度;他拥有最大的私人卫星网络,从而建立其自己的物流网系统。这些旨在鼓励人们打破陈规和单调生活,去努力创新,也"为了工作更有趣,"更直接改变了整个零售行业。

四、案例分析

作为零售业的巨头,沃尔玛进入外国市场的方式是一种较为特殊的商品贸易型进入方式。其载体是各种各样的商品,但是又有所区别。

商品贸易型进入方式是通过向目标国家或地区出口商品而进入国际市场的方式。它的目的是获取比较利益,是企业经营国际化过程中最初级,也是最重要和最常用的市场进入模式。作为零售商,沃尔玛销售着成千上万种商品,为世界各国人民带来了本国和他国不同的货物。然而,同样是商品这种载体,沃尔玛的经营策略又有区别对待:

对于一些生产专业产品又没有太大知名度的小企业,其主要是向沃尔玛供货,产品作为沃尔玛的自有品牌进行销售,即为沃尔玛做贴牌生产,不做自己的品牌。这些企业与沃尔玛合作会有这些好处:首先收款没有风险,账期短,从未拖欠;不需要打广告,销售人员也相当少,营销成本大大降低,企业管理链条相当简捷。供应商只负责生产所带来的问题则主要是对市场信息失去敏感,但沃尔玛有一个专业的零售链系统,相关小企业有一个专用密码,可以通过互联网随时进入系统,了解当天自己产品的销售情况。

同样为沃尔玛做自有品牌,有些企业的产品销售量较大,但是在国内影响力很小,主要是在海外销量巨大,与沃尔玛的合作就是一个拓宽海外市场的过程。这一点在中国特别显著,作为目前世界的第一制造业大国,很多低附加值产品都以外贸销售为主,而在自己国内则鲜有人知。对于这类产品,沃尔玛同样将其作为自有品牌进行销售,但是为其在国外销售提供了重要的途径,打开了巨大的海外市场。

与没有自己的品牌不一样,有些企业具有相当大的市场影响力,有自己的知名品牌,但也会借助沃尔玛这个大的销售平台进一步打开海外市场。一般卖场为满足不同层次顾客的需求,同一个商品会有4~5个或更多的品牌,即便沃尔玛不做自有品牌,也会有其他企业供应自己的品牌。沃尔玛与其合作,一般是一个双赢的过程,一方面,大品牌、多品种的产品在顾客中具有较高的认知程度,为顾客所熟悉,从而保证了销量,也丰富了顾客的选择;另一方面,企业可以借助沃尔玛在全球的供货系统进一步提高自己的影响力。

沃尔玛在全球市场能获得巨大的成功,因素是多方面的。除了其专业的服务精神,降低成本优惠让利顾客,先进的管理技术和独特的文化理念等等之外,其对于商品品牌的不同策略也是一个重要的因素。在众多跨国企业以商品贸易型进入方式进入外国市场的实例中,以零售商业为典型的沃尔玛公司,仍然值得我们去解读和学习。

五、结论

说山姆·沃尔顿是沃尔玛的灵魂,实在毫不为过。山姆不但亲手创造了沃尔玛,而且在将近30年的岁月里,一直亲自领导它的日常业务,决定着它的发展方向,并以自己的风格、个性、理念深刻地影响着它,使沃尔玛不仅创造了第二次世界大战后美国零售业的最大奇迹,并且成为美国零售巨型公司中最有个性的公司。它的经营理念、管理模式和在技术创新改革的智慧,成就了一代零售帝国,也是跨国企业商品贸易式进入方式的经典案例。

问题探讨与思考

1. 沃尔玛有哪些创新的管理技术和方式已经成为了现在大型商品零售业的行业标准?请举例说明。
2. 你认为沃尔玛成功的最重要原因是什么?
3. 面对最大的国内市场,你认为我国的企业应当如何来参与和分享?
4. 你认为未来的商品零售业会面临怎样的机遇和挑战?

案例8　中远的故事

本案例学习目标

通过本案例的学习,能对跨国企业投资型进入外国市场的方式有所了解,同时思考现今我国企业跨国投资的环境以及对策。

一、问题的提出

何为投资型进入方式?跨国企业运用此种方式进入外国市场,会面临哪些问题?

二、理论分析框架

投资型进入方式是指跨国公司采用对外投资形式进入国际市场,主要包括对外间接投资和对外直接投资。

对外间接投资是一个国家的投资者以取得利息或股息、分得红利等资本增值形式为目的,以被投资国的证券为主要对象的投资,其特点是投资者不直接参与这些资本企业的经营和管理。对外直接投资(FDI)是一种以所有权为基础的进入方式,企业通过在目标国家占有部分或全部的所有权(股权),将技术、人力、管理经验及其他产权专移到目标国家。对外直接投资是通过投资在外国建立生产性子公司的目标国市场进入方式,拥有实际控制权,形式有两种:一是新建海外企业(绿地投资);二是并购海外企业。新建海外企业有两种形式:独资企业和合资企业。

三、案例背景介绍

中国远洋运输(集团)总公司,简称中远或COSCO,是中国大陆最大的航运企业,中国中央政府直管的特大型国有企业,全球最大的海洋运输公司之一。发展至今,中远集团已经成为以航运、物流码头、修造船为主业的跨国企业集团,已经确立起在国际航运、物流码头和修造船领域的领先地位,稳居《财富》世界500强。截至2012年,中远集团已形成以北京为中心,以中国香港、美洲、欧洲、新加坡、日本、澳洲、韩国、西亚、非洲等九大区域公司为辐射点的全球架构,在50多个国家和地区拥有千余家企业和分支机构,员工总数约13万人,其中驻外人员400多人,外籍员工4 000多人,资产总额超过3 000亿元人民币,海外资产和收入已超过总量的半数以上,正在形成完整的航运、物流、码头、船舶修造的全球业务链。

作为国际航运巨头,中远在全球航运和物流领域具有举足轻重的地位。不过中远发展到今天,不是一帆风顺,其道路也颇为曲折。图 3-4 为中远集团标志。

要成为国际航运的巨擘,不可避免地要和现在世界的唯一超级大国、经济总量世界第一的经济体——美国打交道。21 世纪初期,具有卓越眼光和胆识的时任中远集团总裁魏家福,并不仅仅在乎船运的挂靠,收购美国本土的码头,是中远迈向全球

图 3-4　中远集团标志

化发展的重要一步。美国洛杉矶长滩市一个废弃的军用码头再次成为了他的目标——长滩拥有全美最大的集装箱港口。

20 世纪末,中远就试图收购美国长滩码头,当地政府批准后,却遭到了议会的拒绝——受舆论的影响,议会以中远是解放军的分支机构为由否决了该次收购。到了 2001 年,魏家福再次来到美国,亲自出面为该收购扫清障碍。一方面,中远按照美国惯例聘请了公关公司;另一方面,魏家福开始主动走进美国主流媒体。魏家福和管理团队认为,中远应该直面质疑,澄清误会。

《华盛顿邮报》号称美国政府护卫舰,也是美国中央情报局和五角大楼的政治风向标。到了美国,魏家福选择了直接攻坚这家立场保守的报纸,直面刊发了多篇对中国不友好的文章,堪称"中国威胁论"的吹鼓手。在《华盛顿邮报》那间专门接待重要采访对象的绿屋子里,魏家福的对面是 8 名记者一字排开,个个词锋锐利,步步紧逼,录音机在一旁发出轻微的嗡嗡声,记录着魏家福说出的每一个字。

那天,当记者问魏家福:"你为什么来这里?别的国家元首来到这里都是紧张万分,你说的每一个字都会见报,你不害怕吗?"曾亲历过被海盗劫持事件的魏家福当即回应说:"我怕什么?我来到这里就是要告诉美国人一个真实的中远!"当美国记者拿出那份著名的反华的考克斯报告,暗示魏家福中远的企业身份暧昧时,魏家福还进行了必要的反击,问道:"请问考克斯先生去过中国吗?"见到记者们面面相觑,无人作答,魏家福肯定地说,"一个从来没有去过中国的人,对中国和中国企业的评论可信度如何,相信你们会作出正确的判断。"随后,魏家福介绍了中远的真实情况。

美国的媒体一直标榜自己客观而且民主。第二天,《华盛顿邮报》在头版头

条如实刊登了对魏家福的访谈:《中远:我们的目的只是赚钱》。自此而后,美国人对待中远的态度开始发生变化。到了2001年7月,由中远与美国公司共同出资、中方控股的合资公司成立。中远拥有了进出美国的门户港口。

事后,魏家福总结道:"跟美国人打交道,必须用美国人的思维方式。我认为美国的文化还是强调现实的,一旦你讲的道理他接受了,他就完全赞同。但前提是,你要敢于直面他的质疑,而不是回避,因为很多人对中国缺乏了解,这是多数误会产生的根源。真诚的沟通,能消除误会,化敌为友,让'走出去'工作事半功倍。不仅美国,其他国家也是如此。"主动沟通,消除误会,成为中远"走出去"消除舆论障碍的惯例。

除了传统的货物航运、收购和开发码头、港口业务之外,中远以"借壳上市"开路,角逐资本市场,推动企业"走出去"工作的双轮发展。1993年10月5日,中远通过在新加坡"借壳上市",顺利地进入了国际资本市场,同时也成为中国国企进入海外资本市场的"第一人";2005年6月30日,标志着中远团体航运主业旗舰的中国远洋在香港联交所成功上市,2007年6月26日成功完成了A股发行。目前,中远已在境内外控股和主要参股中国远洋、中远太平洋、中远国际、中远投资、中远航运、中集集团、招商银行、招商证券等8家上市公司。

如今,中远已成为世界上集装箱制造规模最大的企业;中远旗下的中远太平洋已成为全球第五大码头运营商,在全球19个港口拥有32个码头公司的权益,投资、管理和运营着超过140个泊位——这一点尤其值得关注,因为码头没有周期性,能够较好地对冲航运行业的周期性波动。目前,中远在50多个国家和地区拥有千余家企业和分支机构,13万中远人中,驻外人员400多人,外籍员工4 000多人。资产总额超过3 000亿元人民币,海外资产和收入已超过总量的半数以上,正在形成完整的航运、物流、码头、船舶修造的全球业务链。总部设在中国的中远,正在成为全球的中远。

四、案例分析

无论是对外间接投资还是对外直接投资,跨国企业都需要拥有足够的经济实力,从而具有自己的所有权垄断优势,并且利用降低交易成本的内部化优势,从而利用区位优势获得在当地投资的收益。无论选择哪种方式,利用哪些优势都是具有风险的,而投资型进入方式则尤为如此,因为其直接面临三大优势带来的挑战。如果资金实力或者技术能力不够的话,最根本的垄断优势即将面临挑战,投资就成为了无本之源;没有有效的管理手段、文化整合等能力,会失去对投资对象的有效控制并提高整体运营成本；而缺乏对于当地法律、社会体系的了解，投资显然会导致东道国当地的漠视、敌意，无法融入当地也将最终丧失当地化区位优势，导致投资的失败。

作为世界著名跨国企业，中远进入国外市场，依靠的是先进的航运技术、造船能力和雄厚的经济实力，其既存在传统的货物运输方式，也存在对外直接投资、收购兼并和借壳上市。而中远走向辉煌的背后，是一个企业的管理者前瞻的眼光和宽阔的胸怀，也是一个大国崛起的梦想寄托。

从企业本身的战略上讲，中远"走出去"的实践证明，只要战略正确、执行到位，中国企业不但可以"走出去"，而且完全能够在激烈的国际市场竞争中做强做优。但是，作为中国的跨国企业，必然要在社会、文化、法律等经济领域以外的方面加以关注，由于国家社会、政治体制的显著区别，东西方文化、价值观的明显差异，以及历史原因导致的信息封闭、非对称性，中国企业会面临更多的问题和挑战，而中远的案例就是一个中国人用自己的智慧来解决这些一系列问题的榜样。

当然，衡量一家企业"走出去"工作是否成功，不能以一时一地之得失论英雄，而是应该从更加高远的时空来做出整体判断。恰恰是这样，中远的实践才更加值得关注：中远的成功不只体现在某一个项目上；不只体现在某一两年时间里；不只体现在与某个国家的合作成功，甚至不只体现在经济效益上——中远在很多时候，扮演着民间大使的角色，在维护中国对外关系上发挥着重要作用。

海洋，自古以来是人类天然的活动界限。在日益全球化的今天，先进发达的航海技术、造船能力和密集的航线，为突破这一障碍提供了坚实的基础。每一个强国都有自己的海洋之梦，而中远集团也正寄托了国人的这一远大而美好的梦想。从这个层面上来说，中远不仅仅是一个跨国公司，更是一个国家战略的贯彻者和执行者，也是一个国家综合实力和一个民族外交智慧的体现，具有更多深层次的意义。跨国公司不仅仅是一家公司，其在国际政治和局势时事中的深刻影响，也由此可见一斑。

五、结论

中远集团是中国国有企业对外投资进入国外市场的杰出代表，充分体现了跨国企业在进入外国市场时利用的所有权优势、内部化优势和区位优势。它的跨国投资之旅也是中国企业"走出去"的一个鲜明写照，给更多的国内企业跨国经营提供了教训和思考，也树立了榜样和标志。

问题探讨与思考

1. 中远集团进入外国市场的方式是什么?
2. 中远"走出去"的案例,有何启示和借鉴意义?

案例9 众里寻他千百度

本案例学习目标

通过本案例的学习,了解新的时代背景下跨国企业发展的模式和历程,从而了解互联网时代企业发展所面临的新机遇和新挑战,进而重新思考现在的跨国企业如何应对互联网革命这一正在发生的产业革命和时代趋势。

一、问题的提出

在新的时代背景下,跨国企业进入国外市场会面临什么新的问题和挑战?在互联网时代,跨国企业的发展有何新的方式?

二、理论分析框架

互联网的出现,带来了信息跨国界的沟通和爆炸性的增长,打破了以往企业在物理和地理上的界限。企业在各国间从事金融和贸易等经济活动变得更加简单、方便和快捷。在这个时代背景下,跨国企业进入国际市场,已经不只是依靠传统的三种方式:商品贸易型、契约交易型和投资型,因为这是一个全新的信息时代,市场需求的动态变化更加快速,信息反馈、评价和散布更加自由和迅捷,商品流动、货物供给、物流和供应链更加网络化、全球化和复杂化,对决策的准确、速度和前瞻性要求也越来越高,跨国企业的经营变得越来越简易,但是企业的生存能力、盈利能力和核心竞争力的要求也越来越有挑战性。

如果在互联网时代能够生存下来并且做大做强,建立和维护自身的互联网生态,日益成为新的跨国企业所要面临的问题,而解决这个问题的方式之一,就是找一家现在较为成功的互联网企业,来分析它的发展和历程。

三、案例背景介绍

百度(Nasdaq 简称:BAIDU)是全球最大的中文搜索引擎、最大的中文网站,2000年1月由李彦宏、徐勇两人创立,致力于向人们提供"简单、可依赖"的信息获取方式。"百度"二字源于中国宋朝词人辛弃疾的《青玉案·元夕》词句"众里寻他千百度,蓦然回首,那人却在灯火阑珊处",象征着百度对中文信息检索技术的执著追求。

1999年年底,身在美国硅谷的李彦宏看到了中国互联网及中文搜索引擎服务的巨大发展潜力,抱着技术改变世界的梦想,他携搜索引擎专利技术,于2000年1月1日在中关村创建了百度公司。从最初的不足10人发展至今,员工人数超过18 000人。如今的百度,已成为中国最受欢迎、影响力最大的中文网站。

20世纪90年代末期,"互联网"、"因特网"开始进入中国社会。从今天来看,这是一个跨时代的、全新的事物和全新的概念,它意味着中国社会的信息获取和共享方式跨越性地进步,也意味着一个国家、一个社会乃至全球步入了一个崭新的时代。就像电子产品需要说明书一样,中国网民开始接触革命性的互联网概念时,也呼唤着启蒙者和指导者。此刻,拥有中文搜索引擎的"百度"开始为人所知。

搜索引擎是指根据一定的策略、运用特定的计算机程序从互联网上搜集信息,在对信息进行组织和处理后,为用户提供检索服务,将用户检索相关的信息展示给用户的系统。搜索引擎的自动信息搜集功能分两种:一种是定期搜索,即每隔一段时间,搜索引擎主动派出"蜘蛛"程序,对一定IP地址范围内的互联网站进行检索,一旦发现新的网站,它会自动提取网站的信息和网址加入自己的数据库。另一种是提交网站搜索,即网站拥有者主动向搜索引擎提交网址,它在一定时间内(2天到数月不等)定向向网站派出"蜘蛛"程序,扫描网站并将有关信息存入数据库,以备用户查询。随着搜索引擎索引规则发生很大变化,主动提交网址并不保证网站能进入搜索引擎数据库,最好的办法是多获得一些外部链接,让搜索引擎有更多机会找到你并自动将网站收录。不难看出,搜索引擎其实就是一份互联网的电子说明书,这份说明书内容是否全面,界面是否易用,直接关系到用户的体验效果,也最终决定了它的命运。要知道在互联网时代的初期,绝大多数网站都在寻找自己的盈利模式,"烧钱赔本赚吆喝"的事例是家常便饭,但是能生存下来的少之又少,这也可以从2000—2001年互联网泡沫破灭时的哀鸿遍野中可见一斑。能在互联网时代初期生存下来的企业,往往需要有自己核心的竞争能力,以及独到的盈利模式。

在那个时代,网速是以K字节来计算的,主流的调制解调器最高也不过56K每秒的速度。在如此低的网速支持下,加载内容过多的网页就会显得非常缓慢,即使是有色彩的网页也会因像素占用数据流量过大而响应过缓。百度早期的页面非常简洁,白色底面,显著的搜索框,首页不超过 10 个的超链接,没有繁冗的广告同时又具有强大的搜索能力,使百度的界面简洁、易用,响应速度大大提高,从而为广大网民所接受——互联网时代时间就是金钱,高昂的网费却换来缓慢的网页加载速度会消磨用户的耐心和新鲜感。而伴随着互联网的发展和其口碑在论坛、聊天室等的传播,百度的用户群日益扩大。

从创立之初,百度便将"让人们最平等、便捷地获取信息,找到所求"作为自己的使命,成立以来公司秉承"以用户为导向"的理念,不断坚持技术创新,致力于为用户提供更多样化的互联网搜索产品及服务,其中包括:以网络搜索为主的功能性搜索,以贴吧为主的社区搜索,针对各区域、行业所需的垂直搜索,Mp3 搜索,以及门户频道、IM 等,全面覆盖了中文网络世界所有的搜索需求,根据第三方权威数据,百度在中国的搜索份额超过 80%。

与此同时,在那个时代与百度有同样主营搜索业务的还有雅虎和谷歌等公司。但是,百度依靠自己更强大的中文搜索能力而牢牢掌握了中国搜索份额的头把交椅,这不得不归功于创始人李彦宏的搜索引擎专利技术和百度的创新能力。在面对用户的搜索产品不断丰富的同时,百度创新性地推出了基于搜索的营销推广服务,并成为最受企业青睐的互联网营销推广平台。如今,中国已有数十万家企业使用了百度的搜索推广服务,不断提升企业自身的品牌及运营效率。通过持续的商业模式创新,百度正进一步带动整个互联网行业和中小企业的经济增长,推动社会经济的发展和转型。为推动中国数百万中小网站的发展,百度借助超大流量的平台优势,联合所有优质的各类网站,建立了世界上最大的网络联盟,使各类企业的搜索推广、品牌营销的价值、覆盖面均大面积提升。与此同时,各网站也在联盟大家庭的互助下,获得最大的生存与发展机会。

作为国内的一家知名企业,百度也一直秉承"弥合信息鸿沟,共享知识社会"的责任与理念,坚持履行企业公民的社会责任。成立来,百度利用自身优势积极投身公益事业,先后投入巨大资源,为盲人、少儿、老年人群体打造专门的搜索产品,解决了特殊群体上网难问题,极大地弥补了社会信息鸿沟问题。此外,在加速推动中国信息化进程、净化网络环境、搜索引擎教育及提升大学生就业率等方面,百度也一直走在行业领先的地位。2011 年年初,百度还特别成立了百度基金会,围绕知识教育、环境保护、灾难救助等领域,更加系统规范地管理和践行公益事业。

到了现在,百度拥有数千名研发工程师,这是中国乃至全球最为优秀的技术团队,这支队伍掌握着世界上最为先进的搜索引擎技术,使百度成为中国掌握世界尖端科学核心技术的中国高科技企业,也使中国成为美国、俄罗斯和韩国之外,全球仅有的4个拥有搜索引擎核心技术的国家之一。

2005年,百度在美国纳斯达克上市,一举打破首日涨幅最高等多项纪录,并成为首家进入纳斯达克成分股的中国公司。不过,值得注意的是,上市公司(Baidu.com, Inc)于2000年1月18日在开曼群岛注册成立。该群岛位于加勒比海,是一块英属殖民地。开曼群岛在1978年获得了一个皇家法令,法令规定永远豁免开曼群岛的缴税义务,故而开曼群岛完全没有税收,无论是对个人、公司还是信托行业都不征任何税。所以,它也在世界经济领域获得了"避税天堂"的美称。为更好地实现对下属子公司的控制及满足其他需要,他们还在另一个注册公司的"天堂"——英属维尔京群岛(British Virgin Islands, BVI)注册了一个壳公司,名为Baidu Holdings Limited(百度控股有限公司)。在注册总控股公司Baidu.com, Inc的同时,李彦宏和徐勇在中国北京成立了全资子公司Baidu Online Network Technology (Beijing) Co., Ltd.(百度在线网络技术公司,简称"百度在线")。这是一家外资公司,是百度公司在中国的第一个运营实体,主要负责向中国企业提供P4P(pay-for-performance,关键字竞价排名)服务和搜索解决方案,并向Baidu Netcom提供技术支持。由于中国法律对外资公司在华从事互联网服务业有种种限制,因此,两人随后于2001年6月5日在中国北京成立了第二个运营实体——Baidu Netcom Science and Technology Co., Ltd.(百度网络科技公司,简称"百度网络")。这是一家中资有限责任公司,由李彦宏和徐勇分别持股75%和25%。它获得了中国政府的网站及在线广告经营许可,专门从事网站经营及在线广告业务,我们熟知的Baidu.com及Hao123.com都隶属于它。

2009年,百度推出全新的框计算技术概念,并基于此理念推出百度开放平台,帮助更多优秀的第三方开发者利用互联网平台自主创新、自主创业,在大幅提升网民互联网使用体验的同时,带动起围绕用户需求进行研发的产业创新热潮,对中国互联网产业的升级和发展产生巨大的拉动效应。

如今,随着中国互联网从PC端向移动端转型,百度也在积极围绕核心战略加大对移动和云领域的投入和布局,不断把PC领域的优势向移动领域扩展。在通过技术创新不断满足用户的移动搜索需求的同时,百度也在继续积极推动移动云生态系统的建设和发展,与产业实现共赢。2012年9月,百度面向开发者全面开放包括云存储、大数据智能和云计算在内的核心云能力,为开发者提供更强大的技术运营支持与推广变现保障,以帮助他们在移动云时代获得更好的收益和成长。

现在,百度已经成为中国最具价值的品牌之一,英国《金融时报》将百度列为"中国十大世界级品牌",成为这个榜单中最年轻的一家公司,也是唯一一家互联网公司。而"亚洲最受尊敬企业"、"全球最具创新力企业"、"中国互联网力量之星"等一系列荣誉称号的获得,也无一不向外界展示着百度成立数年来的成就。

四、案例分析

从案例中可以看出,虽然百度在中文搜索引擎方面取得了非常大的成功,为国人所熟知,但是其却不是一家真正意义上的中国公司,而是在互联网时代非常典型的跨国公司。百度的总控股公司注册在开曼群岛,作为避税天堂降低了百度控股公司的税收压力;百度在美国纳斯达克上市,创始人李彦宏持有美国绿卡,启动的资金是美国的风险投资,所以百度倒是一家地地道道的美资公司。

作为互联网公司,其跨国公司的性质毋庸置疑,但是其进入国外市场的方式却非常独特。作为典型的科技公司,其不存在具体的商品形式,而是以无形的咨询类服务占据市场份额。此外,作为典型的轻资产企业,其对外直接投资很少以绿地投资、新建企业为主,但是却又有大量成功的兼并、收购、控股的合作案例。这些以网站为主的收购案例,将原有网站的核心功能和百度平台无缝地结合,充分利用了信息技术领域知识通用性、代码标准化、功能模块化的特点,有机而又无痕地利用了一种特殊的内部化优势。

从案例还可以看出,百度的起家是自己的搜索引擎,这是它的核心竞争力,也是依靠搜索引擎这一对于互联网初入者的天然亲近性,以及搜索引擎语种性的天然优势,成就了百度之后的成功模式,并且以此创立了其盈利能力——依靠搜索引擎的眼球效应,获得所有经济领域、各个行业企业的关注,以及利用企业重排名、重营销的偏好,利用搜索引擎的排序功能为出价最高的同行业企业提供最前列的排名,从而成就其最重要的盈利手段。

现在的百度是在中国市场举足轻重的三大互联网巨头BAT之一(另外两家企业是阿里巴巴和腾讯),而三巨头格局都建立在自身多年的收购和扩张基础之上。相对而言,如果以往的布局更多地在于企业自身核心竞争力为基础的外延和拓展的话,如今的兼并合作则更多地出于时代趋势的新战略——移动互联网战略。仅以2013年为例,前11个月,互联网行业共发生并购47起,涉及并购金额达46亿美元,已超过历史水平。3月,百度宣布斥资1亿美元并购本地服务搜索平台爱帮网;5月百度宣布以3.7亿美元现金收购PPS视频业务,并将其与爱奇艺合并;6月百度3.06亿美元战略投资"去哪儿",进军旅游业,百度成为"去哪儿"第一大股东,占股60%;7月百度宣布收购网龙旗下91无线全部股权,购买总价为19亿美元,获得移动APP的重要用户入口的掌控权;8月百度1.6亿美元战略投资人人公司旗下的糯米网,持股比例达到59%,进一步打造团购体系,触及互联网金融。这一系列收购,多少都会沾一些跨国收购的边,也是互联网跨国企业建立自身行业生态的常见举措。

一个互联网时代下的跨国公司,是扩大自身、打造巨无霸式的行业巨头,还是维系自身的鲜明特色独立、自由地存活着,抑或是做出特色等待被收购或者出售,现在的互联网时代很精彩,不同的企业要想精彩地活着,也可以有自己的决策和选择。

五、结论

在互联网时代,跨国企业的经营活动变得越来越方便、国际化,也对企业提出了越来越高的要求。

作为互联网公司,百度无疑是一家典型的、有代表性的新型企业。在信息时代的背景下,企业的核心竞争力无形化、信息化是一个大的趋势,也对企业领导者战略发展的敏锐性和洞察力方面提出了更高的要求。如何维系、保持和做强自身的核心竞争力,在整个互联网生态下具有自身鲜明的特色,是新时代下企业所需要思考的问题。

问题探讨与思考

1. 作为一家新型的跨国公司,百度与传统的跨国企业相比,有何区别?
2. 百度公司进入外国市场的方式主要包括哪些?
3. 相比腾讯公司和阿里巴巴公司,百度的核心竞争力有哪些?
4. 应对新时代的发展趋势,请为中国互联网公司的发展提供战略建议。

第四章
跨国企业的经营战略

 案例10　杰克·韦尔奇的三圈整合

本案例学习目标

通过本案例的学习,了解跨国企业获得成功的战略原因。战略的成功很大程度上取决于企业高层管理者的能力。

一、问题的提出

什么是跨国企业战略?综观历史,成功的跨国企业往往能在相当长的时间跨度内保持自己的优势或者领先地位,它们有何秘诀?

二、理论分析框架

跨国企业的战略是以国际市场为导向,在分析国际环境和市场变化以及企业内部环境和条件的基础上,为企业长期生存和发展所作的外向的、总体的规则。按照制定战略的层次划分,可以分为公司战略、经营战略和职能战略;按照跨国经营的目标划分,可以分为国际战略、多国战略、全球战略和跨国战略。

三、案例背景介绍

杰克·韦尔奇(Jack Welch)是原通用电气公司(General Electric Company,简称 GE)董事长兼 CEO,1935 年 11 月 19 日出生于马萨诸塞州塞勒姆市,1960 年加入 GE 塑胶事业部;1981 年 4 月,成为 GE 历史上最年轻的董事长和

CEO。图 4-1 为杰克·韦尔奇。

1960 年,韦尔奇加盟 GE,并成为马萨诸塞州皮茨菲尔德的一位初级工程师。1 年后,他欲辞职另谋他就,在告别聚会即将举行之际,他年轻的上司鲁本·古托夫极力挽留他,在餐桌上对韦尔奇展开了近 4 个小时的说服攻势,最终使他答应留下来为 GE 效力。古托夫此举为 GE 留下了他们历史上最伟大的领袖之一。1968 年韦尔奇成为 GE 最年轻的总经理,1973 年成为集团行政主管,1979 年担任副董事长,1981 年经过 9 年的考评,韦尔奇接替雷金纳德·琼斯就任 GE 第八任总裁,杰克成为通用电气公司历史上最年轻的董事长和首席执行官,那年他 45 岁。

图 4-1　杰克·韦尔奇

此时的 GE 已走过了 117 年。外人看来,能成为 GE 的 CEO,应是无上的光荣。当时的 GE,是美国排名前十位的大跨国公司,是美国人心目中的企业偶像,世界著名企业,采取多元化经营战略,旗下拥有非常多的事业部门。1980 年 GE 的销售额是 250 亿美元,净收入是 15 亿美元,资产规模是美国前十,在《财富》500 强中位居第十,盈利能力排名第九。因此很多 GE 人盲目沉浸在欢乐的气氛中,未能察觉到日本、西欧乃全其他亚洲国家对美国的紧逼,许多人没有危机感。但是韦尔奇不这么认为,作为新任的高层管理者,他熟知自己的公司,并且对这家大公司的未来具有强烈的危机意识:"我们今天一定要认识到,我们面临着转折的前夜。"他早已认识到,这家百年公司机构臃肿,等级森严,对市场反应迟钝,在全球竞争中正走下坡路。面对即将到来的 21 世纪,通用将何去何从?是到了对企业的决策进行改革时候了。

上台伊始,韦尔奇开始大刀阔斧进行筹划已久的全盘改革。韦尔奇入职伊始即深知公司官僚主义和冗员的恶果,因此首先改革的就是内部管理体制。1981 年,韦尔奇组建了一个由 14 人组成的"公司执行委员会"(Corporate Executive Council,CEC),首先拿公司的官僚风气开刀祭旗,减少管理层次和冗员,将原来 8 个层次减到 4 个层次甚至 3 个层次,并撤换了部分高层管理人员。为了清除官僚病,韦尔奇废除了几乎所有阻碍公司发展的传统,终止了大量没有价值的会议,提出了"群策群力"计划以及"无边界"运动。接着,他在企业的发展战略方面进行了更大的改革。当时正是 IBM 等大公司大肆宣扬雇员终身制的时候,韦尔奇却在 GE 裁员达数万,很多员工离开了 GE,从 GE 内部到外部媒体都对杰克的做法产生了反感或质疑,这是一个"优秀"的企业应该做的吗?

这就是杰克的经营理念——数一数二市场原则,立于不败之地。任何事业部门存在的条件是在市场上"数一数二",否则就要被砍掉——整顿、关闭或出售。1981 年 12 月 8 日,韦尔奇提出,未来商战的赢家是"能够洞察到那些真正有前途的行业并加入其中,并且坚持在自己进入的行业里做到数一数二的位置"。而这个理念在 GE 的具体表现形式,则是由韦尔奇提出的非常著名的"三圈整合"战略理论,以此确定 GE 的核心业务。

杰克·韦尔奇曾说:"我认为图表是唯一能明确表达自己思考的方式。"分解复杂的问题,并将它用简单的图形表现出来,实在是一件令人感到兴奋的事。1980 年以来,经过韦尔奇接手,以他独特的经营哲学进行整顿后,GE 巧妙地步入成功之路。促成他在推进改革上的强力推手,是一张简单的图形,如图 4-2 所示。

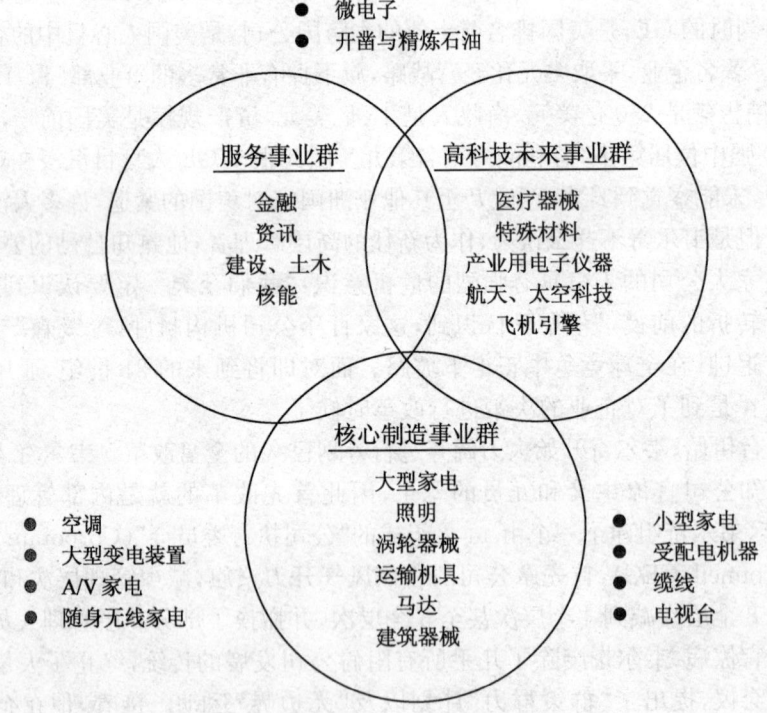

图 4-2 通用电气的三圈整合事业构想图

据说,当时杰克·韦尔奇与夫人在用餐时,突然灵机一动,便将杯垫放在餐巾纸上,用黑色铅笔勾勒出3个圆圈,当做GE的各事业部。第一个圆圈代表通用的核心——核心制造事业群。它包括了通用向来最擅长、且具有高营收及前瞻性的大型家电、照明、涡轮机、输送机等各个部门。这部分是GE最擅长的部分,同时在未来也具有高营收的前景,因为随着新兴国家和第三世界国家的发展,到了21世纪这部分大型机械和生产设备必将具有辉煌的前景。事实证明确实如此,中国现今65%的大型设备,都是从GE这样的外国公司引进的。

第二个圆圈,则是韦尔奇推测的未来具有高收益的高科技未来事业群,包括医疗器械、特殊材料、产业用电子仪器、航太科技、飞机引擎等高新技术产品。如今通用的喷气式飞机发动机占到全世界喷气式客机发动机的60%。根据美国波音公司预测,未来20年,仅中国还将需要5 260架新飞机,价值6 700亿美元。此外,通用还重点发展了高端医疗器械,目前,仅在中国,GE的医疗器械部门便占据了市场的半壁江山。由此可见韦尔奇的前瞻性预测。

第三个圆圈是服务事业群,它包含属于小投资、高收益的金融、资讯以及核能发电所的维护保养等服务。在这个领域,GE卖的是整体解决方案,前瞻的整合咨询以及长期为客户服务。如今,GE的服务业已经占其产值的40%。在全球大力发展工业化的当时,韦尔奇率先意识到了第三产业的新兴价值,也敏锐地洞察到了高技术附加值的咨询、服务行业所具有的发展前景和丰厚利润。

以上便是韦尔奇对于GE的三圈整合事业构想图,也由此确定了GE的核心业务。至于没有放入圆圈内的,则属于"无获利"或是"市场成长性低"的事业,抑或是因为"不符合公司策略",所以成为"重整、转让或结束营业"的处理对象。上任后的几年间,韦尔奇砍掉了25%的企业,削减了10多万份工作,将350个经营单位裁减合并成13个主要的业务部门,卖掉了价值近100亿美元的资产,并新添置了180亿美元的资产,从而确定了GE在新世纪的战略发展方向。

四、案例分析

事实上,这个明快且具有说服力的画图,使得韦尔奇在公司内部实行策略时取得了较大的成功,其发挥的作用和影响之大,可想而知。从这个案例来看,在企业目标和战略规划中,在描绘和传达企业愿景上,画图可以说是一件非常有效的工具。除了BHAG(宏伟、艰难和大胆的目标),我们同样需要vivid description(生动逼真的描述)。

同时,这也是在市场的不确定性中寻找到了确定性的一种战略分析方式。当时,冰箱、彩电、微波炉、电熨斗、空调、电缆线等,都是通用的主营业务,给GE

带来巨大的利润,而且这些业务都是终端消费品,顾客是千家万户。韦尔奇提出要砍掉这些业务的时候,许多人都无法理解,因为这些业务是赚钱的、盈利的,同时这些终端消费品可以扩大企业的品牌影响力。但是,韦尔奇敏锐地认识到了在家电方面日本企业的竞争能力和西欧企业的创新意识,他表示GE不是仅仅让家庭妇女来认识GE,而是让21世纪所有的高新技术企业都认识到GE的领先。这些在21世纪既没有太多的附加值,也没有多大的技术竞争力,它属于濒临死亡的或者尚能生存的,而不是数一数二的;它不会有更强大的未来,它不会有更大的竞争力,它不会有更丰厚的利润。从现在的世界经济环境来回顾韦尔奇当时的决定,GE应当庆幸自己的总裁具有如此的英明远见。当年和GE叫板的日本企业,包括索尼、东芝、松下、夏普等,现在都因主营业务停滞不前而深陷危机、全面亏损,前途不容乐观。

人无远虑必有近忧。将"战略"一词引入到企业管理中是由于企业竞争加剧导致的环境动荡的结果。在工业革命的初期,在卖方市场上不存在战略的问题,企业最重要的任务就是提高劳动生产率。然而,商业环境发生变化了,企业希望通过更加合理的计划手段获得持续的生存和发展。在全球化的大背景之下,在内外部环境变化更加剧烈的今天,跨国企业的战略管理将一直是一个值得高度注意的重要问题。

五、结论

从入主GE起,在20年间,韦尔奇将一个弥漫着官僚主义气息的公司,打造成一个充满朝气、富有生机的企业巨头。在他的领导下,从1981年至2001年9月退休,20年间GE的市值由他上任时的120亿美元上升到了4 850亿美元,使GE的市场资本增长30多倍,也从全美上市公司盈利能力排名第十位发展至位列全球第一,成为世界第二的世界级大公司,堪称当代商界的传奇人物。如今,杰克·韦尔奇被誉为"最受尊敬的CEO"、"全球第一CEO"、"美国当代最成功最伟大的企业家"。韦尔奇带领GE,从一家制造业巨头转变为以服务业和电子商务为导向的企业巨人,使百年历史的GE成为真正的业界领袖级企业,他所推行的"六西格玛"标准、全球化和电子商务,几乎重新定义了现代企业。而韦尔奇提出的GE的"三圈整合"事业构想图,则是企业战略发展决策中一个经典的案例,至今仍值得后人学习和借鉴。

问题探讨与思考

1. 你如何来理解跨国企业的经营战略?

2. 跨国企业战略有哪些类型？

3. 通过资料收集和整理，请对杰克·韦尔奇的职业生涯作出你自己的评述。

案例 11　水土不服的百思买

本案例学习目标

通过案例的学习，比较跨国企业的经营战略，思考如何为跨国企业选择合适的经营战略。

一、问题的提出

在现实世界中，有许多跨国公司，在自己本土经营的时候获得了巨大的成功，但是当它们把成功的模式复制到其他国家时，却遭遇了失败。跨国企业应如何选择自己的经营战略？

二、理论分析框架

按跨国经营目标划分经营战略，可以分为国际战略、多国战略、全球战略和跨国战略四种。国际战略也称母公司中心主义战略，采用这种战略的企业，目的是在世界范围内通过充分利用母公司的创新能力和开发出的技术获取更多利润。多国战略也称多中心战略或本土适应战略，采用这种战略的企业把侧重点放在各东道国的差异上，通过提高对各东道国的经营环境和市场需求的适应能力，扩大在国外市场的占有率和销售收入。全球战略的企业，跨国经营的目标是通过获得全球性经营效率提高在全球市场的占有率。跨国战略也称多焦点战略，它是综合了上述三种战略目标的跨国经营战略，同时利用各国间的差异、规模效应和联合优势。

三、案例背景介绍

百思买集团（BEST BUY）是全球最大的家用电器和电子产品零售和分销及服务集团。BEST BUY 集团包括 BEST BUY 零售、音乐之苑集团、未来商场公司、Magnolia Hi-Fi 以及热线娱乐公司、Future Shop、五星电器。在北美同行业中处于领先地位，是全球 500 强企业。1983 年，公司调整了公司的营销策略,开始采用大众营销技巧,在"超级门店"概念下运营各分店,提供更齐全的产品选择。1989年,公司取消了佣金制的销售模式,引入了自助式折扣店的经营理念,从而彻底改变了公司传统的零售手段,并在购物过程中为消费者提供了更多的自主权和空间。从1983年开出了第一个大型商场"百思买"的黄色标签商标开始,本着出售大箱产品和专注于专业零售领域的理念,它曾在北美拥有超过750家店,并且每年以70~80家的速度增长,已成为北美第一号家电、个人电脑、娱乐软件和器具的零售商,占有16%的市场份额。

在北美市场大获成功的百思买,也将目光放到了人口基数众多的中国市场。中国家电行业每年千亿元的销售额,才是吸引百思买下定决心进入中国的最重要原因。从2005年开始,百思买开始在中国寻找门店资源,并在2006年5月,以1.8亿美元的代价控股五星电器——收购当时在中国家电连锁业排名第五位的五星电器75%的股份,并且按照双方的协定,五星的品牌将保留。

在收购五星电器之后,百思买开始了自己的双品牌战略。在五星电器的大本营江浙地带,仍然以"五星"品牌为主,伺机扩张;而在国内一线城市,要以"百思买"品牌同国美、苏宁竞争。

在收购江苏五星电器6个多月后,百思买终于在上海开出了以"百思买"命名的第一家门店,但是从百思买徐家汇店的商品组合和品类销售占比来看,它和国内的家电连锁还谈不上直接的冲突和竞争。

百思买开业带来了一些新的东西——货架代替了柜台,统一风格的装修代替了各式各色的厂家展柜,百思买员工代替了厂家促销员,宽敞的店内空间,产品关联陈列,直接的商品体验代替了促销员介绍和机模,没有吊旗和海报,没有签名售机,当然,它们也有中国特色的返券。所有这些形式背后的核心在于对消费者的关注,因为作为一名消费者,不会拒绝更宽敞和轻松的购物环境,不会拒绝对即将购买商品的直接体验。同时,一些符合中国特色的消费习惯,也被其采用。

百思买中国的最大特色,是旨在通过商品管理和服务延伸提升利润。如何提升利润一直是家电连锁零售业所面对的重大问题,由于直接的价格竞争,各大零售商的利润已经非常低,而现在,除了继续扩大规模,压榨供应商的利润外,零售商似乎可以考虑从商品管理中提升利润水平。以往和家电关联不大的品类都在百思买的门店里占有相当的面积——手机配件、游戏周边产品、家居用品、视听配件和线材,这也是百思买中国店带来的新概念。合理的品类组合能够带动关联的销售,弥补直接的价格竞争带来的利润损失。除了直接的物质产品,百思买还销售一种没有任何直接价格竞争的服务产品——"安心保",但是现在消费者并没有普遍接受这种付费服务方式。

百思买提出的"与供货商采取先付款后拿货"模式,从根本上颠覆了本土家电零售商赖以生存和扩张的"类金融"模式。所谓的"类金融"模式是指家电零售商利用账期占用供应商的资金,并利用这些现金流疯狂扩张,争抢门店资源。百思买先付款后拿货,是把经营风险放在自己身上,使供应商、消费者和自身三者之间实现了共赢。而国内家电连锁销售企业在快速扩张的同时,几乎把经营风险都转嫁给了制造企业,大大抑制了制造企业的资金周转。根据上述原则,供应商的产品进入百思买后,就完全由百思买来摆放、销售。这一策略的实施,决定了它必须给予供应商更多的利润,否则就不能吸引更多的供应商。这也就不难解释,在百思买店内的商品设置坚持锁定高消费人群,那些低毛利的家电产品在店内基本难觅踪影。

细分高端市场,注重品牌和服务,独特的供应链模式,这些是百思买的北美市场屡试不爽、得心应手的战略,但是到了中国似乎水土不服。百思买以国际战略展开了国际扩张,但是却忽略了不同国家和市场中,消费者的消费习惯存在着巨大的不同。它还在寻找自己的中国模式,但是这个尝试终于没有成功。2011年2月22日,百思买在官网发布公告,将关闭在中国大陆地区的9家百思买门店,并计划将于2012财年间在中国开设将近50家五星电器门店。公告称,百思买公司对中国战略焦点将重新聚焦在具有营利性的零售平台的发展上。同时,五星电器在国内市场的竞争中,也远不是苏宁和国美的对手,更在电商和实体店的激烈对抗中节节败退。近年来,伴随着电商平台的冲击和收购股份、兼并重组的巨大支出,百思买已经连续多个财务季度陷于亏损的境地。图4-3为百思买门店实体店。

图4-3 百思买门店实体店

就此,一代电器零售商的巨头,试水中国市场未能获得成功。

四、案例分析

百思买的失败,似乎多少显得有些水土不服。它带来了许多新的思想和理

念,但是在中国市场却遭遇了始料未及的失败。总结其失败的原因,应有以下几点:

首先,百思买没有找到适合在中国发展的模式。从本质上看,百思买中国复制了百思买在北美门店的思路,但是,在发达国家市场和发展中国家的市场上,消费者的消费习惯存在巨大的差异,在价值观方面,对于服务价值的认可并不一样。中国的百姓可能更倾向于性价比的概念,对于品牌的认可度和重视程度相对较低,廉价、易于上手操作和维修的电器更受到欢迎。完全复制百思买在北美市场的营运模式显然在中国是行不通的。

其次,百思买对于供应商的控制能力弱,相对于国美、苏宁,其与供应商博弈处于劣势地位。苏宁、国美在中国有上千家门店,而百思买在中国仅9家自有品牌零售门店,相比之下没有规模效应。面对不同的市场仍然选择相同的发展战略,在与供应商进行博弈时,必然处于弱势地位,也更丧失了议价的主导性。

再次,百思买欲以服务制胜,在此战略思想的指引下,百思买不仅提供针对性的产品咨询、维修、安装服务,更有专家级的技术、服务解决方案,其高效优质的售前、售中、售后服务吸引了大量的高价值客户,在北美市场可谓如鱼得水。但当这种服务移植到国内时,却显得水土不服。相比美国人提前消费、乐于消费的观念而言,中国人更崇尚储蓄节俭,收入不多因此更注重性价比,国人对于付费享受服务的认可度非常低,对品牌没有忠实度,经常会觉得"预期花钱买售后,还不如花差不多的钱再买个新的"。百思买在中国走高端路线,显得有些曲高和寡。

最后,百思买未抓住电子商务的机遇,在中国传统家电零售商纷纷进军电子商务的背景下,在中国尚未真正开展电子商务业务,百思买中国的网站仅仅作为商品信息的展示通道。这虽不是最致命的原因,但却是最遗憾的原因,因为在本身竞争能力不占优势的情况下,百思买没有抓住机遇,未从国内电器零售商还没有形成技术堡垒和市场优势的薄弱领域寻求突破点,而是亦步亦趋地把网站作为商品的推广和展示形式之一,没有抓住最潜在的革命性商机,错过了可能是唯一的反超机会。

回顾百思买在中国的发展战略,基本上还是照搬了在北美的成功经验,而基本上没有作何适应性调整。问题在于,虽然电器是全球通用的商品,却不是一种标准化和全球化的产品,同样的电器,不同的品牌、型号,功能和价格差异是非常大的,因此其并不适合全球战略;而由于家电电器是日用商品,与普通百姓的生活紧密相关,因此必须考虑不同市场和细分市场的差异,采用多国战略,

第四章 跨国企业的经营战略

调研东道国的生活水平和社会环境,进行适应性调整,制定针对性营销策略显然将更为有效。

当然,如今的中国电器零售业正在面临一次新的洗牌,以淘宝天猫、京东商城等为代表的网络电商,给中国市场带来了前所未有的冲击,也给传统实体店零售商们进行了一次新的洗礼。但是百思买在中国的失败教训,正是发展战略选择上未能充分考虑本土化、实际化和顺应时代化的一个反面典型。这也为现在的中国电器传统零售业,乃至整个中国零售业敲响了警钟。

五、结论

百思买在中国的失败,体现了传统零售业面临新兴互联网商业发展的冲击,但是其背后的真正原因,还是在于跨国企业经营管理过程中的战略选择失败。在进入目标市场前,对于公司的经营环境进行宏观和微观上的分析,根据主营方向再选择针对性的合适的经营战略是非常必要的。

问题探讨与思考

1. 百思买在中国为何不能获得成功?
2. 请自行收集材料,以其他企业的具体实例,分析跨国企业战略选择的重要性。

 案例 12 移动互联的 TABLE

本案例学习目标

通过本案例的学习,了解新时代背景下跨国公司,尤其是信息技术行业跨国公司发展的历程,从而思考跨国企业如何应对信息革命带来的新机遇和新挑战。

一、问题的提出

进入 21 世纪以来,全球步入了一个日新月异的时代。信息技术革命带来了更多的信息,也带来了变化更快的世界。每个人都在切实感受到身边的变化,也正在参与世界的变化。新的时代,新的世界,很多传统企业风光不再、濒临倒闭,新的行业企业层出不穷,跨国企业何去何从?

二、理论分析框架

互联网的出现,改变了整个地球。在中国日益开放的今天,我们的生活基于互联网的普及和发展而发生了革命性的变化。可以说,我们正处在一个全新的时代,一个信息时代,一个由互联网而改变的时代。

有人用 TABLE 来描述现在的中国互联网市场第一阵营的格局:T 代表腾讯(Tencent),马化腾用他的 QQ 和微信,主导了中国的即时通信市场领域,也网聚了最为众多的人气和眼球,在用户数这一指标上无人可望其项背。A 代表阿里巴巴(Alibaba),马云的阿里系经过多年的扩张和整合,依托淘宝网购和天猫网店的大数据基础,在互联网金融领域独占鳌头,近年来又以余额宝、阿里贷款一系列举措倒逼中国银行业的改革,撬动了整个中国经济界行业改革的大门。B 代表百度(Baidu),依托其全球领先的中文搜索引擎,李彦宏执掌的百度公司在中国互联网的多元化发展风生水起。除去以上 TAB 三巨头外,传统的搜狐、新浪、网易等门户网站依然保持了自己的竞争优势,但是有两家企业最近得到了大家更多的关注。L 代表雷军,其代表小米科技公司以一种非常乔布斯的方式推出了自己的智能手机小米,这是一种非典型的互联网市场模式——以移动互联为切入点从硬件入手向软件服务业发展的模式。依托强大的硬件配置,性价比极高的小米手机在中国市场如鱼得水,借助安卓系统的二次开发和深度定制,雷军的发展战略与众不同但又意味深长。E 则是奇虎 360 公司的董事长周鸿祎,不同于腾讯的通信工具和百度的搜索引擎起家,周鸿祎在中国网民知识懵懂却又数量几何级扩张的时代,选择了网络安全软件的启蒙身份获得了市场的认可。360 安全卫士系列走的是国产化、免费化、普及化和分享化的发展方式,界面操作简便、易用,实际效果显著,利用云模式强化了病毒库的功能和信息互动、分享,从而在国内拥有了巨大的客户群,就此在这个市场占据了自己的话语权。

虽然对于这个格局有着各种不同的意见,但是现在的中国互联网时代无疑是精彩的。从 2001—2013 年,中国互联网上演了一幕幕跌宕起伏、令人惊叹的悲喜剧。现在,在新的移动互联的契机下,中国的互联网企业已经完成洗牌。

三、案例背景介绍

2012 年,无论是在 9 月举行的中国互联网大会,还是在 12 月举行的广东互联网大会,如何从传统的互联网向移动互联网进行转型,已经成为了互联网业界老大们最热衷发言的选题,移动互联网的地位正式地得到了确立,在互联网业界中也开始就向移动互联网转型的这个趋势达成了共识。

推动移动互联网如此之快进入每个网民的生活当中的"利器"则是来自价格日益走低、同时选择日益增加的智能手机。不管是小米、360特供机，还是苹果的iPhone，三星Note，功能各异、功能强大的智能手机近年来飞速普及。手机类的电子产品本身更新就非常迅速，伴随着各类功能的APP的推广，如今价格低至数百元的智能手机比比皆是，智能手机已经逐渐成为手机终端中的标配，而智能手机的普及，也在电信运营商大力推广移动上网的软件条件下，为移动互联网打通了"最后一米"的问题，解决了硬件问题。

传统互联网的用户数量和产品形态如今已经趋于稳定，要想继续赢得用户的关注和青睐，移动互联网是最好的做到"增量"的领域。通过将互联网的产品形态向移动互联网转移，用户除了安坐在电脑前的时间外，更多的碎片时间，诸如上下班、购物排队等待的时间也被占领，用户从互联网过渡到移动互联网后，不仅带来了更高的用户价值，同时也给予了用户更好的用户体验，极大地提升了用户的忠诚度。

一直以来，数量庞大的互联网用户是中国互联网企业可以快速发展并且得到发展壮大的基础。2012年，手机网民的快速增长让互联网的发展发生了方向性的变化。据中国互联网络信息中心（CNNIC）数据显示，手机首次超越台式电脑成为第一大上网终端。从绝对数上来看，手机网民超越台式电脑网民的数量并不算多，但是从发展势头和趋势来看，则可以明显看到用户的上网习惯已经从传统的台式电脑迁徙到移动终端上来，在2012年这个转变的趋势已经非常明确，向移动互联网的转变是众多互联网企业在2012年的重中之重，转变已经大步向前，不会止步。

如果说2011年微博还是移动互联网最受欢迎的产品，那在2012年里，微信的发展势头则是对微博最大的挑战。作为腾讯在移动互联网领域最重要的棋子，其具有手机通讯录为用户接入的端口，等于直接调用了客户以手机号码建立的人际网，以微信的发展速度，用户数超越微博是指日可待。社交工具的发展可谓迅猛，而新旧产品的交替也是越来越快，从开心网到微博，再到如今的微信，每一个产品的生命周期似乎都在不断地缩短，腾讯在移动互联网领域找到了微信这个产品作为成功转型的突破口外，运气相当重要。在2012年，越来越多的用户在自己的手机上装上了微信，虽然使用的频率可能还不如微博高，但是越来越多的好友的出现，加上语音聊天、二维码、群组等的新颖功能的配合，微信正逐步成为分流微博登录时间的最主要"元凶"，这在今天已经得到了印证，腾讯已经靠微信在移动互联网时代重新复制QQ的神话。

到了2013年,各大企业完成了一系列收购兼并大整合,TABLE格局初定。前一年优酷、土豆在视频网的合并,只是拉开了中国互联网业内收购合并的序曲。2013年,从并购资金额上看,百度19亿美元收购网龙旗下的91无线成为中国互联网有史以来最大的并购案;阿里巴巴5.68亿美元砸向新浪微博位列第二;浙报传媒34.9亿元收购盛大边锋浩方居第三;第四、第五分别是百度、爱奇艺3.7亿美元收购PPS,阿里巴巴以2.94亿美元购买高德地图28%股份。

百度19亿美元收购91无线超过2005年雅虎10亿美元并购阿里巴巴,成为中国互联网有史以来最大的并购案。在BAT(百度、阿里巴巴和腾讯)三巨头中,阿里巴巴借一系列收购完成移动布局,腾讯已拿到移动互联最强工具"船票"的微信,只有百度急需在移动互联网领域找到一款真正平台级的产品。百度的移动布局,除了搜索之外,百度地图、百度语音助手和91助手,分别代表了未来移动互联网的几种潜在的入口:地图、语音和APP分发。此外,5月7日百度宣布以3.7亿美元收购PPS视频业务,根据收购计划,PPS视频业务将与百度已有视频业务爱奇艺合并,新爱奇艺将会成为中国网络视频第一大公司,在用户数量、使用时长、涵盖面上会全面超越竞争对手,成为行业老大。互联网视频行业也正在从百花齐放进入寡头时代,百度也进一步完成其移动互联的生态布局。

在马云2013年5月10日卸任阿里CEO之前,他完成了任期内最后一笔大买卖。新浪公司4月29日晚宣布,阿里巴巴通过其全资子公司,以5.86亿美元购入新浪微博18%的股份。凭借合作,阿里巴巴导入新浪微博的巨大流量,后者借助前者加速微博商业化。5月10日,高德软件宣布,阿里巴巴以2.94亿美元购买公司28%股份,成为第一大股东。阿里巴巴拥有电商数据,高德擅长基础地图数据,两者结合建立了一个大数据的生产融合服务体系,共建一个大数据未来的基础数据库。目前,高德占据中国手机地图客户端市场接近三成份额,阿里入股高德后,两者的战略合作将从移动互联网位置服务和深度生活服务基础设施搭建切入,并在此基础上,在数据建设、地图引擎、产品开发、云计算、推广和商业化等多个层面合作。另外一个有趣的话题是,2013年11月11日当日支付宝成交额达到350亿元。手机淘宝2013年双11整体支付宝成交额53.5亿元,是2012年的5.6倍(9.6亿元);单日活跃用户达1.27亿;手机淘宝单日成交笔数达3590万笔,交易笔数占比整体的21%。数据显示,天猫双11中销售额前十名的商家,第一名为小米官方旗舰店,销售额5.53亿元。

2013年2月,奇虎360完成了收购方研矩行公司的日志宝团队,收购形式为"股票+现金"方式。收购完成后,"日志宝"产品会继续独立运作,但团队会

第四章 跨国企业的经营战略

与奇虎360进行整合。"日志宝"是一个基于SaaS模式的在线网站日志分析平台，主要提供网站Web访问日志分析、安全审计及漏洞扫描服务，目前兼容NCSA和W3C日志格式，研发公司为北京方研矩行科技有限公司。奇虎360此举是其在企业安全领域加大团队建设的一部分。财报显示，截至2012年第三季度，奇虎360产品和服务的月活跃用户达到4.42亿人，产品渗透率达到95%。截至2012年12月，奇虎360企业版覆盖企业数达到42万家，终端数超过1 000万。奇虎360董事长周鸿祎此前曾表示，公司愿意投资或者收购一些小型公司的股份。

可以看到，目前互联网市场出现的并购等行为，以互联网第一阵营企业进行移动互联网入口和资源垄断型并购为主。移动互联网和垂直领域是并购的重点，并购意在卡位对手和布局自身。百度和阿里巴巴是上半年互联网收购的主角。腾讯因为已有微信，相对出手较少。另外，爱奇艺与PPS的合并则是资源增强型的典型案例。TAB三巨头三足鼎立的格局没有变化，而小米和奇虎360则在兼并和合作的过程中不断补强和壮大自己的实力，TABLE的格局正在形成。

（资料来源：整理自中国网友报《印象10年：中国互联网的微缩"编年史"》；比特网，原文链接：http://net.chinabyte.com/384/12665384.shtml。）

四、案例分析

互联网企业是典型的轻资产企业，其无形资产，包括企业的经验、规范的流程管理、治理制度、与各方面的关系资源、资源获取和整合能力、企业的品牌、人力资源、企业文化等，资产占用资金少，却能因此产生巨大的利润。与传统的制造业和服务业不同，互联网企业的取胜之钥匙是信息。除了信息还是信息。

信息从哪里来？TAB三巨头给了我们答案。第一种来源是人气和用户，代表企业是腾讯。在那个萧条的时代，腾讯从当时国际上的即时通信软件ICQ获得启发，模仿而开发出OICQ并且改良为QQ，在不断的推广过程中成为了所有电脑必备的装机工具，占据了中国市场最大的份额，也累积了大量客户。有人使用，就有信息的来源。第二种来源是技术，代表企业则是百度。网络搜索引擎是全世界互联网用户最常用的工具，也是用户信息获取的最大来源。互联网引擎开发技术也就成为了信息的重要来源，百度最出色的中文搜索能力则因此成为中文信息获取的翘楚企业。第三种来源是累积和分析，代表企业是阿里巴巴。历经十来年的电子商务洗礼，阿里的淘宝获取了大量用户的搜索信息数据，也从这些支离、零碎的信息累积后进行分析得到了每个用户的大量衍生信息,包括搜索偏好、可能的兴趣爱好、价值取向、购物意愿、消费能力乃至财务状况等等,而这些经过处理后的信息就从属于大数据——资料量规模巨大到无法透过目前主流软件工具在合理时间内达到撷取、管理、处理、并整理成为帮助企业经营决策更积极目的的资讯。这些资讯和信息,给企业经营决策带来了更深远的影响——基于此,阿里创造了"双十一购物节",也能比传统银行更主动地提供小额贷款服务而较少担心不良贷款的发生。

　　信息还包括内因式和外延式两种产生来源,而这两种方式则可参见小米公司和奇虎360给我们带来的范例。小米公司对于智能手机的开发,源自董事长雷军自己的心愿——从1995年开始用了55部手机,雷军发现,真正能迎合他使用需求的手机,市面上根本就找不到,如果推出一部为手机发烧友定制的"神机",一部功能强大的机器,并且上至银行家,下至大学生都能用得起、喜欢用,这是一个非常庞大的市场!于是,小米走了一条类似苹果的路线,即从用户的内因式需求出发,以硬件抢占市场份额,并以此为出发点开发软件平台、系统服务,从而获取衍生的高附加值利润。而周鸿祎的奇虎360系列产品则在信息获取上属于典型的外延式来源。作为个人电脑和企业计算机安全的软件服务商,奇虎360从一开始就是卖服务的,这个服务通过软件完成,但是其最大的特点则是在于对于顾客偏好的认知和问题来源的识别。奇虎360面向的顾客群,一般只具备基本的、初级的、入门级别乃至完全空白的计算机知识的人群,而这些人群在中国当下互联网和移动互联爆炸的时代,基数巨大且扩张迅速,因此具备了非常好的发展前景和大量的潜在用户群。同时,奇虎360系列产品大量使用了云技术,透过网络将庞大的计算处理程序自动分拆成无数个较小的子程序,再交由多部服务器所组成的庞大系统经搜寻、计算分析之后将处理结果回馈给用户。透过这项技术,网络服务提供者可以在数秒之内,达成处理数以千万计甚至亿计的信息,达到和"超级计算机"同样强大效能的网络服务。这种典型的外延式信息技术,一方面,尽可能地了解普通客户在日常计算机使用过程中遇到的常见问题,经过汇总后通过其服务软件给予简单、傻瓜式的解决,一针见效的优点获得了用户直接的好感;另一方面,弥补了其所不具备的国际杀毒安全软件开发商所具有的先进研发能力而带来的硬伤,它的病毒数据库信息来源于多个同类病毒安全软件商,并通过云技术获取问题客户的病毒数据,更新迅速,具有及时性、全面性和高反馈性,从而获得用户的认可。

　　TABLE的形成,五家企业到今天的地位都是有原因的,而最根本的原因,则是在今天的行业和市场中精准定位,充分创新,挖掘自身核心竞争力的发展战略。虽然信息技术行业有其独特的规律,但是企业战略在企业发展中的地位,却是所有企业都适用的,值得总结和思考。

五、结论

作为这个时代最典型的跨国企业,信息技术企业(IT 企业)或者互联网公司在战略选择上给了我们更多的启示。除去传统的企业战略,它们中的强者 TABLE 在核心竞争力的识别、判断和深入运作等领域可谓登峰造极、炉火纯青。不管是多元化经营还是专一化经营,不管是主营实体产品还是主营网络服务、客户体验,基于信息的获取,用有限资产,获取最大收益,是所有企业追求的最高境界。在经济迅猛发展的当下,"变轻"不仅仅是一种选择,也是一种必然。在轻资产模式中,企业紧紧抓住自己的核心价值,而将非核心业务,例如物流、生产等外包出去。轻资产运营是以价值为驱动的资本战略,是网络时代与知识经济时代的背景下企业战略的新结构,也是信息时代下跨国企业运营的战略趋势。

问题探讨与思考

1. 选取你所熟悉的一家互联网企业(如门户网站、论坛 BBS、专业网站、团购网站等)进行调查和研究,试分析其经营战略。

第五章
跨国并购

 案例 13　摩托罗拉系列并购案

本案例学习目标

通过本案例的学习,了解 2011 年至今关于摩托罗拉公司的系列收购案,从而了解关于跨国公司的并购的相关知识。

一、问题的提出

什么是跨国并购?跨国并购有何特点?跨国并购的目的是什么?

二、理论分析框架

企业并购是兼并与收购的合称(英文缩写为 M&A)。所谓企业兼并(merger),是指两家或两家以上独立的企业合并成一家企业,通常由一家占优势的企业吸收一家或更多的企业。企业收购(acquisition),主要强调买方企业对卖方企业的收购行为。兼并与收购的主要区别在于:兼并的最终结果是两个或两个以上的法人合并为一个法人,因此减少了企业数量;而收购的最终结果并不改变企业的数量,而是改变被收购企业的产权归属或经营管理权的归属。

西方大型企业的扩张几乎都是借助某种形式的并购实现的(参见案例 2),每个大的经济周期都伴随着普遍的企业并购浪潮。早期,企业并购仅限于某些国内企业,而到了 20 世纪 70 年代到 80 年代起,随着日本企业的崛起、欧洲经济的复苏和亚洲经济的发展,这一轮并购浪潮呈现出明显的国际化趋势。近年来,随着互联网科技的成熟,互联网经济的发展和全球化的推进,新一轮的国际间企业的跨国并购案风起云涌。最近的跨国并购案例中,并购企业母国与东道国主要为发达的工业化经济实体,主要发生在全球最发达的大经济实体中,主要为成熟的市场经济实体,从并购的主导产业和行业来看带有明显的集中化趋向,服务业最为活跃,集中在电信行业、商业银行业和商品零售业。在这一系列并购案例中的目标企业,并购规模巨大,企业知名度高,品牌价值大,且具有自己的经营特色或者明显的技术优势。总部位于同一国家的跨国公司之间的并购占较大比重,使跨国并购和国内并购一起出现。并购的交易方式手段来看,现金交易减少,以股权置换的方式上升。同时,以往出现较多的政府干预现象也明显减少,由限制型转为鼓励型较多。

跨国并购正在成为国际直接投资的最主要形式,第三产业正在成为跨国并购最为活跃的产业。发展中国家尤其是新兴工业化经济实体的跨国并购发展迅速,越来越多的发展中国家,不仅在尝试借助跨国并购引进外来直接投资,而且还在积极鼓励本国企业通过并购外国企业,实现其全球化战略。

三、案例背景介绍

摩托罗拉公司(Motorola Inc.),成立于1928年,1947年改名为现在的名字 Motorola,从20世纪30年代开始作为商标使用,总部设在美国伊利诺伊州绍姆堡,位于芝加哥市郊。世界财富百强企业之一,是全球芯片制造、电子通讯的领导者。摩托罗拉因在无线和宽带通讯领域的不断创新和领导地位而闻名世界,摩托罗拉和诺基亚以及爱立信曾经被并称为世界通信三巨头。摩托罗拉也是世界财富百强企业之一,拥有全球性的业务和影响力。公司旗下有三大业务集团,它们分别是企业移动解决方案部、宽带及移动网络事业部和移动终端事业部。作为一家老牌通信巨头,摩托罗拉无线电应答器被用于阿波罗11号宇宙飞船。摩托罗拉发明了第一款手机,全球第一款商用手机,也见证了迄今为止的整个手机发展史——第一款 GSM 数字手机,第一款双向式寻呼机,第一款智能手机,全球第一个无线路由器,以及著名的铱星计划等。

谷歌公司(Google Inc.,官方中文译名为谷歌),是一家美国的跨国科技企业,致力于互联网搜索、云计算、广告技术等领域,开发并提供大量基于互联网的产品与服务,其主要利润来自广告服务。Google 被公认为全球最大的搜索引擎,第一大互联网公司,也是互联网上5大最受欢迎的网站之一,在全球范围内拥有无数的用户,允许以多种语言进行搜索,在操作界面中提供多达30余种语言选择。Google 由当时在斯坦福大学攻读理工博士的拉里·佩奇(Larry Page)和谢尔盖·布林(Sergey Brin)共同创建,1998年9月4日,Google 以私营公司的形式创立,设计并管理一个互联网搜索引擎"Google 搜索";Google 网站则于 1999 年下半年启用。2004 年 8 月 19 日,Google 公司的股票在纳斯达克上市,公司的总部位于美国加州圣克拉拉县的芒廷维尤。2011 年 4 月,谷歌创始人佩奇接替施密特担任首席执行官。

2011 年,谷歌和摩托罗拉移动在 8 月 15 日联合宣布,谷歌将以每股 40 美元,共 125 亿美元收购摩托罗拉移动。2012 年 2 月,此收购案获欧盟和美国批准,5 月 19 日获中国批准,这桩全球最大手机厂商收购案跨过了最后一道门槛。图 5-1 为摩托罗拉的标志。

图 5-1　摩托罗拉的标志
(图片来源:摩托罗拉官网)

收购摩托罗拉移动有助于谷歌进一步强化安卓(Android)生态系统,从而提升在移动计算市场的竞争力。交易完成后,摩托罗拉移动将作为谷歌的独立业务继续运营,Android 仍保持开放。谷歌是 Android 系统的收购注资方,并且不断进行后续开发和维护,对于这款手机系统的软件化研发具有统治地位,而此次在 Android 上,摩托罗拉是一个优选,可以大幅度弥补谷歌在终端领域的设计、研发、运营、销售的经验的不足,而这也是谷歌云管端战略进一步"硬件化"的布局。这是谷歌历史上最大收购案,也是过去 10 年无线设备产业最大规模的并购交易。谷歌此前在 2007 年以 31 亿美元价格收购 Doubleclick 和在 2006 年以 16.5 亿美元收购 YouTube。

谷歌在此次收购摩托罗拉过程中,获得其 17 000 件已批准专利和 7 500 件申请中的专利,以更好地与苹果竞争,并在专利诉讼案件中更好地保护自己和使用其 Android 手机系统的制造商,应对专利诉讼时增强防御力。此前,苹果和微软已在全球各地发起针对搭载谷歌 Android 操作系统手机的专利诉讼,被它们起诉的公司包括了摩托罗拉移动、三星电子和宏达电子等。为阻止其他公司使用主要的智能手机专利技术,专利持有人越来越多地采取了法律收购,这正是谷歌收购摩托罗拉的最重要动因,也是其进一步强化移动互联布局的重大举措。

在被谷歌正式收购后的 7 个月里,摩托罗拉发生了种种收缩动作:裁员、精减产品线、关停办事处和研发中心、退出未能盈利市场、出售工厂和非核心业务。

2012 年 8 月 13 日,摩托罗拉移动宣布全球裁员 20%,约 4 000 个岗位,其中 2/3 分布在美国地区。为与之配合,谷歌撤掉四成的摩托罗拉移动副总裁,并为该公司重组了管理层,关闭和压缩在亚洲的大多数业务,仅有涉及研发团队的10%留下来。

2011年,摩托罗拉推出了27款手机,而收购完成后,在2012年推出的新终端数量只是个位数。在产品研发上,摩托罗拉改变了以往的机海战术,全面停止制造低端产品,没有排进全球智能手机出货量前五。摩托罗拉移动的应用商城"智件园"也将于2012年12月底关闭。

摩托罗拉也关闭全球94个办事处中的1/3,以及位于芝加哥、桑尼维尔和北京的研发中心。在摩托罗拉的规划中,未来北京与桑尼维尔、芝加哥将成为全球3个主要的研发、市场、销售的区域。

在2012年前三个季度里,摩托罗拉亏损急剧增长,分别达到8 600万美元、2.33亿美元、5.27亿美元。11月,摩托罗拉移动关闭了在新西兰、印度、中国香港的专属网站,亚太地区只剩下澳大利亚、中国内地、日本和韩国4个官网存在。另外,摩托罗拉移动在欧洲、中东、非洲等地的一些官方网站也被关闭。这是一个全面退线的信号。12月,全面退出韩国市场。

在工厂和非核心业务方面,摩托罗拉中国及巴西工厂转手伟创力,将包括机顶盒在内的家用设备业务转给Arris。摩托罗拉将天津工厂出售给了全球第二代大工厂商伟创力,同时伟创力还将接管摩托罗拉巴西工厂的运营。天津和巴西两处工厂是摩托罗拉最后的生产线,两地的员工和资产将由伟创力管理。12月20日,谷歌以23.5亿美元现金加股票(其中是20.5亿美元现金,3亿美元的Arris股票)的形式将摩托罗拉的家用部门卖给有线设备制造商Arris。这是摩托罗拉一块现金流不错、但增长空间有限的业务。在交易结束后Google手中将持有Arris 15.7%的股票。而Arris出手其实也是为了获得专利组合和授权,在获得摩托罗拉家用部门之后的Arris将变成一个年营收达到47亿美元的超级公司。

2014年1月30日,联想集团证实将以29亿美元从谷歌收购摩托罗拉移动,即手机方面的业务。摩托罗拉移动的3 500名员工,2 000项手机专利,品牌和商标,和全球50多家运营商的合作关系都归入联想移动业务集团,由联想集团高级执行副总裁刘军执掌。根据双方达成的协议,收购价约为29亿美元,包括在收购完成支付14.1亿美元,其中包括6.6亿美元的现金,以及7.5亿美元的联想普通股股份支付,而余下15亿美元将以3年期本票支付。谷歌将继续持有摩托罗拉移动大部分专利组合,包括现有专利申请及发明披露。作为联想与谷歌长期合作关系的一部分,联想将获得相关的专利组合和其他知识产权的授权许可证。交易预计将花费6~9个月的时间。

四、案例分析

谷歌收购摩托罗拉,业界公认主要可以从以下几点原因来进行分析。

1. 占领手机市场份额

首先最显而易见的是,谷歌的手机业务将更进一步。摩托罗拉在手机市场的动态变化基本是初期的领军者、繁华时期的中坚力量、产品标准化后数码战的失利者,但随后凭借 Razr 重振旗鼓,最近则凭借 Droid 和 Milestone 等 Android 产品试图重塑产品信用。对于 Google 来说,摩托罗拉移动将成为它旗下非常强大的代工生产工厂,当然,它还有庞大的研发人员以及产品设计团队。谷歌收购过去龙头地位的手机业务,其布局移动互联网的目的非常清楚,但是其是否会和苹果走同样的软硬件并行的策略则尚未可知。苹果的软件-硬件生态模式在为其带了相当可观的利润率的同时,也占有了很多市场份额并吸引了大量的用户。谷歌在安卓方面的努力在软件上给它带来了直接收益,但是缺乏硬件的支持则很难进行有效的控制和管理。谷歌似乎希望收购摩托罗拉移动以加强垂直一体化管理,虽然事后它又把这块制造业务转包给了联想,显然并不想直接对话 IPhone 的锋芒,但是后续如何还需观察。

随着智能手机的出现,现在的手机已经远远超越了移动通话这个最初的功能,而成为了每一个人身边必备的移动互联信息终端,是当今每个人和他人乃至全社会互动的必需工具。未来,全球互联网的发展趋势必将和移动终端——手机紧密相连,移动互联趋势是一个充满潜力的市场,也是谷歌若要维持自己互联网霸主地位所志在必得的。

2. 商业文化的推广

谷歌同其他公司的文化不太相同,它讲究的是创意和灵活性;而摩托罗拉则同大多数公司类似,在全球与很多部门存在竞争关系,相互之间对资源展开争夺。于是,摩托罗拉的产品在用户界面设计、内部操作系统策略等方面就做得不尽如人意;要摆脱这种困境,谷歌的商业模式值得借鉴和套用,不过谷歌并购后的一系列出售业务、关闭工厂等战略,以及把移动业务又转卖给了联想,显示出谷歌合并的真正目的,可能有更重要的原因。

3. 扩大安卓系统的市场影响力

安卓(Android)作为开放性源手机操作系统,面向大众公开。谷歌则凭借这一款系统,同多家公司合作,为它们的手机产品提供这种系统理念,但同时并不抢占它们的市场。如此,手机公司乐于使用 Android 系统,因为它可以在提高产品影响的同时也不会增强竞争对手的实力。

此次收购曾令其他的手机公司担心摩托罗拉会配备最好的 Android 系统，但事实上并非如此，谷歌继续通过影响使用 Android 系统的产品硬件增强自己的影响，但不会干涉其他公司的产品生产和开发。安卓仍将是一个源代码开放的操作系统，手机厂商也仍然可以在 Android 系统上开发自己的操作系统，比如小米的 MIUI。同时，也没有多大市场空间供其作出改变，投靠了微软的诺基亚不会采用，苹果也不会使用，所以安卓系统的阵营更加稳固，这也是为什么 HTC、LG、索爱和三星等对其计划表示支持的原因。谷歌这次收购，更是购买了一套硬件支持系统来守卫安卓系统，为其软件开发提供了不错的测试和预装载平台，增强了安卓系统的研发能力，以此防卫之后可能发生的兼容性、安全性等诸多问题和开销。

谷歌和摩托罗拉移动的合并主要是围绕无线设备，这里还有一个很大空间，因为在有线电视机顶盒领域，做得最好的分别是思科和摩托罗拉移动。因此，在收购摩托罗拉移动后，谷歌和有线电视供应商的关系将会得到极大的改善，又为安卓提供了一个发展的空间——移动互联之外，还有互联电视这个尚未开发的市场。

4. 获取专利，补强安卓系统

谷歌以 125 亿美元价格收购摩托罗拉，从而获得 17 000 项左右的专利，虽然看上去比支付 7 000 项 Nortel 专利要贵，但考虑到摩托罗拉具有长久的发展潜力，因其自开发手机产品至今拥有大量手机产品的知识型财产，同时涉及多项专利，这点远比刚开发 IPhone 没几年的苹果要强。从专利的角度看，谷歌收购摩托罗拉移动的价格也不算高。根据摩托罗拉移动财报，摩托罗拉移动有 17 000 项专利，而且还有 6 000 项左右在申请，而谷歌此前购北电的 6 000 项专利，就要出价 30 亿美元。此外，摩托罗拉移动的账面上还有 30 亿美元，谷歌收购摩托罗拉移动实际上只花了 95 亿美元。

值得一提的是，谷歌 Android 阵营正面临着微软、苹果的专利诉讼，就在此前，苹果对于包括 HTC、三星和摩托罗拉等 Android 阵营主力厂商进行专利诉讼，谷歌收购摩托罗拉移动有利于其对微软、苹果等专利大户的抗衡。摩托罗拉所具有的专利优势可能才是谷歌对其收购的决定性因素，也是最重要的原因。从其之后将手机业务转卖给联想则更加印证了这点，联想仅仅获得了 2 000 项手机制造相关的专利，而剩下的万余项专利，谷歌则似乎不愿出手，这些涉及移动互联领域谷歌所最看重的安卓系统的核心竞争力。

5. 示威竞争对手的战略意义

在所有互联网企业中，微软才是谷歌一直以来最大的对手。谷歌的这番大手笔运作,也是在自己行业内强化竞争力的一种有力举措。

这是一个竞争的艺术,谷歌和摩托罗拉移动的合并也表明佩奇基本上承认了在移动领域,光靠第三方操作系统注定会失败。这是因为,移动软件商是需要硬件组件来支撑的。因此,微软可能会被迫去收购硬件供应商,事实也在2013年得到了证明——北京时间9月3日上午消息,微软宣布,将以72亿美元收购诺基亚手机业务,以及大批专利组合的授权。微软将以37.9亿欧元收购诺基亚的设备与服务部门,同时以16.5亿欧元购买其10年期专利许可证,共计54.4亿欧元,约折合71.7亿美元。

在收购摩托罗拉移动之后,谷歌的企业信誉以及安卓的创新能力将会得到提升,这让谷歌可以更容易地进入无线领域。诺基亚因为一直在期待Windows Phone 7去收复市场而备受指责,RIM(黑莓)则将希望寄托在QNX系统上。谷歌此举意在表明,无线市场只有两个玩家,那就是安卓和IOS。在个人电脑的操作系统领域无法抗衡微软的谷歌,绝对不愿在无线和移动系统领域再度称臣。

五、结论

从与摩托罗拉相关的一系列收购案中可以看到,自2011年以来,谷歌以125亿美元的价格收购摩托移动移动业务,在出售了一些非核心业务之后,谷歌收购成本仍然在100亿美元左右。而如今以30亿美元的低价出售给联想,谷歌可能有着多重考虑。谷歌对摩托罗拉移动最感兴趣的资产就是专利,从后续的一系列裁员、出售工厂等动作来看,其对手机业务实际上并没有太大兴趣。收购之后,摩托罗拉移动至少已经亏损10亿美元,且盈利无望,谷歌可能也不愿意让手机业务拖累公司整体业绩。出售这部分业务之后,谷歌将更专注安卓生态系统的优化和创新,这实际上更符合谷歌的最大利益,其他Android阵营的手机厂商,会更加忠诚于Android。

这些收购案的背后是互联网巨头谷歌通过资本运作和管理手腕,稳定和增强安卓系统的一系列举措,也是它在移动互联领域的提前布局。营建利于自身未来发展的产业生态和内外环境,才是跨国公司并购的真正意义。

问题探讨与思考

1. 你如何理解未来的互联网时代和智能手机市场?
2. 谷歌并购摩托罗拉,属于何种类型的并购?具有什么意义?
3. 你认为此收购案将对产业链产生怎样的影响?请收集材料,举例说明你的观点和看法。

案例14 百胜吞"羊"

本案例学习目标

通过本案例的学习,理解跨国企业水平并购的意义。

一、问题的提出

跨国并购有哪些类型?如何理解?

二、理论分析框架

根据跨国并购的不同功能,或根据跨国并购涉及的产业组织特征,可以将其分为三种基本类型:横向跨国并购、纵向跨国并购和混合跨国并购。横向跨国并购是跨国范围内发生在同一行业的竞争性企业之间的并购。横向跨国并购的基本特征就是企业在国际范围内的横向一体化。纵向跨国并购是跨国范围内发生在同一产业的上下游企业之间的并购。纵向跨国并购企业之间不是直接的竞争关系,而是供应商和需求商之间的关系。因此,纵向跨国并购的基本特征是企业在国际范围内的纵向一体化。混合跨国并购是跨国范围内发生的不同行业企业之间的并购。从理论上看,混合跨国并购的基本目的在于分散风险以及寻求范围经济。

根据并购是否经过第三方,可以将跨国并购分为直接跨国并购和间接跨国并购。直接跨国并购是指由跨国并购方直接向东道国的目标企业提出资产或所有权购买要求,双方通过一定的程序进行磋商,共同完成收购的各项要求,在协议的条件下完成收购。间接跨国并购是指跨国并购方是通过设立一个全资子公司或控股子公司,由这个子公司对目标企业进行并购,因而又被称为三角并购。在此条件下,跨国收购者(母公司)将不是被并购企业的直接股东,其负责收购的子公司是被并购企业的直接股东,因此,该子公司对被并购企业资产和负债承担责任。由于跨国并购涉及十分复杂的经济、政治和社会条件,跨国并购中使用间接并购情况也不少。

当代跨国企业并购发展的趋势中,并购方式主要为水平并购。对于技术和资本密集的行业,水平并购能有效消除过剩的生产能力,保持核心竞争力,并且分摊信息技术或者研究开发领域的巨额投资。而在食品饮料等低技术密集的行业,则可以通过并购减少竞争,控制特色技术或者商业秘密,以及在采购、供应和营销方面实现规模经济从而加强市场力量。

三、案例背景介绍

图 5-2　百胜餐饮集团的标志

百胜集团即百胜餐饮集团，是全球餐厅网络最大的餐饮集团，在全球110多个国家和地区拥有超过35 000家连锁餐厅和100万多名员工。其旗下包括肯德基、必胜客、塔可钟、A&W 及 Long John Silver's(LJS)，分别在烹鸡、比萨、墨西哥风味食品及海鲜连锁餐饮领域名列全球第一。总部在上海的百胜餐饮集团中国事业部是百胜集团旗下业务部门，目前，肯德基在700多个城市和乡镇内有超过3 400家餐厅。必胜客是中国大陆休闲餐饮的第一品牌，在超过130个城市拥有超过550家必胜客欢乐餐厅。图5-2为百胜餐饮集团的标志。

小肥羊公司是于开曼群岛注册成立的有限责任公司，1999年8月成立，以经营小肥羊特色火锅及特许经营为主业，兼营小肥羊调味品及专用肉制品的研发、加工及销售业。其股票自2008年6月12日开始在香港证券交易所主版上市交易，是中国首家在香港上市的品牌餐饮企业（股票代号 HK 0 968），被称为"中国火锅第一股"。小肥羊集团主要从事全套服务连锁餐厅的经营、提供餐饮服务及相关食品的销售。图5-3为被收购前小肥羊火锅品牌。

图 5-3　被收购前小肥羊火锅品牌

2009年3月25日，随着小肥羊两家战略投资人3i集团和普凯的退出，百胜集团首次入股小肥羊，当时通过其旗下投资公司购买小肥羊20%股份，收购资金达4.93亿港元。2009年10月21日，百胜集团又以约3亿港元的代价从小肥羊高管手中收购股份，增持小肥羊约7.3%股份。至此百胜已持有小肥羊27.2%的股权，与小肥羊第一大股东Possible Way所持有的29.9%仅相差2.6%。2010年5月，包括主席张钢在内的多名小肥羊董事出售公司股份4.34%，套现约1.88亿元。至此，大股东Possible Way持股比例也由1年多前的50.86%降至29.86%。其时，小肥羊创始人张钢持股比例已降至10.06%。百胜持有小肥羊2.8亿股股份，持股权达27.2%，为小肥羊第二大股东，第一大股东则为Possible Way，持3.08亿股，但是百胜亦持有Possi-

ble Way 的部分权益。

2011年5月13日,美国华尔街日报消息,百胜餐饮集团发布公告称计划向小肥羊股东支付每股6.50港元的现金,从而将其在小肥羊的持股比例从27.2%提高到93.2%,其余6.8%的股份将由小肥羊的创办人持有。百胜餐饮集团的上述要约价格较小肥羊2011年4月21日收盘价5.00港元溢价30%。

2011年11月8日,小肥羊在联交所发布公告表示,中国商务部已批准百胜集团提出全面收购小肥羊的反垄断审批,这距离小肥羊此前公布的商务部延长审批还不到一个月。公开信息显示,小肥羊目前已发行股本约10.32亿股,目前百胜拥有小肥羊集团大约27.2%的股份,据此计算,百胜与小肥羊此次交易涉及金额44.3亿港元。收购完成后,预期小肥羊股份将撤销及终止在港交所的上市地位,实行退市。

小肥羊在2011年8月份公布的上半年业绩显示,由于投入业务扩张的资源增加,小肥羊上半年净利润为3 060.6万元人民币,同比下跌19.6%。上半年小肥羊收入8.04亿元人民币,同比增长14.7%。餐厅业务仍为主要收入来源,占总收入的90.6%。自营餐厅的收入按年增16.6%至7.29亿元人民币。同店销售按年增长6.9%,与上年同期一样。顾客平均人均消费53.7元人民币,上年同期是49.9元人民币。

在5月份百胜集团收购时小肥羊发布的公告中表示,在过去数年,中国国内高度分散的全套服务餐厅行业竞争日趋激烈,面对激烈竞争的市场,私有化小肥羊可以让小肥羊以经济上更可行的模式立足市场,更好地把握良机。而百胜作为全球最大的餐厅经营者,与小肥羊缔结更紧密的伙伴关系,将加快小肥羊品牌、业务模式以及长远市场定位的发展。通过私有化小肥羊,百胜将受益于非上市公司拥有的业务灵活性,包括可通过发出短期债券获取百胜的额外增长资金,并无须面临市场不稳定性的风险,可专注为小肥羊业务带来长远利益的投资作出决定。此外,还无须因遵守财务业绩的定期报告及披露规定,此外债券还可以将若干商业敏感信息(包括利润及公司策略)保持秘密。

2012年1月6日,小肥羊集团有限公司发布公告称,董事会批准了百胜餐饮集团的收购请求。然而,百胜吞"羊"真的很美好吗?

进驻小肥羊1年后,在客流量和营业额双双下滑的窘境面前,此前曾自信满满的百胜餐饮集团开始品尝到整合的痛苦。复制百胜模式、全国范围内提价、统一供应链、重新调整架构等,是百胜集团在收购小肥羊1年内进行的大刀阔斧式改革内容,但这些将小肥羊打造成火锅中的肯德基或必胜客的变革,却并未奏效。

2012年，小肥羊为百胜集团2012年全年中国区的营收贡献3%的增长率，拖累餐馆利润率下降0.4个百分点，运营利润下降1个百分点。2012年全年中国区营收68.98亿美元，同比增长24%；不计小肥羊影响，同比增幅为21%；2012年全年中国区餐馆利润率18.1%，不计小肥羊的影响，中国区餐馆利润率为18.5%（百胜2013年财报）。小肥羊的利润率、客流量下滑非常严重，比肯德基情况更甚。

百胜集团内部把对小肥羊的调整时间定为1年。但时间已过，从小肥羊实际运营情况来看，整合情况似乎并不理想。在小肥羊卖给百胜集团之前，根据2010年年报，其全年营业额为19.25亿元，同比增长22.6%。不过在整体营业额同比增长的背后，小肥羊却面临着利润压力，根据财报，2010年上半年，小肥羊毛利率较上年同期下降3.8%，2010年全年同比下降2.7%。业内认为，百胜集团具有更强大的供应链管理能力和品牌运营经验，将会使得小肥羊在门店盈利能力、开店规模上得以提高，但事实上，小肥羊经营情况不容乐观，客流量、营业额、盈利都在下滑，小肥羊基本上也没有再开新店。对已经习惯了西式快餐连锁经营的百胜，如何通过小肥羊布局中餐市场，百胜集团有些过于乐观，它的整合远没有结束，其高端路线也遭到了质疑。

在中餐市场，长期以来饱受"垃圾"食品困扰的百胜集团更看重小肥羊的来自草原、无污染的"绿色"食品。进入后，百胜集团给小肥羊的定位是羊肉专家，在其宣传中不断强化小肥羊是草原羔羊肉的定位，并欲将小肥羊从原有的大众消费餐饮提升为如同必胜客一样的更高端的休闲餐饮。此后，小肥羊越来越像肯德基或必胜客，"新菜单美味上市"的宣传，"新雪花羔羊肉半价尝新套餐"、"立省61元起"等形式，更像是肯德基或必胜客模式，不再是此前的小肥羊。此外，小肥羊还在福州开出全国首家"试验店"，不仅装修风格焕然一新，连小肥羊经典的LOGO也改成了原有的"羊头"图案加上"火锅餐厅"字样的形式。在把小肥羊变得更高端过程中，更直接的手段则是提价。在百胜集团进入小肥羊仅半年后，就在全国范围内对小肥羊实施了统一调价，人均消费由原来的70元一下提高到90元以上，迅猛的调价行为，使得百胜集团得不偿失，客单价的提高导致客流大幅下滑，进而使得总体盈利降低。

四、案例分析

作为全球最大的餐饮集团，百胜集团觊觎中国市场可谓由来已久。道理非常简单，中国目前仍然是全球人口第一大国，民以食为天，饮食是人们日常生活所必需的，中国市场的发展空间非常庞大。而百胜集团选择小肥羊作为收购对

象,原因主要有以下几点:

目前中国市场已经成为了百胜全球利润中心。百胜集团的多份季度报告显示,中国营收大增,新开餐厅增多,而同期在美国国内,开张1年以上门店销售表现平平。这两年来,尽管双方有不同的文化背景,但在董事会层面经过了相互熟悉的过程。因此,这时百胜集团提出全购小肥羊,顺理成章。百胜集团很清楚中国市场的巨大容量,而其要做大中国市场,单靠肯德基已不能巩固其市场地位,中式餐饮在中国市场的机会巨大,并一直希望在此市场上分一杯羹。

"小肥羊"是一个成熟的品牌。以前中国餐饮缺少规模大的知名品牌,这些也成为外资看中的对象。百胜集团以实业资本进入,本身在餐饮市场上具有丰富的国际化经验,它需要借助一个好的平台扩张中式餐饮领域,小肥羊作为一家上市公司,也是"火锅第一股",就其内部规范性、财务等方面,是百胜集团的最好选择,便于迅速占领中餐市场。

收购便于百胜集团继续推进本土化战略、通过本土快餐品牌的收购,能够有效获得市场信息,加深对本土饮食习惯的了解,也能使其产品经营更具针对性。百胜集团在肯德基品牌上尝试了多种本土化产品尝试,比如鸡肉卷和中式饭菜,而自创中式快餐品牌东方既白也是其在中式餐饮上的大胆尝试。但是中西饮食上的差异,还是让百胜集团在中式快餐领域发展缓慢,东方既白开店数和速度远远落后于肯德基品牌。选择大众消费较为认可的、具有中国特色的火锅品牌,成为百胜集团的最终选择。

从收购案例本身来看,百胜集团与小肥羊的并购属于资源互补型水平并购,火锅行业由于进入门槛低,严重的同质化导致行业竞争激烈,且存在产品提供过于单一、季节性特点显著等特征,故越早在市场上抢得先机的企业就会给后来者树立一定的品牌门槛和竞争壁垒,容易稳固自己的核心竞争力。小肥羊在连锁火锅经营方面拥有自己的品牌影响力、业务模式和行业地位,这正是百胜集团想要获取的最大资源优势,而百胜集团的总部管控能力、全球业务网络及管理经验又能帮助小肥羊开拓海外市场。

但是,小肥羊的发展与成长其实是与其大众、亲民的定位紧密相关的。肯德基、必胜客能所向披靡捞取着丰厚的利润,是建立在洋快餐便利和新颖的口感之上的,而吃火锅是国人的传统,追求人多、气氛而不是快捷、便利,有些曲高和寡。此前在小肥羊就餐,顾客既不会花太多的钱,又能吃饱吃好;既不是太奢侈,又有不错的场地,喜欢亲朋好友聚餐的气氛,所以小肥羊才得到了大众消费者的垂青。而百胜集团显然没有意识到这一点,忽视了小肥羊最基础的顾客群。对于火锅而言,其本质就是一个大众化的餐饮业态,让火锅走高端路线,也许本身就是一个死胡同,也不利于进一步推广。通过调价行为,百胜集团希望小肥羊定位更加高端,但与此同时也舍弃了小肥羊十多年的顾客群,同时还要花更大代价吸引新的顾客群。目前百胜集团在整合小肥羊的进程中显得过于激进,也是现在这块业务陷入困境的根本原因。

五、结论

百胜吞"羊",这看起来是场互惠互利的交易,同属餐饮行业内的资源互补的并购,有利于百胜集团进一步拓展中国的餐饮市场,也有利于中国特色火锅走出国门面向世界。但是,收购完成并不意味着结束,而是一个全新的开始。从上述案例来看,百胜集团整合小肥羊的业务、管理和战略方向,也许还需要更多的时间。

问题探讨与思考

1. 国产品牌小肥羊为何会愿意被国外餐饮企业收购?其被收购的原因和动机有哪些?
2. 你是否看好百胜集团收购小肥羊后的前景?请说明你的理由。

案例15　优酷土豆合并案

本案例学习目标

通过本案例的学习,了解互联网时代背景下新型跨国企业的兼并特点。

一、问题的提出

在如今的互联网时代背景下,"轻资产"的企业越来越多,这类企业不同于传统的行业,没有具体的产品、实物。这类特殊的企业的并购有何特点?

二、理论分析框架

随着互联网的普及和互联网技术的飞速发展,信息技术行业这一新兴的第三产业行业得到了迅速的发展。在历经20世纪末的大洗牌之后,网站企业逐渐寻求到了自己的盈利模式,其中之一就是视频网站。

2004—2005年视频网站还处于刚刚起步的阶段,网站开发力度有限,用户的数量也有限。当时的发展核心主要是吸引起网民的注意力,形成网民对网络视频内容进行浏览的习惯,但因为商业模式的不成熟、网络视频赢利能力弱的原因,产业链条中的多个环节成了抑制网络视频发展的因素。因此,2006年以前的网络视频发展没有突破产业束缚进入发展的快车道。

2006年,德国世界杯足球赛首次允许互联网播报世界杯足球赛视频内容,使得网络视频产业商机初露,加速推进了视频互联网的发展,网络视频引起业界广泛关注。世界杯足球赛成为视频产业推动内容服务和挖掘新的收入增长点的催化剂,很多新兴的媒体都尝到了网络视频所带来的甜头。紧接着,YouTube这家美国的致力于视频上传分享业务的网站,成了全球互联网行业的新偶像。YouTube在全球所聚集的人气,以及Google 2006年10月对YouTube的价值16.5亿美元的收购,坚定了创业者对视频网站的热情,视其为新的淘金热土。

2006年后,随着宽带和客户端设备性能的提升,视频网站进入了流量大幅增长的阶段,全球手机移动端的技术发展和智能手机的进一步推广,使接受网络视频的用户开始大量增加,中国网络视频产业也迎来了一个崭新的发展阶段。网络视频吸引了足够多的网民的注意力,基于广告的宽频商业模式在逐步走向成熟,也刺激已经成功的互联网企业快速进入网络视频产业,走向多领域发展,丰富了网络视频的赢利模式。到了2009年,网络视频行业走到了内容竞争阶段,即谁拥有优质的视频内容,谁就能在市场中赢得用户,赢得市场份额和品牌,最先在行业中形成规模优势。《2011中国网络视听产业报告》显示,2011年我国在线视频用户量达3.94亿人;《2014年第33次中国互联网络发展状况统计报告》显示,截至2013年12月,中国网络视频用户规模达4.28亿,成为最大的单一国家视频用户群体。视频用户数的整体持续增长,为视频行业发展奠定了坚实的基础,网络视频正在日益成为人们观看影视节目的主渠道。

虽然流媒体作为新媒体传播模式越来越受关注,各大网络视频门户即便吸引了不少用户量,其背后的高额成本和运作费用也使其承受着巨大压力。自视频网站建立以来,随着网络版权价格的日益高涨,视频网站在版权上烧钱的速度有增无减,又由于视频网站用户的黏性较差,一味地付出巨额版权购买费用未必就能因此占据市场的一席之位,反而给各大视频网站带去了重大的成本压力,主要费用支出都在版权采购、人力成本和宽带成本上,其中版权采购成本已占到一些主流视频网站总成本的30%~50%。中国的视频行业,经历了融资竞赛、许可证困境后,本可以看到赢利的曙光,却未曾想到又被版权问题拉回投入大而又难赢利的怪圈之中。

视频网站的版权问题由来已久,从2010年开始,视频网站之间的版权战就没有停止过,这也成为了目前视频行业发展的最大症结。正版化是视频网站不得不面对的问题,越来越昂贵的版权费用给各大视频网站带来了无尽的压力,这便引发了之后一系列视频网站整合协作的事件。

三、案例背景介绍

优酷网(Youku)成立于2006年6月21日,是合并前我国视频网站市场份额最大的一家公司,也是最受用户欢迎的网站之一。优酷定位自己为中国领先的网络视频分享网站第一品牌,经营理念是"快者为王",注重用户体验,不断完善服务策略,优酷的产品特征是"快速播放,快速发布,快速搜索",一直致力于满足用户的互动需求,使之成为国内视频网站的领军人。优酷提出"拍客无处不在"的理念,倡导"谁都可以做拍客",从而使优酷成为互联网拍客聚集阵营。自成立以来,优酷业绩发展迅猛,2007年8月被评为"年度最具潜力科技创投公司亚洲百强"称号,每日独立访问用户数量超过12 000 000人。

土豆网(Tudou)成立于2005年4月,是中国最早和最有影响力的视频分享网站,也是全球最早上线的视频分享网站之一,其经营理念是"每个人都是生活的导演"。土豆网的宗旨是"让富有创造力的节目的创造者们能够自由地让自己的节目在用户面前出现,同时,也让每一个用户随时随地都能看都自己想看的任何节目"。土豆视频主要包括网友自制或分享的视频节目,来自土豆众多内容提供商的视频节目和土豆投资制作的节目三大类。

2012年最大最热的互联网新闻是由以上两家视频网站引发的。时年3月12日下午,优酷网和土豆网共同宣布双方将以100%换股的方式合并,新公司名为优酷土豆股份有限公司,与此同时土豆网将退市。根据2011年第四季度中国网络视频市场收入份额,优酷占比21.8%,土豆占比13.7%。优酷合并土豆这一交易可以使得优酷巩固自身在网络视频行业的龙头地位,并逐步对视频领域的格局产生较大影响,同时土豆也将在合并之后提高自身的股价价值。据分析,这宗合并案的交易额是10.4亿美元,当时是中国互联网市场最大的股票交换并购案例。

根据条款,合并后新公司为优酷土豆股份有限公司,优酷的美国存托凭证将继续在纽约证交所交易,代号YOKU,土豆将已经发行和流通的A类和B类普通股退市,每股换7.177股优酷A类普通股。合并后,优酷的股东及美国存托凭证持有者将拥有新公司约71.5%的股份,土豆的股东及美国存托凭证持有者拥有约28.5%股份。优酷和土豆合并后属于同家公司,但保持独立的品牌和销售的团队,优酷和土豆分别销售不同的广告解决方案。从数据显示,土豆合并后的股价溢价为159%,资金和资本层面的原因是其同意被收购的重要原因。

四、案例分析

优酷和土豆的合并,可以从多个角度来解读,主要可以从两个方面分析,一是版权,二是利润。

版权是法律上规定的某一单位或个人对某项著作享有印刷出版和销售的权利,任何人要复制、翻译、改编或演出等均需要得到版权所有人的许可,否则就是对他人权利的侵权行为。发展初期,视频网站主要是以分享网友上传的原创性影片为主,版权问题并没有如此突出,而后随着视频行业的飞速发展,为了更好地吸引网友的关注和寻求主流价值、赢利模式与广告收益,视频网站开始购买热播影视以通过丰富的影视资源来吸引广大用户,但是大量经营者抱着侥幸的心理,越来越多的在未经授权的情况下向用户提供视频资源,而带来了一些侵权问题,加之国内网友更加关注影视作品的内容而不太注重视觉品质的消费习惯,导致了经营者想要先通过大量资源吸引投资、增加知名度而使得行业版权管理婚礼。另外,视频行业普遍创新能力不足,导致了许多资源雷同、缺乏差异化竞争的局面。

正版网络在线视频的出现,使得购买正版视频版权成了视频网站的一大笔支出,使版权采买价格走向一个合理的趋势是所有视频网站期望看到的。有一部分视频网站实现收费制之后,会出现用户量减少的现象,用户会宁愿去观看盗版而不愿付费收看,但是对于另一部分在严格筛选片源才实行版权购买的视频网站来说,用户流量和点击率不降反升,所以各大视频网站在采用购买正版视频来进行版权维护的同时,对于本身的客户持有率和客户忠诚度也是个很大的考验。正版视频的购买将大规模地增加在线视频网站影视版权库的内容储备,进一步提升公司内容资源的经济价值。再加上视频网站可以通过这些正版视频增加付费观看或者会员制业务或提升广告定价位,便可以增加整个视频网站的主营业务收入,提升公司所获利益。随着有关部门对网络视频领域侵权盗版打击力度的不断加大,视频网站对于正版内容争夺的日益激烈,也带来了大量的版权互诉。此次优酷土豆合并实为缓解增长过快的版权压力,能在很大程度上控制视频网站采购版权的成本、服务器宽带成本和人力资源成本,也有利于网络视频行业走出版权混战泥潭,推进整个行业向正版化迈进。

优酷网和土豆网合并更为现实的目的是为了利润,公司最终的目的都是利润的最大化,视频行业愈发受欢迎,其中的竞争也必然越发激烈,同质化现象愈发严重,运作成本居高不下,"烧钱模式"使得视频网站的成本越做越大,视频行业短期盈利无望,只有通过兼并整合,规范行业竞争,才能保证各视频网站健康发展的有效方法。合并前,土豆网现金储备不足,资本市场整体状况不佳,再融资较困难,因此土豆选择被优酷收购可以说是其提升竞争优势的必然选择。与此同时,对优酷来说,眼下的换股收购方案时机把握在一个较低的市场估值水平,收购成本低,且优酷对于土豆的吸收溢价较高,对于土豆的投资人是利好消息,而对新浪等战略投资者也将扭转其回报预期。

运营费用和利润方面,战略合并完成后,土豆将保留其品牌和平台的独立性,帮助加强和完善优酷土豆的视频业务。优酷和土豆本身有其大量的忠实用户群,其合并也可谓是强强联手,化竞争与合作,打造中国网络视频行业领军公司。而究其合并背后的重要原因,合并之后,在成本控制方面将带来一系列的好处:

(1) 费用控制。从内容采买方面来看,优酷土豆合并之后,双方在已有内容上能够进行资源整合,发挥各自优势,同时这两大巨头的合并也会在一定程度上加强对内容定价的话语权,有利于打压疯涨的版权采买价格。两大巨头牵手之后,能在影视版权采购、宽带服务器采购、后台数据整合等多面实现协同,建立最强大的视频资源内容库,为用户创造更大的的体验平台,同时能够共同分担宽带和内容成本,互相贯通各自的技术产品,优化财务状况和人员架构,提高对广告商的议价能力。对于业界而言,优酷土豆的合并对视频行业版权价格回归理性,促进视频行业的规模化及健康有序发展有着积极的作用。由于优酷和土豆同质化内容较多,也导致了一定的资源浪费,通过资源整合的形式可以提升资源的利用率,降低成本,同时提高其他业务的发展力度。

(2) 资源互补。面对2012年的限娱令,电视剧的热播使得视频网站的版权争夺愈演愈烈,而优酷土豆的资源互补,使得双方能齐心协力往同一方向出钱出力,在保有各自内容的优势基础上将公司效益最大化。对于热播剧的购买占据了主动权和制高点,能够通过资源整合的形式提升资源的利用率,降低成本,同时广告资源共享将提高双方的变现能力不但提升了双方的品牌价值,而且也会为双方带来更多的用户流量,扩大合作伙伴的阵容,提升其盈利水平。

(3) 资金价值。随着信息技术的不断增强,视频网站的升级是不可避免的,在极为强调用户体验的视频行业,技术层面解决的问题往往都需要大量的现金流作为后盾。优酷土豆的合并能够使现金流更加充裕,便于提升视频网站的综合竞争力,同时也势必拉高视频网站的行业标准。

这次合并对双方的好处,可以用协同效应和马太效应来解释。

第五章 跨国并购

协同效应是指企业生产、营销、管理的不同环节,不同阶段,不同方面共同利用同一资源而产生的整体效应,或者是指并购后竞争力增强,导致净现金流量超过两家公司预期现金流量之和,又或合并后公司业绩比两个公司独立存在时的预期业绩高,两家公司合并后的经济效益比每个单独公司的收益之和更大。从经济角度看,与合并相关的收益净现值必须超过交易成本,才算实现了协调效益。合并使得两个互联网巨头可以节约大量的版税成本和互联网数据中心成本支出,也可以集中财力和精力在产业链的上下游延伸,进一步提高行业的集中度,加大新进入者的难度。合并之后,一个公司将有两个品牌,合并后广告主投放广告平台将会减少,从而也使得广告价值加大,广告费用可以相应增加。视频网站的费用支出一方面是带宽成本,另一方面是内容成本,占据运营成本较大比重的是带宽成本。视频网站要想实现可持续发展,就必须争取更多的用户黏性,而用户忠诚度则必须要有足够的后台流量支撑,从而带宽成本一直很高。优酷2011年带宽成本支出3亿2 470万人民币,占净收入36%。新公司合并后,在内容上整合资源,各自发挥特长。合并后的优酷土豆也会在一定程度上对定价更有实力,降低成本,节约资金流。

马太效应,通俗地讲就是使好的更好,差的更差,资源流向更好的地方。在高流动性、低黏度的互联网行业,赢者为王是不争的事实,合并后的优酷土豆占市场收入的近36%,搜狐13.3%位列第二,由于市场份额扩大,对版权采购议价能力自然提高,合并后可以资源共享,对广告商的议价能力也大大增强,广告报价稳中有升,而广告资源的共享又能够提高双方的变现能力,不但能提升双方的品牌价值,也进而能为双方带来更多的用户流量,这是一个良性循环的过程。在两家网站同质化内容较多、资源大量重复的情况下,改善资源整合的形式,也能提升资源利用率,有效降低成本,提高其他业务的发展能力,加强在行业中的竞争能力。更重要的是,视频行业随着抱团取暖之势的展开,进入门槛一步步抬高,这对优酷土豆非常有利。在案例中,土豆市值被低估,优酷市值被高估,对优酷而言,这笔买卖很合算。同时优酷购买土豆,也是一次自我防御,如果土豆卖给优酷的对手搜狐或者腾讯等,对于优酷则将非常不利。

优酷土豆的合并拉开了中国互联网行业视频网站整合的序曲,此后,百度整合了爱奇艺并且收购了PPS,优酷土豆又在2014年获得阿里巴巴12.2亿美元的战略投资,新的爱奇艺与优酷土豆形成分庭抗礼的局面,现在各自占据35%以上的市场份额。搜狐视频、腾讯视频和爱奇艺三大视频网站联手组建"视频内容合作组织",在版权和播出领域展开了深度合作,携手对国内外优质的视频版权内容资源进行采买,也把过去其各自已采购的影视作品展开合作。

一系列强强联合采购模式,进一步推进版权价格回归理性状态,使得网络视频版权采买费用下降。而乐视网则将进行版权分销策略,逐步地把多年积累下来的版权优势转化为流量和广告优势,并且获得了巨大成功。通过几大视频网站巨头的强强联盟,2012年以来版权价格开始一路下降,企业的整合一方面加强了各家网站的内容流通、资源共享,进一步促使行业的健康、有序、快速发展。

五、结论

随着优酷和土豆的合作,中国的互联网视频企业展开了一系列联合、并购和重组,在版权和成本领域完成了一系列自我救赎,其特点是股权并购为主,资金规模庞大,注重技术、版权等知识产权的价值,而目的都是为了压缩成本、提高利润和扩大市场份额。这也揭示了互联网时代背景下新型跨国公司发展的主要方向和主流趋势。

值得注意的是,之后,随着中国互联网BAT三巨头的产业布局,阿里和百度各自参股注资或者收购了视频行业的龙头企业,进一步打造全方位的移动互联生态的意图昭然若揭。强者恒强,谁来主导下一步的产业革命,谁会笑到最后,还需我们拭目以待。

问题探讨与思考

1. 你对现今中国互联网世界的视频网站是如何认知的?请对你所熟悉的视频网站的特色给予自己的评价。

2. 优酷土豆合并之后,你对未来视频网站的市场格局作何展望?

第六章
跨国企业的组织结构

 案例 16　拜耳公司

本案例学习目标

通过本案例的学习,了解跨国公司的常见组织形式。

一、问题的提出

跨国公司往往拥有非常多的员工,在全球各地工作,并且从事各种工作。公司采用何种组织形式决定了公司的管理成败。

二、理论分析框架

在跨国经营中最常见的企业法律形式是有限(责任)公司。在跨国经营中,采取何种企业法律形式,往往根据企业的经营战略、业务活动的内容和性质、东道国的法律和社会、经济环境等多方面的情况来综合考虑。

跨国公司在成长和发展的不同阶段,国外业务的比重和内容都在发生变化,因而组织结构也随着逐渐作变动和调整。表 6-1 显示了跨国公司跨国经营的发展与组织结构演进的关系。

三、案例背景介绍

拜耳公司(Bayer AG)于 1863 年由弗里德里希·拜耳在德国创建。1899 年 3 月 6 日拜耳公司获得了阿司匹林的注册商标,该商标后来成为全世界使用最广泛、知名度最高的药品品牌,并为拜耳带来了巨额利润。1925 年公司同其

表 6-1 跨国公司组织结构的演进

公司活动	负责跨国经营组织	负责人
直接出口与间接出口,但出口量小	出口部	出口部经理,向国内营销经理报告
出口变得更重要	出口分部	分部经理
对外授权与海外生产投资	国际业务部	国际业务负责人,通常是副总经理
国际投资增加	有时国际业务总部公司成为全资子公司	总经理,是母公司的副总经理
国际投资规模大范围广,跨国经营多样化	按区域,产品线,职能而建立全球组织结构	对跨国经营负责的不止一人

他几家化学公司合并建立法本化学工业公司,第二次世界大战后被拆散。1951年成为独立的法本继承公司之一,称拜耳颜料公司,1972年取名拜耳公司。

拜耳公司的总部位于德国的勒沃库森,在全球约有 289 家公司,员工人数为 113 200 名(数据引自 2013 年财报,下同)。高分子、医药保健、化工以及农业是公司的四大支柱产业。公司的产品种类超过 5 000 种,是德国最大的产业集团。图 6-1 为拜耳公司的标志。

拜耳作为一家跨国企业,其核心竞争力领域包括医药保健、作物营养和高科技材料。同时,拜耳还通过科技创新、业务增长和高效的盈利模式来创造价值。2013 年财政年度,拜耳销售额为 402 亿欧元,资本支出为 22 亿欧元,研究开发投入为 32 亿欧元。公司以其专业技术和产品,协助诊断、减轻和治愈疾病,提升全球食品供应的数量和质量,并为积极向上的现代化生活方式作出了巨大贡献。

图 6-1 拜耳公司的标志——拜耳十字

秉承"拜耳——科技创造美好生活"的使命,拜耳公司持续优化产品组合,将业务活动集中于三大富有潜力、效率和独立性的子集团——拜耳医药保健、拜耳作物科学、拜耳材料科技,并由三家服务公司为其提供各项支持。拜耳股份有限公司为整个集团确立了共同的价值观、目标和战略,三大子集团和三大服务公司均在同一个管理控股公司的领导下,分别独立运营。企业中心部门则为集团董事会实施战略领导提供支持。

拜耳集团的组织结构和商业责任如图 6-2 所示。

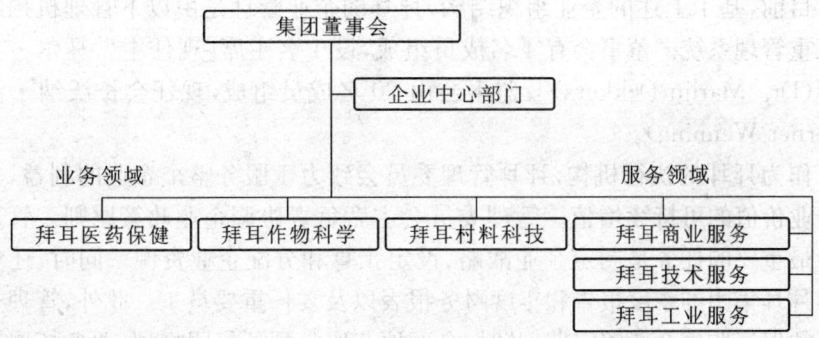

图 6-2　拜耳集团的组织结构(引自拜耳集团官方网站)

拜耳医药保健子集团致力于开发创新产品,研究全新治疗方法,为人类和动物的健康作出了重大贡献。拜耳医药保健子集团拥有四个运营部门:拜耳先灵医药(处方药),保健消费品(非处方药及营养补剂),糖尿病保健(血糖检测设备),动物保健(兽医药品及动物美容用品)。

拜耳作物科学子集团是作物保护、害虫控制、种子和植物生物技术等领域的全球领先者。作为高品质食物、饲料和纤维生产行业的合作伙伴,公司致力于为现代可持续发展农业和非农业应用提供全面解决方案。

拜耳材料科技子集团在聚合物与高质量塑料领域处于世界领先地位。除聚碳酸酯和聚氨酯外,该子集团的创新性研发还涉及其他领域,如涂料、黏合剂、绝缘材料和密封剂领域。其主要客户为从事于汽车与建筑行业、电子/电力部门,以及运动休闲产品、包装业和医疗设备行业的制造商。

集团内部服务由三家服务公司共同承担:

拜耳商业服务公司是基于 IT 服务的拜耳集团国际职能中心。其产品主要集中于以下四大核心领域的一体化服务:IT 基础设施和通信、采购与物流、人力资源与高级管理层人事服务、财务与会计。

拜耳技术服务公司是全球技术骨干,也是拜耳集团的主要创新动力。其服务包括流程和设备的开发、规划、建设和优化。拜耳技术服务公司还可以为生产设施的整个生命周期提供一体化解决方案。

拜耳工业服务公司致力于为化工行业提供服务,包括设施供给、废料管理、基础设施、安全设备、分析和职业培训。本服务公司是拜耳和朗盛公司

(LANXESS)的合资企业,在德国勒沃库森、多马根、克雷菲尔德-勒丁根都开设了化学工业园区。

目前,基于上述的企业组织结构,拜耳的企业管理是由以下管理机构组成的双重管理系统。董事会有4名成员组成,设1名主席[现任主席马尔·金戴克斯(Dr. Marijn Dekkers)];监事会由20名成员组成,现任会长沃纳·温宁(Werner Wenning)。

作为拜耳的执行机构,拜耳管理委员会致力于服务整个企业的利益,并实现企业价值的可持续增值。管理委员会主席负责协调企业政策原则。管理委员会最重要的任务是制定企业战略、设定预算和分配企业资源。同时,还负责公布拜耳集团的季度报告和年度财务报表以及委任重要员工。此外,管理委员会还须保证监事会能够定期、及时、全面地获取与拜耳集团规划、业务拓展和风险管理相关的所有信息。管理委员会成员最长任期为5年,任期结束后有资格继任。监事会主要负责监督董事会并且提供建议。根据德国劳资协同经营法案(German Codetermination Act)之规定,监事会一半的成员由股东选出,另外一半则由员工选出。

拜耳是一个全球性企业,几乎在每个国家都有公司。在其中,亚太区是未来重要的市场,具有巨大的发展潜力,是拜耳未来最重要的市场之一。2013年,拜耳在亚太区大约拥有28 000名员工,销售额高达86亿欧元。欧洲是拜耳的"国内市场"。2013年,拜耳在欧洲市场表现尤为出色,销售额约为150亿欧元。拜耳在欧洲有完整的分销网络,德国、比利时、法国、英国、意大利、西班牙和芬兰均拜耳的主要生产工厂。拜耳在欧洲有53 600名员工(其中35 300名员工在德国)。在北美地区,则是从东海岸到西海岸全面开拓新市场。拜耳在北美地区(美国与加拿大)拥有两家独立运营的子公司:总部位于宾夕法尼亚州匹兹堡的美国拜耳公司(Bayer Corporation),和总部位于多伦多的加拿大拜耳股份有限公司(Bayer Inc.)。2013年,拜耳在北美的销售额达到97亿欧元。拜耳在北美地区拥有15 200名员工。在拉丁美洲/非洲/中东区域,拜耳从圣地亚哥,经开普敦,到达德黑兰,通过稳定的投资和活动的优化,拜耳已经在这些区域占据了优势地位并且在消费者中具有了较高的认知度。2013年,拜耳在拉丁美洲、非洲和中东的销售额达到67.6亿欧元,并且拥有16 400名员工。图6-3为2013年拜耳全球员工比例。

图6-4是2013年拜耳各自公司行业销售收入所占比重。其中,材料科技占比约28%,农业科技占比22%,医药科技占比47%(处方药占比28%,消费保健品占比19%)。

图 6-3　2013 年拜耳全球员工比例

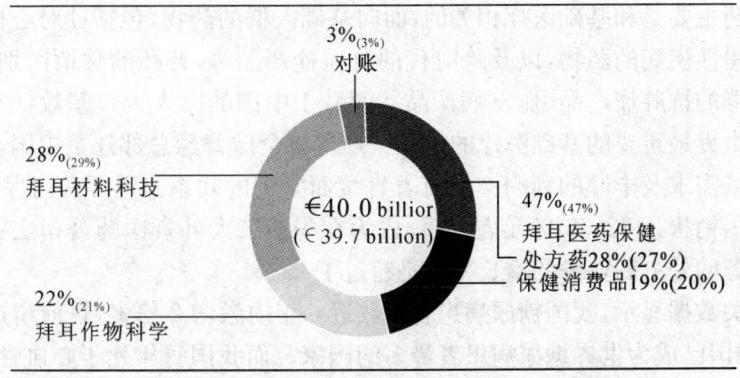

截至2013年12月31日

图 6-4　2013 年各自公司销售收入所占比重(括号中为 2012 年数据)

拜耳与中国的联系可以追溯到 1 882 年,公司最初在中国市场销售染料,依靠德国贸易行和位于通商口岸的当地贸易组织将拜耳的产品从销售中心点引入中国各个省份。拜耳于1958 年在中国香港成立了自己独立的代表机构——拜耳中国有限公司,在随后的 20 多年里实现了业务的稳步增长。1986 年,经过不懈的努力,拜耳在北京和上海分别成立了代表处和联络处。1993 年,拜耳与原化工部签署了全面合作协议,从而为拜耳拓展在中国的业务活动奠定了坚实的基础,多个拜耳材料集团下属的工厂开始投入建设。一年后,拜耳(中国)有限公司作为控股公司在北京成立,主要负责协调技术转让和市场开发,并为合资项目的准备和实施提供支持,开始全面投资中国市场。1996 年,拜耳医药保健开始在华的生产设施建设,2000 年,拜耳作物科学(中国)有限公司成立。就此三大子集团都在华完成布局。2001 年,位于上海的拜耳一体化基地开始动工。2009 年拜耳医药开始在北京建继德国柏林、乌帕塔尔、美国伯克利之后的全球第四大研发基地,研发项目除了集中在全球主要治疗领域,包括肿瘤学、心脏病,还满足了中国特别的需求,关注亚洲患者的常见疾病及治疗方案,其中糖尿病治疗药物、抗生素等是研发的重点。

在拜耳最为人所知的医药集团方面,继2008年斥资近10.72亿元人民币收购东盛科技启东盖天力制药公司止咳及抗感冒类西药非处方药业务(包括感冒药"白加黑"等),2009年投资1亿欧元在华建立其第四个全球研发中心之后,拜耳医药在中国市场的动作不断加大。2011年3月24日,拜耳医药决定将其普药业务全球总部迁至中国市场,这是继2010年年初拜耳医药将中国区直升为独立大区后,拜耳医药对组织结构的再度重大调整。

普药主要是和基础医疗相关的,面向基础人群的药物,包括针对心血管、糖尿病等慢性疾病的药物,以及跨时代的抗血栓产品等,普药的称谓区别于针对特殊人群的抗肿瘤产品、血友病产品。而基于中国的巨大人口基数,中国正在成为全世界最重要的基础医疗的市场。拜耳将全球普药总部迁至中国,与中国医药市场需求及丰厚的利润空间有着直接而紧密的联系。拜耳医药保健2010年在中国销售达72.35亿元人民币,成为在华前三大外资医药公司之一,占其82%业务的处方药业务的增长率更是超过了22%。

相关数据显示,我国糖尿病患者人数近6年内激增2倍多,目前超过9 200万人,中国已成为世界糖尿病患者最多的国家。而我国每年死于心血管疾病患者已多达300万人,约占全球同类疾病死亡人数的1/5。虽然心血管、糖尿病等慢性疾病药物因地区与品牌差异,其销售利润空间也各有所不同,且国家发改委已对部分药品的最高零售价格多次进行下调,不过其利润空间还是比较可观的;此外,中国政府正在全面推进医疗卫生体制改革,中国医药市场正面临发展的黄金时期。2010年,中国已经成为世界第二大经济体,拜耳注意到未来中国经济会得到更快速的发展,而拜耳医药在中国业务将会很快成为德国业务的两倍,越来越多的业务是以中国为中心,拜耳预期到2020年之前这种趋势会维持下去。拜耳将全球普药总部迁到中国,可以帮助其更好地了解中国市场的需求,更好分配资源。

(资料来源:拜耳官网:http://www.bayer.com,部分材料整理自华夏时报,可参阅http://money.163.com。)

四、案例分析

拜耳的结构组织形式为典型的全球产品结构组织。全球产品结构以公司主要产品的种类及其相关服务的特点为基础,设立若干产品部,每个产品部都是一个利润中心,拥有两套完整的职能组织机构和职员,由公司任命1名副总经理挂帅,负责该产品或产品线在全球范围内生产、营销、开发和计划等全部职能活动,并直接向公司总经理报告。这种结构的主要优点是强调全球范围内产品生产和销售各环节统一规划,建立了从顾客到企业组织中拥有特定产品知识的专家和技术人员的直接信息联系,从而有利于积极改进和发明适合世界各地顾客需要的产品,随时引入新产品生产,淘汰亏损产品的生产,并重视各种产品的组合效益,而不像区域结构中那样,往往重视大宗产品,却忽视其他产品;易于对各产品生命周期每一阶段的持续时间进行控制,从而有利于通过营销组合管理来规划产品及其周期范围。全球产品结构形式的主要缺点包括这种组织结构需要既懂得特定产品生产经营又懂国际业务的高级综合人才担任相关产品部领导,这样的人才需要在多国环境中得到一定时期的锻炼,因而在企业采取产品结构组织形式的最初一段时间,企业的管理效率会受到影响;出现本位主义与协调困难,各部负责人会更多地站在本产品部的利益立场上考虑问题,将局部利益置于公司全局利益之上,使公司整体经营达不到最佳效果,由于各产品部自成体系,总部协调各部之间的关系存在一定难度,这有可能导致组织结构不稳定,总部若不能控制则会被架空;分部各个职能部门会导致机构臃肿;某产品部负责人会对其他发迹的产品偏心;产品部会忽略对于远期增长前景好而近期状况平平的市场开发,区域协调困难等。

　　拜耳正是以医药保健、材料科技、作物科学三大支柱产业和商业服务、技术服务、工业服务三大相关服务划分公司组织结构的。全球产品结构组织形式适用于公司规模庞大、产品系列复杂和技术要求较高的跨国公司,尤其是那些迅速多样化的跨国公司。而拜耳身为最负盛名的《财富》杂志世界500强企业之一,从事的是医药保健、材料科技、作物科学等高技术水平的行业,拥有超过千种的产品种类以及庞大的产品系列分支,并且作为一家发明型企业,拜耳持续不断地在研发密集型领域引领潮流。因此,拜耳的全球结构,还在各大产品分部下进行了全球区域结构的进一步分设。

　　从权变的观点来看,一个长期适用的、理想的组织结构是不存在的。恰当而有效的组织结构决定于一定时期内企业所处的具体环境和多种影响因素,而环境和因素是变化的,即使同一个企业在不同时期的组织结构也不同,因此组织结构的设计与管理实际是一个动态的过程,各企业应根据自己的特点和条件,以往和将来国内外企业业务的相对比重,企业的历史背景、业务性质以及经营战略和所处的环境来决定采用何种组织形式。拜耳的医药子集团加仓中国市场就是一个很好的说明。

首先，从全球大环境来看，目前亚太区具有巨大的发展潜力，结合中国的 GDP 总量，中国是拜耳未来最重要的市场之一，而本着"拜耳解决方案——应中国之需"的承诺，拜耳从 20 世纪 90 年代初的逐步投资发展为目前的大规模的、世界级的资产投资，使得大中华区已成为拜耳在亚洲的最大的单一市场，也是拜耳全球投资的主要重心之一。此项决策是为了更坚实地巩固其在中国市场的地位，为谋求今后更深远的发展打下坚实基础。

其次，拜耳在中国的核心策略就是与中国的经济和社会发展保持同步。拜耳始终关注着中国的发展，并与政府各有关部门保持密切的联系，及时了解中国市场的需要，开展从与化工部合作，到和中科院签署协议，以及和高校培养人才等等举措。因此尽管面临着中国政府施加的原研药降价的压力，拜耳公司仍能通过与政府正面沟通的方式努力为自己争取最优惠的政策及最大化利益。随着中国人口老龄化的现象越发严重，医药业的前途势必更加光明，市场潜力越发巨大。

更为重要的是，目前本地企业生产的产品在大中华区的销售额中占据的比重越来越大。伴随着正在进行的一些重大投资项目，将其普药业务全球总部迁至中国市场，拉近了这家德国企业与中国市场的距离，充分发挥全球产品结构的优点：接近市场，实现拜耳在中国国内的生产和销售的环节与全球同步，减少不必要的中间环节，降低供应链的成本；建立从顾客到企业组织中拥有特定产品知识的专家和技术人员的直接信息联系，从而有利于积极改进和发明本土化产品，尤其是中国人口基数重大，数据样本大，多样化程度也较高；易于对各产品生命周期每一阶段的持续时间进行控制，从而有利于通过营销组合管理来规划产品及其周期范围，在欧美和其他地区可差异性、分阶段进入市场，延长产品的生命周期。长此以往，对于提升拜耳的产品与服务质量有显著效用。

五、结论

拜耳是典型的采用全球产品（业务）联合结构的跨国公司，以三大主要产品业务为独立的子公司在全球范围内从事生产经营活动，并在子公司下按照地理区域进一步进行业务细分。

拜耳的实例告诉我们，对企业组织结构适时地进行微调是可行的且必要的，其根本目的在于通过随时更改并建立更为有效的组织结构，促进企业在日趋激烈的竞争态势下存活下来并稳步快速发展。这也是跨国企业在剧烈变化的国际环境下保持自身竞争力的一种基本方式和管理模式。

问题探讨与思考

1. 跨国企业主要采取哪些组织结构形式？
2. 不同的组织结构形式有何优缺点？请举例说明。
3. 企业在不同阶段，采取的组织结构是否有所不同？请结合企业实例说明你的观点。

 案例 17　联合利华的重组之路

本案例学习目标

通过本案例的学习，了解跨国企业组织结构调整的必要性，进而思考组织变革的完成方式。

一、问题的提出

跨国企业面临着激烈的国际竞争，因此，其需要对于组织结构进行调整，以加强自身的核心竞争力。但是，组织变革应如何进行？

二、理论分析框架

随着外界环境和内部结构的动态发展，企业和组织必须不断变革、推陈出新以适应期内外环境的变化。企业的组织变革是不以人的意志为转移的客观必然过程，而变革的目标是提高组织的效能和环境适应能力。任何一个组织，无论过去多么成功，都必须随着环境的变化而不断调整自我使得其适应环境。

推进组织变革的因素主要可以分为外部环境因素和内部环境因素。外部环境因素包括宏观经济社会环境的变化，诸如政治、经济环境的调整，经济体制的改变以及市场需求的变化；科技进步的影响，诸如产业革命带来的产品升级换代等；资源变化的影响，比如原材料、资金、能源、人力资源、专利使用权等；竞争观念的改变和竞争对手、竞争方式的变化。内部环境因素包括组织机构适时调整的要求，保障信息畅通的要求，克服组织低效率的表现（诸如人浮于事、机构臃肿等），以及管理者对提高组织整体管理水平的要求。

三、案例背景介绍

联合利华公司（Unilever）是由荷兰 Margarine Unie 人造奶油公司和英国

图6-5 联合利华公司的商标

Lever Brothers 香皂公司于1929年合并而成。总部设于荷兰鹿特丹和英国伦敦,分别负责食品及洗剂用品事业的经营。联合利华在全球75个国家设有庞大事业网络,拥有500家子公司,员工总数近30万人,是全球第二大消费用品制造商。每天有20亿消费者在世界各地使用联合利华的产品,每年全球的消费者共购买1700亿件联合利华的产品,品牌受到各地消费者的信赖,家乐、立顿、奥妙、力士、多芬、舒耐、凌仕和路雪冰激凌等都已经成长为销售额超过10亿欧元的品牌。图6-5为联合利华公司的商标。

1. 早期的组织结构和泛欧化改革

1930年,荷兰一家人造黄油公司和英国一家肥皂公司合并成为联合利华。像另一家英荷联姻企业壳牌一样,联合利华采取了今天看来不无怪异的结构。它有两家母公司、两个总部(分别设在英国伦敦和荷兰的鹿特丹)、两个董事长,母公司股票分别单独上市。这是一种特殊的联席董事长制度,不过仍然成就了联合利华成为一家历史悠久的多国公司,在全球范围内经营洗涤剂和食品业务。几十年来,联合利华对其洗涤剂产品一直放手经营。每一个主要的国家市场都设有子部门,并全面自治,进行一系列的价值创造活动,包括生产、营销和研究开发,到20世纪80年代中期,公司仅在欧洲就有17个自治的国家分支机构。

到了20世纪90年代,联合利华开始改变其洗涤剂的经营方法,从一家宽松联邦体转变为管理严谨的奉行全球战略的企业,因为其意识到传统的经营方法在竞争舞台上已不再有效,只有得到实质性的成本节约,进行创新并对市场变化趋势作出反应已变得至关重要。最重要的原因,是在于主要竞争对手宝洁公司已经在之前不断通过新产品占领市场,使联合利华的问题变得尤为突出。可是,联合利华要"说服"17个欧洲分部生产产品须花4~5年的时间,欧洲人又保守地不愿意放弃经营了百年的自有品牌;由于每一国度的分支机构中都要重复添加生产设备,联合利华的成本构成很高,无法采用有竞争力的定价,也无法取得同宝洁公司一样的规模经济。为了改变这种状况,联合利华只好先建立了产品部门来协调各地区的经营,作为一种妥协化的改革。

这一新举措的背后有一个协议,17个洗涤剂子公司放弃以往市场的自治权,都直接向欧洲总部汇报,以换得有助于发展和实施统一的泛欧战略的机会。这一改变使得欧洲市场上的洗涤剂生产集中在一些主要地区,产品的大小和包装实行一体化,以降低采购成本,并为整个欧洲统一做广告铺平道路,生产也显然更有理性——生产肥皂的厂家从 10 家削减为 2 家,一些新产品将只在一个地点生产。通过这些举措,联合利华估计 1 年在欧洲能节省 4 亿欧元,并且试图加快新产品开发的速度以利于在整个欧洲同时上市。

联合利华的这次改革是有回报的,一个明显进步的例子是,20 世纪 90 年代初在德国上市的碗碟洗涤剂 1 年后在整个欧洲上市,但改革仍然显得很有局限性。最大对手宝洁的主要衣物清洁剂在整个欧洲市场上用同一品牌,而联合利华的同种产品仍然有很多不同的品牌,而且公司并不打算改变这一点,因为联合利华相信为了泛欧标准而放弃那些花了百年才建立的品牌是愚蠢的。

洗涤剂业务的改革妥协性只是冰山一角。1996 年之前,公司的管理权力主要由集团的特别委员会行使,该委员会由两名董事长和一名董事组成。在两家母公司下是分布在各个国家的众多业务公司,这些业务公司又分属于两家母公司。后来,特别委员会改为执行委员会。这种结构是典型的自由子公司结构(即母女结构),造成了职责不清、决策缓慢。多年来,投资者一直呼吁联合利华改革其复杂的管理结构,但是收效甚微。

2. 增长之路

妥协要付出代价。各自为政、不愿放弃经营百年的众多品牌而勉强试水产业部门制度后,到了 20 世纪 90 年代末,联合利华再度陷入困境,不得不启动重组,其内容包括进行组织结构调整、压缩产品线以及裁员等。改革后,联合利华的全球业务被合并为两大全球业务部,即食品业务部、家庭用品及个人护理用品业务部。其全球组织运营架构采取按地域组织的原则,如食品业务部分为亚洲区、欧洲区、北美区、拉美区、非洲中东土耳其区,地区总裁全面负责某一地区的运营。这也就是我们通常所谓的国际业务部结构。

这是联合利华的历史上第一次大规模的组织改革。但这场改革并未触及根本,一方面组织内的协调成本仍未得到有效降低;另一方面按地域组织的结构又不利于形成全球效益。在欧洲,这种局限性显得更为突出。有分析师就表示,直到今天,联合利华欧洲区依然如同松散的邦联。结果,联合利华看似庞大,但并未表现出应有的聚合力量,反而给人以笨重的感觉。

3. 同一个联合利华

2004 年,联合利华业绩亮起红灯,于是其发布了"同一个联合利华"的重组计划,旨在建立一个更加精干和灵活的业务结构,推动联合利华快速增长。2005 年 4 月,联合利华打破延续多年的治理结构,原任联席董事长的夏思可(Patrick Cescau)改任集团 CEO,另一位联席董事长安东尼·伯格曼斯担任非执行董事长，这家颇具历史的集团才终于有了第一位单独负责公司经营的CEO。经过此次改革，联合利华原来的执行委员会以及11个业务部被取消，管理大权掌握在集团CEO及其运营团队手中，该团队成员包括欧洲区、非洲区和亚洲区总裁，食品业务总裁和家庭及个人护理业务总裁，首席财务官以及首席人力资源官。

这次重组的核心在于通过结构调整统一联合利华。2008年之前，联合利华的侧重点是先在其业务分布的各个主要国家推行"同一个联合利华"的运营模式，实现地区内部的统一。从2008年开始，联合利华再着手设立4个新的区域性总部，即其所谓的"多国组织"，其目的是通过区域性的集中管理，使联合利华在各区域的单位共享人力资源、IT和财务等服务职能，从而提高企业运营效率。夏思可的举措实际上是通过削减繁杂的事业部来加强中央集权，使地方经理不再像以前那样大权在握，从而有利于集团全球化的意志贯彻以及集团内的协作。

但这又是一场拖泥带水的革命，统一的过程艰难无比。刚开始，联合利华仍保留两个总部，两家母公司的股票也仍然分别在英国和荷兰上市。数年之后，夏思可才得以将两个总部合并到伦敦。

4. 对手

就在联合利华一步三回头之际，大西洋对岸的宝洁（P&G）也行动了。

改革之前，宝洁的组织结构与联合利华有某些相似之处。直到1998年，宝洁仍是按地区组织，共设有100多个利润中心。1999年7月，宝洁宣布了"组织2005"计划，开始为期6年的组织再造。该计划的主要内容包括：实现工作流程的标准化、再造组织文化、减少官僚层级以加速决策、裁员等。

宝洁新的组织结构被一些管理学者称为协作性多部门结构。该公司共设立了5个全球业务运作部、8个地区市场发展部、1个全球业务服务部。全球业务运作部为所有宝洁的品牌制定战略，负责本部门范围内的研发和生产；地区市场发展部的职能是负责所在地区市场产品的开发，并制定针对所在市场的营销策略。全球业务运作部和地区市场发展部之间是协作关系。全球业务服务部在全球三大地区设有中心，其中美洲2个、欧洲3个、亚洲4个，设立的目的在于整合主要的业务流程，如财会、订单管理、人力资源系统、员工福利以及全球IT服务等，由该部统一向各全球业务运作部提供服务。经过改革后，宝洁的利润中心减少到了7个。宝洁CEO雷富礼（A. G. Lafley）指出，宝洁的组织结构虽然比以前更加复杂，但反而更有利于其全球决策。

与联合利华相比，宝洁的组织架构更有效地处理了"中央"与"地方"之间权力分配问题,既有利于在全球范围内实现规模效益,又避免了宝洁在全球化早期不注重本土化的弊病。

四、案例分析

1. 两种品牌战略——收缩裁减 VS 继续妥协

在重组过程中,联合利华和宝洁都遇到了同一个棘手问题:面对各自众多的品牌,该采取什么样的策略?

随着市场条件的变化,许多经典的老品牌已沦落边缘,对公司业绩的贡献越来越弱,但与此同时,新的核心品牌又面临着缺乏创新而日益"老化"的问题。这两家公司之所以旗下会拥有许多品牌,是它们多年并购的结果,目的正是用以减少对老品牌的依赖,从而拉动业绩增长。其中联合利华的品牌数量最多时达到1 600个。在解决老品牌退化的问题上,两家公司采取了类似的措施——大力度的收购。以联合利华为例,2000年该公司用于收购的金额就达到280亿美元,是当时收购力度最大的跨国公司之一。2001年4月联合利华先是以2.23亿美元收购美国的 Ben & Jerry's 冰淇淋公司,以 23 亿美元收购了 Slim-Fast 食品公司,仅2个月后又以243亿美元现金收购了美国的 Bestfoods 公司。宝洁也如此。

宝洁的雷富礼上任后,宝洁的组织结构调整基本上仍按照前任迪克·雅格所确定的方向进行,但在具体的增长措施方面,尤其是品牌战略上,雷富礼的思路截然不同。雷富礼希望把侧重点放在宝洁最精通的、在行业中位于领先地位的核心业务上,主要措施包括:收缩产品线,出售部分不良资产和品牌,集中资源搞好其核心品牌(即年收入10亿美元以上的品牌),因为这些品牌只要增加几个点的市场份额,宝洁的收入可能就会增加数亿美元。其主要手段则是围绕消费者需求进行创新。为此,宝洁退出了利润率微薄且竞争激烈的食品行业,重点发展增长强劲的家庭用品和美容化妆等业务。而迄今,这三者仍是联合利华的业务重点,没有侧重点之分。

联合利华同样也强调创新,但相对而言宝洁却更成功。其原因在于,宝洁不仅仅强调产品的创新,而且更加强调系统的创新以及针对消费者需求而进行创新。按照雷富礼自己的总结,宝洁的创新有以下几大特点:一是把消费者作为一切行动的中心,深刻理解顾客的需求;二是开放,从所有渠道(包括在职员工和前员工、顾客、供应商甚至竞争对手)获得创新来源;三是将创新作为其商业模式的核心。最重要的是第一点,宝洁对消费者需求的把握力度是联合利华和其他不少公司所望尘莫及的,这也与过去的宝洁截然不同。该公司每年花在研究消费者方面的经费达到 2 亿美元。从 2001 年开始,宝洁采取诸多新措施以了解消费者需求。例如,根据其"Living It"计划,宝洁员工要到低收入消费者家中同吃同住几天,并跟随消费者去购物。而根据另一个计划,宝洁员工要在小商店柜台工作几天,观察购物者为何会或为何不会购买某个产品,以及店主如何摆设货架等。为了解婴儿的特性,宝洁成立了"亲子发现中心",让研究人员在这里观察婴儿是如何与他们母亲接触、如何爬行等。宝洁专门设有多个特别设计的创新实验室,他们还会邀请部分消费者,给每人 100 美元去购物,然后观察这些消费者的消费行为。

当然,不可否认,在夏思可任内,联合利华的改革也取得了一定成效。他处理了一些业绩差的品牌,剥离了联合利华的冷冻食品业务。现在,联合利华同一种品牌都使用同一种配方、同一种包装设计和同一种营销策略,部分产品开始挑战甚至超过宝洁。以其最先在上海和曼谷研发中心开发的去头屑洗发水清扬为例,这种洗发水最早于 1972 年推出,当时仅在印度、泰国、越南和印尼销售。经过改进后,联合利华在 7 个其他市场推出。在菲律宾,清扬的市场份额仅用了 5 个月就超过了宝洁的海飞丝。

2. 两种不同的手段——铁腕裁员 VS 创新重组

从大的方面来看,几乎所有重组都无外乎以下几种手段:结构调整、裁员、出售资产、重塑企业文化等。联合利华与宝洁也不例外。如果仅从裁员来看,联合利华的力度无疑相当大。2001 年,该公司员工数量高达 28 万人,到 2007 年已减至 17.4 万人,6 年时间裁员 37.8%。除了裁员,从夏思可的前任菲茨杰拉德开始,联合利华也有一系列措施以期提高联合利华的整体运营效率。菲茨杰拉德 1996 年担任董事长后,对管理层进行了大幅度调整。一批勇于承担风险的年轻经理取代了原来的"旧官僚"。力度最大的调整是在 1999 和 2000 年,当时联合利华 100 个高级经理中有 40 个是新任的。但是,菲茨杰拉德的改造并不成功,他把同样的任务留给了夏思可。

联合利华这种状况除了受到组织结构掣肘外,缺乏对员工的深入再造也是重要原因。其实,任何组织再造如果缺乏对人的因素的关注,必然难以成功。宝洁与此形成鲜明对比。雷富礼采取了较为温和的裁员,在裁员过程中不少员工选择了自愿离职的方式。由于其重组的基调是创新,因此不论是人才培养还是人才使用都围绕着创新两字,从而使其创新不至于流于表面,而一支充满创新精神的员工队伍又会推动企业更加快速地前进。宝洁有专门的培训课程,帮助员工真正开放思想,学会协作和创新。以前,经理们受到的教育是如何削减成本、如何提高生产效率等;而现在,他们需学会如何去创新。宝洁的中层经理开始认识到,创新能有效提升他们的个人技能和领导能力。作为配套措施之一,宝洁还实行了新的报酬制度,对各级员工的创新给予认可和奖励。

在人才流动方面,宝洁也明显优于联合利华。宝洁的管理团队中,几乎每一个人都曾在母国以外地区工作过,几乎每一个人都曾在发展中国家市场或新兴市场工作过,几乎每一个人都曾在不同业务部门工作过。毫无疑问,这种流动带来的是整个企业的活力。以前宝洁也坚持内部培养内部提拔的人才制度,但是雷富礼上任后开始有意识地打破这一传统,从外部引进人才,以促进宝洁的创新。

联合利华与宝洁有着非常相似的过去:臃肿、庞杂、保守、行动缓慢、增长乏力。更为巧合的是,1999年这两家公司不约而同地进行了重大重组。10年之后的今天,两者的命运已然分化。宝洁步入了良性发展的快车道,联合利华却依然为增长问题而烦恼。

三、改变在继续

2008年9月4日,联合利华宣布现任CEO夏思可将于年底退休,接班人是曾在宝洁任职27年的保罗·波尔曼。在外界力量的逼迫下,联合利华也发生了变化。波尔曼的到来使他成为联合利华首任空降CEO。届时,联合利华三大重要职位——董事长、CEO和首席财务官都由外来人担任。波尔曼的职业经历及个性使他非常适合领导在多数市场正面临严峻挑战的联合利华。

(资料来源:部分材料摘自《商务周刊》,2008年第20期,作者龚伟同。)

六、结论

1999年以来的10年里,联合利华进行过两次轰轰烈烈的重组,第一次被称为"增长之路",第二次被冠以"同一个联合利华"。不能说这两次重组完全无功而返,但未能如愿以偿使联合利华实现快速增长亦是不争的事实,其业绩也是飘忽不定。

10年时间足以改变很多东西,宝洁的成功,越发凸显联合利华步伐的沉重。不过如果上溯几十年,我们或许会为其商业宿命而慨叹——最初的妥协性制度安排造就了联合利华的艰辛。庞大、臃肿,也许是骨子里的妥协性,导致了联合利华这个百年公司的困境。组织改革的最大阻力,往往在于组织内部的保守和停留在过去的辉煌束手束脚,而缺乏足够的创新勇气。

但是现在,随着组织结构的进一步调整,董事结构的明确以及宝洁背景的总裁空降,也许我们会看到一个全新的联合利华。

问题探讨与思考

1. 跨国企业组织结构是否是一成不变的？你如何理解企业的组织重组和结构再造？

2. 你认为联合利华的组织重组改革是否必要？两次改革的过程是否有问题？其问题的症结在哪里？

3. 通过以上对同期进行改革的联合利华和宝洁进行比较，你认为宝洁在10年中略胜一筹的原因是什么？

第七章
跨国公司采购、生产与营销管理

 案例 18　快餐巨无霸——麦当劳的故事

本案例学习目标

通过本案例的学习,了解跨国企业在东道国采购管理和生产管理的要点。

一、问题的提出

跨国企业要利用当地化的优势,势必在东道国从事资源开采、原材料或者半成品采购,以及生产加工等行为。在和母国不同的经营环境中从事经济活动,会碰到哪些问题?如何解决?

二、理论分析框架

原材料和零部件的采购是跨国公司生产经营过程中的基本环节,对于一个制造业的典型企业来说,采购成本通常要占产品生产成本的50%～60%;对于一些特殊的服务业,尤其是餐饮业,由于原材料对于新鲜度的要求较高,基于其广泛的易得性和减少不必要的物流成本支出,也多采用本地化采购。跨国公司的采购管理主要致力于在全球范围内协调采购成本和综合成本之间的关系。通过与供应商建立优质的供应链系统来优化跨国公司的采购渠道,提高跨国公司的核心竞争力,将会成为采购管理新的重要职能。因此,在恰当的时间,按规定的质量,以最低的成本,从稳定可靠的供货渠道获得生产所需的原材料和零部件,是跨国公司采购管理的主要目标。

跨国采购管理是指利用全球的资源,为跨国公司在全球范围内寻求能够提供质量最好、价格最合理的货物和服务的供应商,以满足其生产经营的需要,其特点主要包括:第一,在全球范围内追求获得更低的生产要素成本;第二,货源的供应具有更大的不确定性,要求采购管理必须更多地考虑供货时间和空间的协调;第三,由于不同国家地区运输能力、社会条件、自然环境、运作模式等条件的不同,全球性采购更加复杂,难度更大;第四,与国内采购管理不同,全球性采购管理涉及物料跨国流动、资金和汇率管理、风险控制、战略合作等,因此要求有更先进的技术和设备作为支持手段。

跨国生产的组织与管理是在跨国经营战略指导下进行的,因此不同类型的生产管理特点会有所不同。在实行全球战略的公司中,产品及其生产过程的标准化是实现规模经济、提高全球生产效率的最基本条件。标准是对重复性事物和概念所作的统一规定,而生产标准化是指在产品制造的各个环节中推行统一标准的活动,包括产品设计、生产工艺、生产流程和产品质量检验方法的标准化,产品的包装、维护、储运规范化等内容。在以实行多国战略为主的企业中,战略重点是强调各国的差异性和对各国当地市场的适应能力。推行生产的当地化,降低产品的标准化程度,是有效实施这种战略的前提。跨国生产的当地化表现在产品的设计和生产上,强调技术的适用性,以及生产系统相对独立。

三、案例背景介绍

餐饮业是一个特殊的服务行业。在不同的国家和地区,消费者的饮食习惯有非常大的不同,这也是现在地球村拥有如此多令人着迷的美味的原因。从这点来看,餐饮业应非常典型地采用以多国战略为主的生产方式。但是,随着现代社会节奏的加快,高压力的工作和快节奏的生活使人们渐渐无暇把更多的时间分配在餐饮之上,食物的最基本功能仅仅是饱腹,少量经典的可以吃饱的食物决定了餐饮业可以大规模批量生产,以及标准化作业,这也就成就了以美国为代表的快餐业的兴起。在其中,最典型的企业代表就是麦当劳。

麦当劳公司(McDonald's Corporation)是大型的连锁快餐集团,在世界上大约拥有 35 400 家分店,主要售卖汉堡包、薯条、炸鸡、汽水、冰品、沙拉、水果,餐厅遍布在全世界百余个国家。麦当劳的总部位于美国伊利诺伊州欧克布鲁克,主要产业是餐饮业务,产品包括连锁快餐、甜点、童装等。麦当劳 2013 年的收入达到了 281.06 亿美元,利润 55.86 亿美元(数据引自麦当劳公司 2013 年财报)。

麦当劳公司以经营快餐闻名遐迩。1955 年,雷蒙德·克罗克(Raymond Kroc,1902—1984)在芝加哥东北部开设了第一家真正意义上的现代麦当劳特许经营店。1960年改名为麦当劳公司。克罗克以严格的标准作业生产汉堡、薯条和奶昔,发明了一套精细的营业和配销制度,彻底改造了美国餐饮业。第一家麦当劳餐厅,其菜单上的品种不多,但食品质量高、价格廉、供应迅速、环境优美。连锁店迅速发展到每个州,至1983年国内分店已超过6 000家。1967年,麦当劳在加拿大开办了首家国外分店,以后国外业务发展很快。到1985年,国外销售额约占它销售总额的20%。麦当劳公司旗下最知名的麦当劳品牌拥有超过35 000家快餐厅,分布在全球100多个国家和地区。在世界各地,麦当劳也会按照当地人的口味对餐点进行适当的调整。另外,麦当劳公司现在还掌控着其他一些餐饮品牌,如午后浓香咖啡、墨西哥大玉米饼快餐店。大多数麦当劳快餐厅都提供柜台式和得来速式两种服务方式,同时提供室内就餐,有时也提供室外座位。图7-1为麦当劳商标。

图7-1 麦当劳商标:金色拱门

麦当劳的真实创始人并非克罗克。1930年,莫里斯及理查·麦当劳(Maurice and Richard McDonald)兄弟俩在洛杉矶以东55英里处的小镇圣伯那丁诺,开设了一家可驾车进入的汽车餐厅(drive-in restaurant),并进一步发展快餐餐厅。这对兄弟把效率带进了餐饮业,他们店里只提供9项餐点,包括汉堡、薯条、奶昔和派。店里只有几个座位,以纸和塑料餐具替代传统餐饮业的玻璃与陶瓷。麦当劳兄弟设计了简单的汉堡装配线,顾客点的餐点在60秒内便可完成而价格非常便宜:汉堡每个只有15美分,薯条10美分。这种便于汽车驶入后购买完毕即可离开的创意,被时任奶昔机销售员的克罗克所发现,并由此开创了新的未来。

克罗克对餐饮业有一种敏锐的直觉,也见过形形色色的餐饮服务业,是平价餐饮研究的专家,他看过太多客户随兴而为、不科学的管理方式,因此常主动提供建议,教他们如何改善。在看到麦当劳餐厅的第二天,在费尽口舌之后,他终于与两兄弟达成协议:克罗克为麦当劳兄弟出售连锁店加盟权,以965美元的低价授权给加盟店,克罗克保留加盟店总营业收入的14‰,5‰则归两兄弟所有,各加盟店只需付营业收入的19‰给母公司。

交易谈成,克罗克先在伊利诺伊州芝加哥附近的德斯普兰(Des Plaines, Illinois)开设第一家实验连锁店,和圣伯那丁诺的麦当劳店特色相同:价廉、菜单项目少、服务快捷。1955年4月15日,麦当劳实验连锁店开张,不久该店开始有了盈余。复制一家麦当劳只是起步,他知道要建立连锁店,就必须有一套完整的规章制度,也就是要把标准化作业变成容易复制的程序。克罗克效法福特的流水线制度,把同样严格的作业用在做汉堡上,因此他给牛肉饼定下明确规格——脂肪含量19%以下;重量1.6盎司;直径3.875英寸;洋葱1/4盎司。麦当劳汉堡包的脂肪含量应该在17%至20.5%之间,拒绝使用添加剂;另外,还规定肉饼必须由83%的肩肉与17%的上等五花肉混制。克罗克甚至在芝加哥郊区设立如何炸出完美的薯条的研究实验室,并且之后建立了汉堡大学,以要求未来所有的特许经营者在开业之前都接受为期一个月的强化培训。

在1955年克罗克开始建立麦当劳连锁店时,他已经下定决心要使麦当劳与其他速食店有所区别。他视加盟经营者为事业伙伴,而非单纯买下加盟权的客户。同时,克罗克给加盟店伙伴的不只是奶昔配方,更是一套经营制度,他推广的是服务。以这种哲学建立的每一年麦当劳连锁店,都提供相同大小、相同品质的汉堡,汉堡里头含有相同数目的酸黄瓜片,上面有同样多的芥末酱与番茄酱,而薯条的油炸时间也完全相同。炸薯条所用的土豆是专门培育、精心挑选的,并经过适当的存储时间调整淀粉和糖的含量,炸好后立即卖给顾客。若7分钟内未售出,就将其报废。精确成为麦当劳的策略目标,它证明了先进的程序管理可以应用在最平凡的产品上,甚至汉堡也可以放进生产线。在这种做法下,利润随着品质管理能力、顾客满意度的提高而增加。

低加盟费助长了麦当劳的快速扩展,1960年在全美已有200家,但利润却不大,因为克罗克和麦当劳兄弟当初的协定对加盟者很有利,而母公司的利润仅仅不到2%。更糟的是,麦当劳兄弟不符合他严格的营业要求,甚至擅自出售加盟权给克罗克的竞争者。然而200家连锁店金色拱门的牌子已经树立,克罗克不可能放弃这个名字。最后到了1961年,克罗克通过纽约一位财务经理,向数个学校基金及退休基金借得270万美元,正式从麦当劳兄弟手里买下了这个品牌。面对正式收购的商标权利却又债台高筑的情况,他的得力手下索恩本想出解决办法:公司可以租下或买下许多店面,再转租给加盟者,起先转租金是加成20%,后来提高为40%。在这项计划中,麦当劳先选好地点,以固定费率与加盟店签20年合约,加盟店则依租金或经营收入百分率中较高的金额付钱给麦当劳。由于营业额与产品价格会随时间自然上涨,公司收入将随之成长,但成本不变。这开始了麦当劳特许经营的真正成熟的盈利模式。1956年,克罗克成立了加盟房地产公司(Franchise Realty Corporation),在购物中心兴起之前,交通要道两侧的房地产又多又便宜,麦当劳租地或买地的成本低廉,于是他购买了大量土地租给加盟经营者,从而使得麦当劳有了真实的收入,业务起飞。克罗克只以950美元低价出售个别加盟权,不出售区域加盟权,这样可以确保加盟者顶多只能拥有一家店面。而身为房东的克罗克,可以通过租约掌握更大的控制权,迫使房客遵守公司政策,使所有麦当劳连锁店在外观、感觉和餐饮的风味均完全相同,符合克罗克对麦当劳品质的标准化要求和控制条件。

商标品牌专有权到手,财务开始盈利后,克罗克得以专门拓展并改进成长中的速食王国。在他的策略下,所有加盟者都像工厂经理,而所有先进企业都有专业管理,他在1961年于伊利诺伊州麋鹿镇(Elk Grove Village,Illinois)的新店,开设训练课程,麦当劳总公司人员教导加盟者和经营者,如何以科学方法经营麦当劳分店,同时灌输克罗克的金科玉律:品质(Quality)、服务(Service)、清洁(Cleanliness)与价值(Value),简称QSCV。而其建立的汉堡大学中亦有研发实验室,研究新的冷冻、保存、烹调及服务的做法。

Q(质量):为保证食品的独特风味和新鲜感,麦当劳制定了一系列近乎苛刻的指标。所有原材料在进店之前都要接受多项质量检查,其中牛肉饼需要接受的检查指标达到40多个;奶浆的接货温度不超过4℃;奶酪的库房保质期为40天,上架时间为2小时,水发洋葱为4小时,超过这些指标就要废弃;产品和时间牌一起放到保温柜中,炸薯条超过7分钟、汉堡超过10分钟就要扔掉。

S(服务):麦当劳提倡快捷、友善和周到的服务。麦当劳餐厅的侍应生谦恭有礼,餐厅的设备先进便捷,顾客等候的时间很短,外卖还备有各类消毒的食品包装,干净方便。餐厅布置典雅,适当摆放一些名画奇花,播放轻松的乐曲,顾客在用餐之余还能得到优美的视听享受。有些餐厅为方便儿童,专门配备了小孩桌椅,设立了"麦当劳叔叔儿童天地",甚至考虑到了为小孩换尿布问题。麦当劳餐厅备有职员名片,后面印有Q、S、C三项评分表,每项分为好、一般和差三类,顾客可以给其打分,餐厅定期对职员的表现给予评判。

C(清洁):走进麦当劳餐厅,你会感觉到那里的环境清新幽雅、干净整洁。麦当劳制定了严格的卫生标准,如员工上岗前必须用特制的杀菌洗手液搓洗20秒,然后冲净、烘干。麦当劳不仅重视餐厅和厨房的卫生,还注意餐厅周围和附属设施的整洁,连厕所都规定了卫生标准。

V(价值):价格合理、物有所值。麦当劳的食品讲求味道、颜色、营养,价格与所提供的服务一致,让顾客吃了之后感到真正是物有所值。同时,麦当劳还尽力为顾客提供一个宜人的环境,让顾客进餐之余得到精神文化的享受,这是无形的价值。麦当劳公司共享价值观的建设,不仅在世界各地的分店及其上上下下的员工中进行,而且还将公司的一个主要利益团体——顾客也包括进这支队伍中。公司特别重视满足顾客的要求,如为他们的孩子们开设游戏场所,提供快乐餐和生日聚会等服务,以形成家庭式的氛围,这样既吸引了孩子们,也增强了成年人对公司的忠诚感。

不过，克罗克在其他方面则给予加盟者相当程度的自由。他知道，麦当劳在维持必要的标准及约束的同时，也需鼓励加盟者发挥创业精神，使这分布广泛的帝国能有效率地运作。受到总部鼓励加盟店自行制定促销策略的影响，华盛顿特区麦当劳加盟店主吉布森(John Gibson)和歌德斯坦(Oscar Goldstein)，决定赞助当地儿童节目"波索马戏团"(Bozo's Circus)，以吸引儿童光顾麦当劳。当电视台在1963年取消该节目之后，吉布森和歌德斯坦聘请该节目的主要演员、扮演波索小丑的史考特(Willard Scott)继续以小丑的模样为麦当劳打广告，因而诞生了广告界最持久的偶像之一：罗纳德麦当劳(Ronald McDonald)，也就是众所周知的麦当劳叔叔。图7-2为麦当劳叔叔。

图7-2　麦当劳叔叔

1965年，全美的44州都有麦当劳连锁店，共710家店，营业总额1.71亿美元，财务状况良好。1965年4月15日，在克罗克的德斯普兰实验店满10周年时，麦当劳的股票上市。面对同期激烈的快餐同业竞争，克罗克把出售股票所得用来扩张麦当劳的版图，以抵御快速增加的竞争者。1967年，麦当劳花费230万美元（约营业收入的1%），进行第一次全国广告活动。此外，麦当劳扩大麦当劳叔叔的广告，再把麦当劳产品打扮成儿童喜欢的各种人物，如汉堡神偷(Hamburglar)、吉士汉堡市长(Mayor McCheess)，还有爱吃奶昔和薯条的紫色怪物，奶昔小精灵(Grimace)。另外，麦当劳也配合广告攻势，推出新产品，其中许多是由加盟店自行发展出来的。例如，匹兹堡的德利加提(Jim Delligatti)试卖的双层肉麦香堡(Big Mac)，以及麦香鱼(Filet-o-Fish)、满福堡(Egg McMuffin)等，都从此成为麦当劳的代表产品。

快速扩张加上大量全国广告计划，使麦当劳在1970年初，成为美国最大的速食连锁店，金拱门也成了易于辨认的美国文化标志。1972年，麦当劳的连锁店规模超过2 200家、营业额达到10亿美元。当20世纪70年代初美国速食市场成长放缓时，许多分析家认为，麦当劳成长过快将难以持续，但克罗克却认为公司需要继续扩张才能生存，他不相信饱和而更加关注全球市场，因为美国之外还有30亿人没有吃过麦香堡。克罗克野心勃勃地展开全球扩张计划，1971年，麦当劳首先进军日本和德国，1977年，麦当劳进入三明治之乡英国，在伦敦开设第3 000家餐厅。此后的10年之间，在海外陆续开幕的千家连锁店，使麦当劳保持27%的年成长率。金色拱门几乎出现在每一洲的土地上：拉美、欧洲、亚洲等。麦当劳因此成为全球公认的美国企业与影响力的象征。

麦当劳能够持续成长的主要原因之一是向海外扩张。美国企业进入国外市场经常遇到阻碍,如充满敌意的外国政府机构、不可靠的当地供应商等。作为餐饮业这种阻碍又多了一层,因为几乎在每一个国家,麦当劳除了具有典型美国食品特色外,还要兼顾当地的口味。国外连锁店的菜单也和美国本土有所不同,除了供应标准的麦当劳食物如汉堡、薯条和奶昔之外,还推出顺应当地特殊口味的选择,如德国店有啤酒,菲律宾店有麦克通心面(McSpaghetti),挪威店有夹鲑鱼的汉堡。

麦当劳坚持国外连锁店必须遵守同样严格的营业制度,但在其他方面则可以弹性处理。例如,为了让消费者容易发音,麦当劳在日本改称为Makudonaldo;在美国称为罗纳德的麦当劳叔叔,到了日本也改称为唐纳麦当劳(Donald McDonald)。广告方面也很有弹性,如都柏林的麦当劳广告语:"名称虽然是美国的,但我们都是爱尔兰人。"

由于特殊的特许经营模式,麦当劳的各分店都是由当地人所有和经营管理。鉴于在快餐饮食业中维持产品质量和服务水平是其经营成功的关键,因此,麦当劳公司在开辟分店和实现地域扩张的同时,特别注意对连锁店的管理控制。如果管理控制不当,使顾客吃到不对味的汉堡包或受到不友善的接待,其后果就不仅是这家分店将失去这批顾客及其周遭人光顾的问题,还会波及其他分店的生意,乃至损害整个公司的信誉,这就是"连锁反应"。特许经营之于连锁分店,其考虑就是使购买特许经营权的人在成为分店经理人员的同时也成为该分店的所有者,从而使其在直接分享利润的激励中形成了对其扩展中的业务的强有力控制。麦当劳公司在出售其特许经营权时非常慎重,总是通过各方面调查了解后挑选那些具有卓越经营管理才能的人作为店主,而且事后如发现其能力不符合则撤回这一授权。

除了利润分享之外,麦当劳的特许经营能获得成功,还是在于创始人克罗克在创立之初就构建的全面周密的控制。全球化下的麦当劳最为有名的一点,就是其金色的拱门允诺:麦当劳的企业标志是弧形的"M"字母,以黄色为标准色,稍暗的红色为辅助色,黄色让人联想到价格的便宜,而且无论什么样的天气里,黄色的视觉性都很强。"M"字母的弧形造型非常柔和,和店铺大门的形象搭配,令人产生走进店里的强烈愿望。而在每个拱门下,每个餐厅的菜单基本相同,而且承诺"质量超群,服务优良,清洁卫生,货真价实"。它的产品、加工和烹制程序乃至厨房布置,都是标准化的,严格控制的。麦当劳公司通过详细的程序、规则和条例,使分布在世界各地的麦当劳分店的经营者和员工们都进行标准化、规范化的作业。就在第一家麦当劳餐厅诞生后的第三年,克洛克就制定出了第一部麦当劳营运训练手册(Q&T Manual),该手册详细记载麦当劳的有关政策、餐厅各项工作的程序和方法,在总结经验和吸取最新管理成果的基础上,公司每年都要对该手册进行修改和完善,已成为指导麦当劳运转的"圣经"。而 QSCV 则作为金科玉律,在麦当劳的员工中自上而下地得以始终的贯彻。

克罗克展开积极的对外全球扩张,且极为成功。在麦当劳耀眼的成长过程中,克罗克维持着巧妙的平衡,既贯彻严格的标准,又欢迎各阶层提出建议,培养企业精神。许多建议方案对于麦当劳的成功也确实有贡献。克罗克这位汉堡之王在累积5亿美元财富的同时,也改变了美国文化,缔造出美国最著名的外销产业之一,也成为企业管理领域的著名案例。

(资料来源:中国行业研究网 http://www.chinairn.com 以及麦当劳官网 http://www.mcdonalds.com。)

四、案例分析

上面的案例可以说是麦当劳这个国际品牌的一部发家史和成长史。作为史上最著名的快餐业巨头,麦当劳成功的原因有非常多,而在跨国企业领域获得的成功,除了案例中提到的品质管理、特许经营外,更重要的三个主要原因是因地制宜、品牌重新定位以及强大的企业生态系统。

1. 因地制宜,标准化和当地化结合

麦当劳能取得全球范围内的有效扩张,主要归功于美国的一句谚语:客户就是上帝。一路走来,麦当劳公司的管理层总是对消费者的喜好保持敏感,既关注他们在餐厅里的喜好,又关注他们日常生活中的喜好。麦当劳一直致力于充分发挥其全球集团的实力,并定制菜单以满足不同国籍消费者的口味。虽然麦当劳在进入外国市场时运用了一些国际化战略元素,充分利用麦当劳已经形成的品牌知名度,并延续相同的餐厅装潢和食谱,但也会通过不断改变在当地使用的食谱,执行本地化战略,并赢得消费者的青睐。

麦当劳还展示了它对不同国家消费者文化特殊性的理解能力。比如说,在美国和英国人们外出用餐的比例为40%;而在法国,这个比例只有不到10%,法国消费者很少在早餐、午餐和晚餐之间吃小吃,因此,法国的用餐时间比较长,通常会上好几道菜,吃得也比较多。这给快餐业带来了独特的机会和挑战。麦当劳决定抓住机遇,没有大做广告鼓励法国消费者加餐、吃小吃,而是通过安装电子点菜亭,释放了宝贵的劳动力,利用法国人用餐时间长这一文化特点,将剩余劳动力用于提供餐桌服务,特别是帮那些长时间用餐的顾客点单,因为他

们往往想再来一杯咖啡或一个甜点。得益于这些举措,法国消费者在麦当劳每次的平均花费约为 15 美元,这是麦当劳美国消费者每次平均花费的 4 倍。此外,为解决在非用餐时间餐桌闲置的问题,麦当劳在法国推出了麦当劳咖啡(McCafé)——通过单独柜台向客户提供高端的咖啡和糕点。这个非正统的举措不仅增加了 5% 的收入(因为新加产品的利润率超过 80%),而且也有助于提升麦当劳连锁店高端的形象。

2. 品牌定位、营销和再塑造

麦当劳的品牌全球皆知,克罗克的 QSCV 管理哲学被作为金科玉律,但是对于国外消费者的品牌认知则没有如此严苛的要求。

麦当劳餐厅最引人注目的地方或许不在菜单上,而是餐厅本身。很多当地的麦当劳的加盟商会投入巨资打造餐厅氛围。最引人注目的创新在于餐厅内部装修的改善,以创造一个温馨的环境,让顾客流连忘返。这与美国麦当劳餐厅的策略截然相反,在美国的策略是尽量减少客户呆在麦当劳的时间,以最大限度地提高销售周转率;麦当劳门店点亮的金色拱门标志往往被悬挂在高空,很远就能看到。而在一些国家,则会对这个品牌进行再定位和再营销。例如,法国麦当劳配备了豪华现代的餐桌、高档舒适的座椅以及极具表现力的壁纸,而不是传统的快餐连锁店。在店外,专卖店的视觉形象和标志非常低调,行人路过几乎都看不见,除非客户走到餐厅的正对面。法国的麦当劳特许店业主都选择了有品位、多样化和符合地区特色的门店。即使在巴黎,由于目标消费群的不同,麦当劳门店也各不相同。在 2005 年,法国所有的麦当劳餐厅都提供免费的无线上网,而美国的麦当劳餐厅直到 2010 年才做到这一点。

麦当劳全球的其他子公司也注意到了快餐业商业模式的战略转变。如今,人们往往会在餐厅里待更长的时间,因为他们想要享受他们的食物,并从繁忙的生活方式中得到短暂的休息。在 2011 年 9 月,加拿大麦当劳学习法国的做法,宣布将投入 10 亿美元,对 1 400 家门店进行整修,目的是将传统的餐厅转变为配有石头和木制内饰、免费上网、壁炉和平板电视的高端门店。

配合重新定位自身形象的战略,麦当劳还检视了其不健康食品的声誉。虽然没有监管要求,麦当劳还是将营养和热量信息列在所有的食品包装上,有的国家麦当劳会针对性地降低薯条的咸度,销售新鲜水果包,为"巨无霸"加入全麦面包选项。虽然麦当劳的大部分收入仍来自汉堡和薯条,该公司已采取措施以显示它对健康饮食和使用本土配料的重视。

3. 与供应商成为伙伴

麦当劳的最大竞争力,除了预测和掌握消费者喜好的能力之外,就是其重新定义美国模式的能力。美国模式在美国非常成功,而世界各地的麦当劳则为其成功创造了一整套至关重要的生态系统。麦当劳在当地会推出各种广告,向顾客介绍麦当劳,介绍麦当劳的起源、使用的食料、雇佣了哪些员工,其实就是告诉消费者麦当劳已经变得相当本土化。然后,麦当劳加强了与农业企业的联系,在广告中大量宣传食物原料的新鲜、无公害化,以及来自本地。

麦当劳和其在国外的材料供应商较少签订正式合同,而更多的时候,他们被看做是合作伙伴,与麦当劳形成了共生关系。麦当劳承受不起因为供应问题引起的销售中断,但是供应商为供货也进行了大量的资本投入,所以他们同样依赖麦当劳的销售,这创造了一种供应商和麦当劳之间的相互依存关系。

麦当劳通过各种项目支持员工获取特别的资格,如国家认可的文凭和证书,鼓励员工的成长,并且制定多项培训计划,为不同目的的员工提供发展,包括打零工的学生、以此谋生的职员,或者志在高远的店长;反过来,员工则经常在互联网上的论坛和博客上支持麦当劳并保护其品牌。每次在实施营销活动和推出产品之前,麦当劳都会邀请加盟商代表进行投票,有效地利用了其连锁店及其与顾客的近距离接触。

麦当劳公司运用了麦当劳全球网络的力量,为品牌和创新作出了贡献,也从中受益。它会通过不断的生态改进将自己重新定义为一家本土化公司,不断地努力适应当地文化的需求和喜好,同时培育适合自己发展的企业生态和引导利于其进一步推广的企业文化价值观。同样的事情,发生在每一天世界每一个角落的每一家麦当劳店之中。也许,它就在你的身边。

五、结论

麦当劳是在全球范围领域内获得极大成功的快餐业跨国公司,其成功,一方面源自特许经营的全球性品牌影响和利润共享;另一方面则是源自创始之初的严格品质管理控制要求。而在跨国企业的采购和经营领域,麦当劳注重因地制宜的本土化采购和生产方式,充分利用与当地供应商的合作,既保证了产品的新鲜程度和食品安全,又强化和开发了本土餐饮食品的特色,还降低了运输和采购成本的支出,持续增加创新点和盈利能力,不断塑造和再建企业的经营生态,扩大品牌的认知度和影响能力。这家快餐业帝国巨头的发展历史,在企业管理领域是一个经典,也值得后人不断学习和研究。

问题探讨与思考

1. 你对麦当劳快餐店有何印象?能否举例说明?

2. 麦当劳的采购、生产和营销有何特点?
3. 麦当劳的品牌发展史对你有何启发?
4. 你认为麦当劳在世界范围内获得巨大成功的原因有哪些?请举例分析说明。
5. 你认为麦当劳进一步扩张和发展的瓶颈可能会在哪里?如何解决?

案例 19 宝洁公司的市场营销策略

本案例学习目标

通过本案例的学习,理解跨国企业的营销管理。

一、问题的提出

跨国企业开拓国际市场,势必需要进行国际市场进行营销推广。跨国企业的营销如何展开?

二、理论分析框架

跨国公司营销管理是指国际市场营销与企业所在国市场营销的总和。其目的在于通过用企业资源满足在地域上分散的多国购买者的需要,来实现企业的跨国经营战略和发展目标。

跨国公司的发展一般要经历国内、国际、多国、全球、跨国 5 个阶段,在其发展过程中,采取的营销方式一般遵循以下次序:国内营销,国内目标在且仅在本国市场上的营销活动;国际营销,跨出国门寻找外部市场机会的第一步,对国外的目标市场进行选择,并依赖国内生产供货;国际营销,较少依赖中介商而更倾向于设立直接的业务代表来组织目标市场中的营销活动,可以通过在某国设立公司的分支机构而建立起能在该国内充分发挥公司的产品和能力的本地化组织;多国营销,使公司的营销适应东道国顾客的独特需求,为东道国市场创建专门的宣传与广告方案的多国营销组织在此阶段应运而生;全球(跨国)营销,其重点是在全球范围内充分利用公司的资产、经验和产品并且真正做到与各国的独特情况相融合,既注意到普遍的文化特征,也注意到市场之间的特别差异,适用于全球、跨国阶段。就跨国公司来说,以上五种营销方式是一个循序渐进的过程,其中最低级形式是国内营销,最高级是跨国营销。

通常而言,跨国企业生产国际性产品,会受到文化和经济差异重大的市场区别对待,并对产品和技术标准提出不同需求。因此产品策略主要在中心市场和分散发展之间作出选择,此外还需在营销组合标准化和组合调整之间作出选择。

在经济全球化下,企业获取和配置资源、参与竞争的方式已经打破地理区域和行业限制,营销日益成为一种全球性的企业行为,全球营销成为一种新的营销趋势,不是简单地跨国营销,而是在思维上要求将全球看成一个统一的大市场,在全球范围内寻求竞争优势和最佳市场,强调在营销策略上淡化国家和地区的界限,通过标准化的营销策略(包括营销过程的标准化和营销内容的标准化)服务于全球目标顾客。

开拓国际市场,进行国际市场的营销决策,一般按照以下三个步骤:市场细分化,市场目标化,市场(产品)定位。根据某种标准(如经济、文化、地理等),把整个世界市场分为若干个子市场。每个子市场具有相同的营销环境,跨国公司可以选择某一个国外市场或某几个国外市场作为目标市场。这种称为宏观细分。跨国公司进入某一个国外市场后,将顾客分为若干子市场,满足一个或几个子市场的需求,这种称为微观细分。选择目标市场应考虑企业规模、产品的同质性、国际市场差异性、产品生命周期和竞争对手策略。市场定位是根据竞争者现有产品在市场上所处的位置,针对消费者对该种产品某些特征或属性的重视程度,塑造本企业产品的个性或形象,并把这种形象传递给顾客,从而使该产品在市场上确定适当的位置。

三、案例背景介绍

宝洁公司(Procter & Gamble)创于1837年,简称P&G,是全球最大的日用消费品公司。公司总部位于美国俄亥俄州辛辛那提,全球员工近110 000人,并在80多个国家设有工厂及分公司,所经营的300多个品牌的产品畅销160多个国家和地区,宝洁公司通过其旗下品牌服务全球大约48亿人。宝洁公司在日用化学品市场上知名度相当高,其产品包括洗发、护发、护肤用品、化妆品、婴儿护理产品、妇女卫生用品、医药、食品、饮料、织物、家居护理、个人清洁用品及电池等。公司口号:宝洁公司,优质出品。"世界一流产品,美化您的生活"——这是宝洁公司在世界各地推广其品牌的承诺。

宝洁公司自从1988年进入中国市场以来,其旗下的众多产品,如飘柔、海飞丝、潘婷、舒肤佳、玉兰油、汰渍和佳洁士等,都已经成为家喻户晓的品牌。业界认为宝洁公司的广告投放很专业,在传播领域有"西点军校"之称。图7-3为宝洁公司的商标。

1. 概念营销

宝洁最擅长的是制造概念。从宝洁在中国推出的第一个产品海飞丝开始,屡获成功。宝洁让我们认识到制造概念不是凭空捏造,而是切实找准产品与市场的定位及其表达,并且作为营销与广告的基础策略之一。

在宝洁的广告策略中,每个品牌都被赋予了一个概念:海飞丝的去屑、潘婷的保养、飘柔的柔顺等,然后通过广告传播不断强化。例如,"海飞丝"

图7-3 宝洁公司的商标

海蓝色的包装带来清新凉爽的视觉效果,使用"头屑去无踪,秀发更出众"的广告语,在消费者心目中树立起"海飞丝"去头屑的信念;潘婷的个性在于对头发的营养保护,于是就有"富含维他命原B_5,能由发根渗透至发梢,补充养分……"的用语,并用了杏黄色的包装,给人以营养丰富的视觉效果;"飘柔",从品牌名上就让人明白了该产品使头发柔顺的特性,草绿色的包装给人以青春美的感受,"含丝质润发素,洗发护发一次完成,令头发飘逸柔顺"的广告语,再配以少女甩动如丝般头发的画面,深化了消费者对"飘柔"飘逸柔顺效果的印象。不仅如此,宝洁还把概念的攻略延伸应用到与竞争对手的广告中。例如,在舒肤佳香皂进入中国之前,联合利华的力士香皂已是市场上的领导品牌,其产品定位是"美容护肤"。宝洁显然需要重新制造一个概念,通过市场分析与提炼,于是赋予舒肤佳香皂"美容+杀菌"的概念,并且还通过"中华医学会"的权威性来增加人们的认可度。后来在强大的广告攻势下舒肤佳的销量一直上涨。现在舒肤佳已经成为中国香皂市场的第一品牌。

宝洁一旦确立了一个营销的概念后,相应采取持续较长的广告攻势来体现其时间策略。即使是市场占有率很高的海飞丝、飘柔等品牌,也继续投入大量的广告费。这让人有些费解,一般认为应该随产品生命周期的变化而调整广告投入,但是宝洁不是推销产品而是营销概念,需要反复锤炼公众的观念意识,而当概念逐步转化为普遍的消费观念时,才是真正的营销成功。当然,宝洁的无间断广告策略也与其产品特性有关,持续的广告渲染,同一个产品一代又一代的明星代言人,紧密跟进时尚,贴近热播剧、电影和市场热点,使得概念深入人心,逐步培养了品牌的忠诚度,从而也稳固了市场占有率。

宝洁产品属于中高档层次,其品牌定位则是时尚型与品牌精神型的有机合一。品牌有其不同的境界,从基本的功能型到中层的时尚型,最高境界是品牌

精神型。从宝洁制造概念开始就已明确了它的产品定位,由时尚型切入,经过不断塑造,宝洁已经延伸到品牌精神行销,如飘柔关于自信的品牌精神定位,沙宣主导时尚,新品"润妍"则主攻东方女性美。这就是宝洁的产品定位策略,它使宝洁品牌进入一个较高的境界。

2. 策略比创意更重要

宝洁的广告所塑造的产品形象清新简洁,着重于理性诉求,甚至带有某种模式化。宝洁广告基本等同于"提出问题+解决问题"的方式,指出所面临的一个问题来吸引消费者的注意,紧接着给出适宜的解决方案,这就是宝洁的策略及其特有功效。在广告界普遍存在着重创意而又缺失策略的现象,结果往往达不到预期的目标。宝洁的广告几乎都是在向消费者直接陈述产品的功能,每一个产品都牢牢把握策略的支撑然后进行传播,由此在全世界取得了巨大的成功,同时也验证了策略比创意更重要。宝洁的营销与广告策略有很多是成效显著的,其中运用较多的是比较法、数据法和证言法,有时也会组合使用。

比较法一般是指在广告中将自身产品与同类其他竞争产品相比较,以突出自我产品某方面的特性或优势。因此,它更容易吸引消费者的注意力,较快地提高自己的知名度。在宝洁的经典策略里,比较方式应用较多,而且比较得当。无论是洗发水还是香皂等,从横比到纵比,显示自己的产品比其他同类产品或目前与过去相比更有效、更便宜,十分奏效。例如,舒肤佳广告的诉求点是香皂既要去污,也要杀菌,同时宣扬一种新的皮肤清洁观念。在电视广告中,通过显微镜下的明显对比,使用舒肤佳比使用普通香皂皮肤上残留的细菌少得多,显示了它强有力的杀菌能力。尽管这则广告创意手法平平,但对比后的冲击力却极强,使舒肤佳在香皂市场的占有率很快达到41%。佳洁士的广告采用了一种"比较"形式,用鸡蛋的两半来对比,因为一半受到了酸的腐蚀,我们的牙齿时间长了不注意保护也会像这个鸡蛋一样,另一半则通过使用佳洁士牙膏,其中独特的配方,可以有效地防止蛀牙。最为经典的是宝洁在洗发水市场上的四大品牌,飘柔、潘婷、海飞丝、沙宣已占市场份额的60%以上。虽然产品定位各有不同,但在广告策略上比较方式未曾变化,频繁有明星在说"以前我的头发……现在我的头发……"。宝洁旗下的玉兰油产品广告,两个美女在灿烂的阳光下进行强烈的肤色对比,区别就在于使用了宝洁的某防晒用品。不难看出,宝洁对比较广告的偏爱,因为比较式广告最为直观,最易产生效果,可谓"不比不精彩"。

数据法,罗列数据是一些广告常用的表现手法,但真正运用得技巧娴熟的还是宝洁。举例来说,玉兰油洁面乳的广告称它含有BHA活肤精华……只需

第七章　跨国公司采购、生产与营销管理

7天,就能让肌肤得到改善;玉兰油多效修复霜的广告中,更是不厌其烦地列举皮肤的干燥粗糙、细纹、色斑等"七种痕迹",然后声称能帮助抵御7种岁月痕迹,令肌肤焕发青春光彩;玉兰油活肤沐浴乳的广告称,24小时不断滋润,令肌肤持续得以改善,一星期内,肌肤会更有光泽,更富弹性;润肤沐浴乳则阐述其独有之处,含75%的玉兰油滋润成分,使用14天后,能体验到肤质的明显改善和滋润……通过广告中的一系列具体数字运用,使广告具有了看似科学的功能解释,进而完成巧妙的理性诉求,通过实验般严密的数字结构增强了说服力量,同时也在提升顾客对其产品的潜在信任度。

证言法通常是通过产品使用者来证明产品的良好品质与效果。研究宝洁的广告可以发现,在目标市场当地颇有知名度的名人证言产生了极大的推助作用,这些名人或者相貌出众,如一线演员、模特等,给顾客以潜在的效果心理暗示,即自己使用后也能美丽动人;或者影响力强颇受特定人群的喜爱,如运动员、演技明星、时尚代言人等,给顾客以强大的购买号召力;或者是德艺双馨,如德高望重的专家等,让消费者信服其代言产品的效果。这种明星代言的方式主要出现在各种女性用品和化妆品行业,对于爱美的女性消费者有极强的吸引力。

3. 宝洁营销策略的两大法宝——派送和调研

派送是企业常用的促销活动方式,有计划地向一定数量的潜在目标消费者免费发送该企业产品或试用品。通过样品派送,消费者和产品进行直接"接触",认识并了解产品的功效和质量,更能激发潜在消费者选择该品牌。同时,样品派送由于其相对比较低廉的活动成本,以及易送达、易接受等特点,宝洁凭借其雄厚的实力,精心策划,连年派送,使知名度、品牌形象、营销效果俱佳。

早在1996年夏,宝洁不到半个月一举把150万袋40克包装的汰渍洗衣粉赠品送到150万武汉市民家中。派送活动前,据调查显示,一枝花以其价格低廉而市场领先,占有40%左右的份额,汰渍紧跟其后已占30%左右;下半年再做市场调查,汰渍已奇迹般迅速地抢占到了50%左右的份额。40克汰渍空前大派送活动,让消费者闻其名、见其形、知其效并联络了感情。近十年来宝洁的派送活动从未停止,不失时机,遍地开花,产生的效果已远远超出一般广告效应。

众所周知,对于建立品牌的持续影响力,市场调研的保障性最为关键。据资料表明,为了评估广告的效果和用户的满意度及其反应,宝洁每年会和超过700万的消费者进行各种方式交流,而它每年投入的调研费用就达5亿到7亿美元。宝洁公司在对旗下的各种品牌进行推广和广告运作时,通常要发布专题调研报告，以满足消费需求为目标，强化产品的品质，彰显宝洁品牌的地位与身份。根据权威调查机构公布的"2005年全国主要城市消费品调查"结果显示，宝洁公司在中国市场上占据了洗发护发用品市场50%的份额，其中"飘柔"以25.43%高居榜首，"潘婷"和"海飞丝"分别以18.55%和15.11%的市场占有率紧随其后，而且三大品牌已逐渐向中国三四线城市渗透。这三个品牌成为该企业在中国最赚钱的产品，年营业额高达70亿元。

4. 从标准化到本土化的策略

1988年，宝洁带着"生产和提供世界一流的产品和服务"的理念进入中国市场后，面临解决国际化品牌本土化问题。把产品信息反映的文化和细分市场的受众文化结合起来，是国际品牌本土化的要点。宝洁在坚持国际化广告策略的同时，抓住消费者购买日用洗洁品的共同消费心理，并针对中国的市场和消费者进行适当的调整。

首先，宝洁坚持统一化的广告策略。国外厂商和品牌进入中国市场，似乎应改变其原来的营销及广告策略，来适应当地的各种风俗习惯，使人们接受其产品。但宝洁在中国主要还是采用其常规的广告策略及方式，这是因为这些战略已在100多个国家或地区的市场，经过长期的实践总结并得以实际验证。另外，从它的主要产品看，作为家庭普通消耗品，人们主要看重产品的品质、使用的效果和价格，更大的市场反响直接说明了一切，文化因素的影响较之其他商品要低得多。所以，宝洁坚持其原有形成的品牌个性，偏重理性诉求，继续统一化的标准化广告策略。

其次，在统一化广告策略的基础上，宝洁更注重国际品牌的本土化。为了深入了解中国消费者和市场，宝洁在中国建立了完善的市场调研系统及庞大的数据库，开展消费势态追踪并尝试与消费者建立持续的沟通关系，为使这一国际品牌在中国市场本土化并扎根成长奠定了基础。在营销与广告活动中，宝洁的本土化策略主要表现为用心营造东方气息、注重产品命名的技巧、在广告中采用中国人形象代言。

1997年，宝洁在中国酝酿推出一种润发新产品，目标定位是成熟女性。为迎合东方人文特质，取名为"润妍"，意指"滋润容颜"。经过近3年的研制，最终推向市场的"润妍"融合了国际先进技术和中国传统中草药成分，特别强调专门为东方人设计，适合东方人的发质和发色。广告把水墨画、神秘女性、头发、芭蕾等画面进行组合，营造典雅的东方气息。同时在营销推广活动中，有千姿百态的"润妍"书法；举办"创造黑白之美"水墨画展等。这些活动都取得了极大的成功，也是融入本土文化的广告传播。

很多国外产品在进入中国后依然使用它们原来的名称,对于保持产品的国际性固然有一定的作用,但实际上对于中国消费者来说,拗口的外文名称,直接影响到记住这个品牌并成为忠实的使用者。宝洁在这方面做得比较好,不但为每一个产品都结合产品特点选取了相应的中文名称,既有谐音便于记忆,又能形象地表现产品的效果,如飘柔(Rejoice)、潘婷(Pantene)、海飞丝(Head&shoulders)、沙宣(Sassoon)、舒肤佳(Safeguard)、玉兰油(Olay)、激爽(Zest)、帮宝适(Pampers)等,而且名称也有内涵,朗朗上口,有利于在中国的传播,也便于消费者对产品的记忆。

很多国内产品广告有时出现外国人的形象代言,以造成该产品已经国际化的印象。与此相反在中国看到的宝洁广告中几乎不存在这一现象。大部分产品的广告是由中国普通女性直接陈述产品性能或使用的体会。宝洁在美国本土的广告中是很少使用名人为其产品进行宣传的,但是现在在中国的广告中明星也逐渐增多,这也是宝洁在中国广告策略的一个较大的变化。原因在于,一是由于宝洁产品在中国定位为中高档,其主要消费者是16~40岁的人群,收入也为中等或中等偏上,崇尚品牌和产品品质,也容易与代言的明星形象联系在一起;二是名人广告已经成为一种时尚,选用大牌明星还象征企业与品牌的实力,况且只要名人广告运用适当,效果还是比较明显的。多品牌、大投入,宝洁在广告宣传和促销推广上一向是不惜重金的。

5. 差异化的品牌营销

当然,宝洁经营的多种品牌策略不是把一种产品简单地贴上几种商标,而是追求同类产品不同品牌之间的差异,包括功能、包装、宣传等方面,从而形成每个品牌的鲜明个性。比起竞争对手联合利华,宝洁的产品品牌更注重个性功能和差异,这样,每个品牌有自己的发展空间,市场就不会重叠。例如,洗衣产品方面,不同的顾客希望从产品中获得不同的利益组合,有的注重清洗效果,有的注重漂洗方便,于是宝洁就利用洗衣粉的9个细分市场,设计了9种不同的品牌。利用一品多牌从功能、价格、包装等各方面划分出多个市场,能满足不同层次、不同需要的各类顾客的需求,从而培养消费者对本企业某个品牌的偏好,提高其忠诚度。

宝洁以其产品策略,成功地树立了品牌和公司形象,提供了高质量和本土化的产品,并且不断更新新的产品,以多样化取胜,故占据了国际市场较大的份额,其注重发展产品品牌的策略使它推向市场的产品总是具有顾客期望的高质量,而在中国市场建立自己的研发中心,更使其产品高度本土化。因此,中国市场的消费者往往认为宝洁产品具有高质量,高价值,并且符合中国人的需求。

在中国,宝洁进入中国市场不久就在广州建立了技术中心,1998年更与清华大学合作建立了它的全球第18个技术中心,利用宝洁的技术优势生产更多符合中国消费者喜好的产品。对产品研发进行的大量投资保证了宝洁在中国市场平均每半年就推出一个新产品,通过改进现有产品和开发新产品,产品更新已经成为宝洁的一个强大竞争优势。公司在中国拥有9个种类的15个品牌的产品,包括头发护理产品,个人清洁用品,皮肤护理产品,洗涤用品等。公司采用的多品牌策略之所以成为宝洁的成功要素之一,是因为它可以满足顾客的多种需要,吸引不同市场分区的消费者。

(资料来源:《市场研究》2007年第1期,作者李玉进、曹颖。)

四、案例分析

虽然贵为中国广告界的"西点军校",宝洁的营销广告策略也有其不足之处:

第一,广告缺乏创意。宝洁大多数广告中规中矩,视觉效果都很温和,对观众和消费者有着强烈的潜移默化的作用。然而再有效的广告也需要创新和改变,宝洁广告的一成不变和固执,创意平平,明星代言的同质性过高、审美疲劳,让竞争对手有机可乘,这也是宝洁广告策略最大的不足之处。

第二,对中国市场特点认识有局限性。众所周知,由于宝洁在中国的广告策略主要致力于中高端市场的开发,产品价格相对较高,所以长期以来中、低端市场被大量中小日化品牌占领。但在中国人口基数庞大,低收入人群颇多的条件下,中低端市场占市场总量的相当部分,这部分市场的流失无疑给宝洁造成了不小的损失。可以说,宝洁广告的成功主要体现在大城市市场,而对于广阔的中小城市以及农村市场,宝洁难以放下身段。宝洁将更多的广告策略投放入大型城市却没有去钻研出一套适合于这些市场的广告策略,而被其忽略的中小城市及农村却是中国庞大的消费主市场。

第三,广告用语过分夸大。宝洁广告出现了严重的急功近利的思想,向消费者抛出了诱饵,然后对化妆品无形的心理安慰作用进行量化、具体化,导致了广告行为的变质。其广告用语过分夸大,多数代言明星不用产品也已美丽动人,运用证言法时缺乏真实长久的试用,在广告中过分地夸大数字,不实的分析和对比其产品的作用,这在一定程度上削弱了消费者对其的信任。

同样,宝洁产品策略也有其自身的缺点。

其一,多品牌会造成品牌混淆,产品拥有过多的品牌不仅使消费者感到眼花缭乱,而且也容易把每一种品牌产品的特点混淆起来,这就会造成市场分区的重复。因此,虽然公司产品不同的品牌在一个市场内争夺市场份额,而公司的整个市场份额却并未上升。

其二,大量的研发投入造成成本上升。虽然产品更新是宝洁的竞争优势之一,但是这个优势却是建立在极高的研发投入上的。宝洁每年投入产品研发的资金高达1.7亿美元,这就不可避免地造成了成本上升和利润下降。而在日化用品领域,宝洁有许多强大的竞争对手。如果其他厂家以更低的成本生产同样品质的产品,消费者就会转而购买他们的产品。毕竟在这样一个极具竞争性的行业里,成本控制是非常重要的。

五、结论

就跨国企业产品的营销而言,宝洁在全球范围内是一个最好的例子。宝洁直击顾客需求和问题,通过相关概念的制造和推广,给予多层次全方位的个性化解决方案组合,强调宣传的当地化、本土化特色推广和渗透,其丰富的广告表现形式更是全球范围内企业营销的典型之一。作为全球市场份额第一的日化企业,宝洁的跨国营销充分利用全球范围内的资源,也注意了细分市场的差异,精准定位,取得了良好的口碑和丰厚的利润。

问题探讨与思考

1. 宝洁公司为何能在与其直接对手联合利华的竞争中获得优势?
2. 结合你所熟悉的某一宝洁产品的广告,分析其优点和不足。
3. 作为一家跨国企业,宝洁公司的市场策略和营销策略有哪些特点?你认为对我国的企业策略的制定有何启示?

案例20 跨时代的交通工具——特斯拉

本案例学习目标

通过本案例的学习,了解在新的时代背景下,跨国企业在采购、生产和营销上面临的新机遇和新变化。

一、问题的提出

步入21世纪的我们,正处在信息革命的崭新时代。传统的跨国企业的生产过程,包括采购、生产和营销都发生了新的变化。越来越多的采购供应商可供选择,虚拟企业、外包生产、贴牌代工生产变得越来越普及,新媒体的出现,包括社交网站、私人个性化视频、微博、移动通信等使依托于网络的营销变得如此不同。新时代背景下,跨国企业的生产,将如何应对?产品将如何营销?

二、理论分析框架

温特制作为美国新经济与全球产业重组的微观基础,它最初是在计算机领域出现的,由微软和英特尔共同构筑的温特制(wintelism)平台,即以微软公司的视窗系统和英特尔公司的微处理器互相集成搭配,凭借快速的创新在成长的同时赚取利润,并引导整个产业不断升级,而掌握标准和引导升级的企业则成为行业的金字塔顶端企业。

温特制与新型跨国生产体系的形成是20世纪后半叶在世界经济,尤其是国际生产领域中具有划时代意义的全新的生产方式,其围绕着产品标准在全球有效配置资源,形成标准控制下的产品主线,展开模块生产与组合,标准制定者在完成产品价值链的全过程中,在与模块生产者的分工中,最终完成以双赢为基础的控制。因此,温特制不仅仅是高新科技条件下的产物,它更是一种适应经济全球化竞争的生产模式,对世界经济有着深刻的影响。

温特制强调以建立和发展产品的标准为主线,在经济全球化中将产品分解为不同的模块,在资源易于最佳组合的地方从事生产和组合,这一过程体现了标准主线和模块生产者之间的双赢关系,同时也体现了标准对于模块生产者的全方位控制。目前,在温特制时代和经济全球化的条件下,美国具有制定标准和商业游戏规则的力量,中国则具有生产、组合各类模块产品的比较优势。温特制使得美国成为经济全球化的主导,它以高新技术创新为基础,以控制世界资源(人才、资金、稀缺的自然资源)的流向和经济产出(进口、出口)的流向为手段,以产品标准和商业游戏规则的制定来保证自己在世界经济中的根本利益,因而在经济全球化中获得了最大的利益。

三、案例背景介绍

特斯拉汽车公司(Tesla Motors, Inc.)是一家生产和销售电动汽车以及零件的公司,成立于2003年,总部设在了美国加州的硅谷地带。其创始人是硅谷工程师、资深车迷马丁·艾伯哈德(Martin Eberhard),而投资人是SpaceX、Paypal的创始人埃隆·马斯克(Elon Musk)。特斯拉汽车公司是世界上第一个采用锂离子电池的电动车公司,其推出的首部电动车为Roadster。图7-4为特

第七章 跨国公司采购、生产与营销管理

斯拉公司的标志。

特斯拉汽车公司只制造纯电动车,总部设在了美国加州的硅谷地带,特斯拉汽车集独特的造型、高效的加速、良好的操控性能与先进的技术为一身,从而使其成为公路上最快且最为节省燃料的车子。特斯拉得名于美国天才物理学家以及电力工程师尼古拉·特斯拉的塞尔维亚姓。图 7-5 为特斯拉电动车 Model S。

图 7-4 特斯拉公司的标志

图 7-5 特斯拉电动车 Model S

硅谷工程师、资深车迷、创业家马丁·艾伯哈德在寻找创业项目时发现,美国很多停放丰田混合动力汽车普锐斯(Toyota Prius)的私家车道上经常还会出现些超级跑车的身影。他认为,这些人不是为了省油才买普锐斯,普锐斯只是这群人表达对环境问题的方式。于是,他有了将跑车和新能源结合的想法,而客户群就是这群有环保意识的高收入人士和社会名流。

2003 年 7 月 1 日,马丁·艾伯哈德与长期商业伙伴马克·塔彭宁(Marc Tarpenning)合伙成立特斯拉(TESLA)汽车公司,并将总部设在美国加州的硅谷地区。成立后,特斯拉开始寻找高效电动跑车所需投资和材料。由于马丁·艾伯哈德毫无制造经验,最终找到 AC Propulsion 公司。当时,对 AC Propulsion 公司电动汽车技术产生兴趣的还有埃隆·马斯克(Elon Musk)。在 AC Propulsion 公司 CEO 汤姆·盖奇(Tom Gage)的引见下,埃隆·马斯克认识了艾伯哈德的团队。2004 年 2 月会面之后,马斯克向 TESLA 投资 630 万美元,但条件是出任公司董事长、拥有所有事务的最终决定权,而艾伯哈德作为创始人任 TESLA 的 CEO。

在有了技术方案、启动资金后,TESLA 开始开发高端电动汽车,他们选择英国莲花汽车的 Elise 作为开发的基础。没有别的原因,只是因为莲花是唯一一家把 TESLA 放在眼里的跑车生产商。艾伯哈德和马斯克的共同点是对技术的热情。但是,作为投资人,马斯克拥有绝对的话语权,随着项目的不断推进,TESLA 开始尝到"重技术研发轻生产规划、重性能提升轻成本控制"的苦果。2007 年 6 月,离预定投产日期 8 月 27 日仅剩下两个月时,TESLA 还没有向零部件供应商提供 Roadster 的技术规格,核心的部件变速箱更是没能研制出来。此外,TESLA 在两个月前的融资中向投资人宣称制造 Roadster 的成本为 6.5 万美元,而此时成本分析报告明确指出 Roadster 最初 50 辆的平均成本将超过 10 万美元。投资人马斯克以公司创始人艾伯哈德产品开发进度拖延、成本超支为由撤销其 CEO 的职务,几个月后艾伯哈德只能离开 TESLA。他的搭档、公司另一位创始人塔彭宁不久也选择了离开。

马斯克的团队最终选择了折衷方案:优化一挡变速器,尽快投产。2008 年 2 月,TESLA 开始交付第一辆 Roadster,最初的 7 辆车作为"创始人系列"提供给马斯科和其他出资人,这份名单里有谷歌的拉里·佩奇(Larry Page)、谢尔盖·布林(Sergey Brin),ebay 的杰夫·斯科尔(Jeff Skoll)等,当然也包括已离开公司的艾伯哈德。

2008 年 10 月份,Roadster 也实现量产,尽管产品的下线时间比原计划晚了半年多,但首批客户依旧表现出足够的容忍,1 000 名客户中只有 30 名要求退款,而空缺出来的名额很快就被新订单填满。从布拉德·皮特、乔治·克鲁尼、施瓦辛格再到谷歌的两位创始人,TESLA 的客户名单几乎就是一张全球财富榜。

对于一些人来说,能够驾驶一款纯电动零排放的 09 款特斯拉 Model S Concept 超级车款则要始于全新 Tesla Roadster 的推出,而这款纯电动车凭借其最大转速可达到 13 000 转/分的电动机不仅带来瞬间的加速表现,而且还确保了惊人的扭矩力输出。同时在电动机动力驱使下,全新 Tesla Roadster 的百公里加速还只需短短的 4 秒钟即可完成,进而迫使顶级时速上升到 200 公里/时。此外,Tesla Roadster 在研发与生产过程中还大量借鉴了英国莲花汽车公司的工程力量并在最初车体设计方面借鉴了莲花 Elise 跑车的设计理念,同时其外部车身体板还采用了碳纤维材料构造,而其底盘则由模压铝构成,结果不仅赋予全新 Tesla Roadster 一个超级时尚的外观造型,而且还确保了车身的坚固性。最为关键的是,全新 Tesla Roadster 还采用了极为先进的锂离子能量存储系统而使其在一次充电后的巡航里程可达 352 公里,而其所配备的能量再生制动系统则还可在车子减速时为锂离子电池组充电,从而使得车子在行走途中就可获得能量的补给。世界上最先进的电池管理系统使得汽车第一次能够不依靠化石燃料而长距离续航。

现在特斯拉生产的主力车型之一是 Model S,是一款兼顾性能与舒适的四门轿跑,车身尺寸比奔驰 CLS 级稍大。值得一提的是,它的体重已经超过 2.1 吨,外表不是一款纯粹的跑车,但是它的性能版甚至足以让宝马 M5 汗颜。它的电动机可以提供 422 马力的最大功率,600 N·m 的峰值扭矩,让 Model S 的百公里加速达到 4.4 秒,0~400 米加速也只需 13.2 秒。2012 年 2 月 9 日,美国 Tesla Motors 公司发布了全尺寸纯电动 SUV 车型 Model X,其后门采用设计前卫的鹰翼门造型,而依靠动力强劲的电动机驱动,其 0~96 公里/小时加速时间为 5 秒内。这款全尺寸纯电动 SUV 将会在 2014 年量产。

四、案例分析

2013 年是特斯拉声名远扬的一年。2013 年 5 月 8 日,在特斯拉发布的第一季度财报中,该公司销售 Model S 车型 4 900 辆,超过原先预定的 4 500 辆的目标。销售营收为 5.55 亿美元,同比增长 27 倍。强劲的市场需求所带来特斯拉公布 2013 年第一季度财报的订单促使公司整体规模效应提升,预计二季度北美地区交付车辆超过 4 500 辆,2013 全年全球交付量从 20 000 辆上调至 21 000 辆。财报数据一发布,便引起了资本市场的躁动,三天股票上涨超过 50%,其股价从 60 美元下方一路上涨,2013 年 5 月 29 日突破 100 美元,最高到达 114.9 美元,一个月股价接近翻倍。截至 2014 年 1 月中旬,特斯拉的股票市值每股在 170 美元附近,到了 5 月底则到达 207 美元。而受其影响,即便远在大洋彼岸的中国,新能源车概念股也走出一波行情,TESLA 也在 2014 年 4 月首次登陆了中国市场。

作为时代的象征,汽车见证了从工业革命到电气革命再到信息革命的整个历程。汽车的生产方式变革也代表了三个时代最典型的一些生产方式的发展过程——从流水线,到精益生产,再到模块化生产。

以流水线生产为特征的福特制是典型的资本主义大工业生产的组织形式,

代表了传统机器大工业生产的最高水平。工业化时代的主题,就是追求更多的产量,创造更大的市场。对此,泰罗进行了理论上的创建,而福特采取了实践上的行动。1913年,亨利福特运用当时企业推广泰罗制的技术成果,创建了世界上第一条自动化流水生产线。福特不仅设计出完善的装配线和统一精确的通用零部件,还创造出依靠非熟练工人在中心装配线上使用通用零件的大规模生产方式。福特制造就了名噪一时的T型车,也成就了福特在汽车世界里一代霸主的地位。

丰田制生产方式理论框架包含:"一个目标",低成本、高效率、高质量地进行生产,最大限度地使顾客满意;"两大支柱",准时化与人员自动化;"一大基础",不断地持续地改善。它强调拉动式准时化生产:以最终用户的需求为生产起点;强调物流平衡,追求零库存,要求上一道工序加工完的零件可以立即进入下一道工序;依靠一种称为看板的形式组织生产线,即由看板传递下道工序对上道工序的需求信息。丰田制强调全面质量管理和团队工作法,造就了日系汽车超越福特和通用两大美国车企巨头的奇迹。

微软公司和英特尔公司共同构筑的温特制——Wintelism 平台,即 Windows & Intel,微机的体系结构由 MS-windows 操作系统和 Intel 的 CPU 组成。微软和英特尔不仅创造了财富神话,而且创造了财富模式——温特制。温特制的重要基础是生产模块化。模块化就是在劳动分工和知识分工的基础上,通过模块分解和模块集中的过程,把复杂系统分解为相互独立的组成部分,再通过即插即用的接口把各独立的部分联结为一个完整的系统。温特制的核心内容是总线技术标准的确立与推广,业务外包是温特制经营采取的主要形式。除去高端跑车之外,现在汽车行业的主流生产方式大多采取这种方式。

值得注意的是,以往来看汽车行业已经不再是新兴行业,能源单一,技术发展相对停滞,但是特斯拉的出现给暮气沉沉的传统汽车制造业带来了新的动力。特斯拉的锂电池汽车一举解决了顽疾——新能源动力来源问题,充电缓慢以及电力存储等带来的续航问题,还给未来的汽车行业带来了全新的理念。在温特制的生产方式下,如果从来不能变的动力来源都能解决,那么还有什么模块不能分解和解决呢?之后的汽车,可能随着科技的发展越来越个性化。我们可能只需要购置一辆所谓的"车"作为总线,通过即插即用的接口把各独立的部分联结为一个完整的系统,而从轮胎到离合器到变速箱,再到动力系统和驾驶操作系统都完全可以进行自我定制,可以进行不断地升级和更换,从而完成不断地自我私人定制。至于那些外壳和内设更是不在话下,甚至可以结合宽带网络和智能操作系统达成无人化自动驾驶。

对于跨国企业而言,温特制的兴起给了标准制定者更大的激励和利润,因为当新标准提升后,标准的制定者在选择模块生产区位上具有绝对的主动权,按照传统标准建立的产业链则将面临衰退,新标准建立的产业链则会兴起,从而在全球范围按照自身利益形成新的国际生产格局并完成控制。在这个时代背景下,标准的制定者将更有话语权,核心技术和核心竞争力将对企业来说更加重要。

同时,温特制的推广和发展是一个时代的趋势,而其在传统汽车工业的改造,尤其是以特斯拉为代表的新型汽车行业的发展,意味着新时代背景下,从采购到生产以及营销领域,整个生产模式的变化。特斯拉的出现,也许意味着一个崭新的交通工具时代的开始,也是信息时代一个全面定制化的开端。

五、结论

在能源供给日益紧张的今天,特斯拉给暮气沉沉的汽车行业带来了全新的朝气,这是世界上第一辆投入商用的纯锂电池动力汽车,解决了传统电动车低效充电和低距离续航问题。此外,除去新的能源动力供给方式之外,新的驾驶方式——自动驾驶、新的车辆构建自主配置技术也正日益发展和成熟,也许,新的汽车时代也正在向我们走来。而这一切,是新的国际生产方式的一个侧面写照。

问题探讨与思考

1. 你对新能源汽车有何认识?
2. 你如何评价跨国企业生产方式的发展过程?

第八章
跨国公司的税务与转移价格

 案例 21　国际自由贸易区

本案例学习目标

通过本案例的学习,了解跨国国际税务,尤其是关税等和跨国公司的关系,进一步理解上海自由贸易区设置的意义。

一、问题的提出

什么是自由贸易区?上海自由贸易区的设立有何意义?

二、理论分析框架

国际税收是指各国政府在其税收管辖范围内对从事国际经济活动的企业和个人就国际性收益所发生的征税活动,以及由此而产生的国与国之间税收权益的协调行为。跨国公司的海外子公司经营活动要按东道国各类税法纳税,因此,跨国公司必须考虑国际化税务环境。

关税是指进出口商品经过一国关境时,由政府设置的海关新进出口商征收的税金。按征税方法划分,关税可分为从量关税、从价关税和混合关税;按差别待遇划分,关税可分为进口附加税、差价税、特惠税。

自由贸易区(free trade zone)通常指两个以上的国家或地区,通过签订自由贸易协定,相互取消绝大部分货物的关税和非关税壁垒,取消绝大多数服务部门的市场准入限制,开放投资,从而促进商品、服务和资本、技术、人员等生产要素的自由流动,实现优势互补,促进共同发展。这种广义的自由贸易区广泛地适用于 WTO 最惠国待遇基础上，通过签署自贸协定(FT—Agreement)，相互进一步开放市场，分阶段取消绝大部分货物的关税和非关税壁垒，改善服务业市场准入条件，实现贸易和投资的自由化的"大区"(FT—Area)。

有时，自由贸易区也指一国国内的一个或多个消除了关税和贸易配额，并且对经济的行政干预较小的区域，是根据本国(地区)法律法规在本国(地区)境内设立的区域性经济特区。这种贸易方式属一国(或地区)境内关外的贸易行为，即某一国(或地区)在其辖区内划出一块指定区域作为市场开展对外贸易，对该市场不过多干预，且不收或优惠国际贸易关税。这种狭义的自由贸易区在1973年国际海关理事会签订的《京都公约》将其定义如下："指一国的部分领土，在这部分领土内运入的任何货物就进口关税及其他各税而言，被认为在关境以外，并免于实施惯常的海关监管制度。"传统自由贸易区是多国一起签订，游戏规划共同制定；而这种自贸区的规则不须经多方协议，可由主权国家或者地区自行设定。中国(上海)自由贸易试验区(Shanghai Pilot Free Trade Zone，简称上海自贸区)就是属于这种形式。

三、案例背景介绍

2013年7月3日，国务院总理李克强主持召开国务院常务会议，原则通过《中国(上海)自由贸易试验区总体方案》。8月22日，国务院正式批准设立中国(上海)自由贸易试验区(以下简称上海自贸区)。试验区范围涵盖上海市外高桥保税区、外高桥保税物流园区、洋山保税港区和上海浦东机场综合保税区等4个海关特殊监管区域，总面积为28.78平方公里。

"自由贸易区"这个名词其实在国际上非常普遍。对我们来说，香港这个更熟悉的名字，一直被认为是真正意义上的国际自由贸易区。一是贸易自由。中国香港对进出口贸易基本上没有管制，不存在关税壁垒和非关税壁垒，凡符合惯例的贸易行为均畅通无阻。除个别受管制货物外，一般货物不受进口配额或其他许可证规定所限。除了酒类、烟草等少数商品外，一般进口货物无须缴付关税或其他进口税(如增值税或消费税等)。二是金融自由。香港的货币市场是全球最开放的市场之一，资金可自由流通及调度。资金经营自由，没有国民待遇和非国民待遇之分，本地银行与外国银行享受完全平等的待遇。外汇市场完全开放，企业可以在香港银行开立多种货币账户，采用不同货币营运业务或进行投资。三是人员进出自由。外人到港，无论是办企业，还是探亲、旅游，手续都十分简便。四是投资自由和企业经营自由。香港政府对外来投资，除了金融、电讯、公共运输、公用设施及部分大众媒体等，对新投资项目不设任何管制。

对本地公司及外商一视同仁,实行少干预、无补贴政策,为所有有意在香港营商的公司提供公平的经营环境。商品与劳务支付的价值也基本上保持充分的自由竞争状态。

现在,上海自贸区的出现引起了国内外媒体和群众的关注和热议。建设中国(上海)自由贸易试验区,是顺应全球经贸发展新趋势,实行更加积极主动开放战略的一项重大举措,主要任务是要探索我国对外开放的新路径和新模式,推动加快转变政府职能和行政体制改革,促进转变经济增长方式和优化经济结构,实现以开放促发展、促改革、促创新,形成可复制、可推广的经验,服务全国的发展。上海自贸区将成为推进改革和提高开放型经济水平的"试验田",以"一国之内"自由贸易区的形式出现,它采取特殊的监管政策和优惠税收,对一国内的转口贸易、离岸贸易将有极大促进作用。建设中国(上海)自由贸易试验区有利于培育我国面向全球的竞争新优势,构建与各国合作发展的新平台,拓展经济增长的新空间,打造中国经济"升级版"。

四、案例分析

1979年深圳特区的建立,标志着中国改革开放的开始。而今30年已过,中国的改革进入深水区与攻坚期,承载着众多责任的上海自由贸易试验区被批准成立。这是一个国家战略,面对全球经济的重大变化,需要扩大开放改革。

上海自贸区的正式获批标志着中国改革开放又上了一个新台阶,意义不亚于深圳经济特区和上海浦东新区的成立。中国是贸易大国、世界第二大经济体,承接国际产业转移已经不能满足经济发展的需要,自贸区的建立将创造新的要素转移和资源配置模式,开放的尺度也将更大,能够释放新的政策红利,创造新增长点。从国务院总理李克强基层考察时鼓励支持上海积极大胆探索到自贸区的正式成立,体现的正是新一届政府用开放扩大内需,用开放形成倒逼机制,用开放促进新一轮改革的思路。从试验田的说法可以看出,上海自贸区将产生一定的示范和带动意义,下一步出台的部分配套政策将具有一定的可复制性和可推广性。

为什么选择上海?并非只有一个城市对自贸区的建设充满了期待。事实上,除了上海,天津、广东、福建等地也都跃跃欲试;除了上海浦东外,浙江舟山、广州南沙等国家级新区也提出了自由贸易试验区的设想。

上海自贸区方案获国家批准,是中央支持上海建设成为国际金融中心等四大中心的组成部分。资料显示,2010年以来,中央陆续批复建设上海为国际金融中心、国际贸易中心、国际航运中心和国际物流中心。上海的硬件和软件基

第八章 跨国公司的税务与转移价格

础都在全国的前列，基础设施、通信设备、海空港口、公路地铁等一应俱全，又是全国重要的经济中心、文化中心和人才高地，坐拥证券交易所、期货交易所等国内重要的权威金融机构，拥有多所国际知名的高校、研究机构和多层次财经类、综合性大学，具有培养和发展理论创新、基础研究和应用实践型各级各类人才的教育体系和资源优势。除了良好的基础条件外，上海自贸区要进一步深化改革，"扩大服务业开放"。上海作为中国内地的经济、金融、贸易和航运中心，其服务业在全国处于领先地位，同时其产业结构、人才素质等方面在全球也都具有一定优势。作为中国第一大城市，上海的人口基数、经济总量、技术条件都位于全国前列，更重要的是上海一直是中国对外的窗口，具有独特的国际化优势。从这些因素看，中国自贸试验区花落上海并非偶然，而上海自贸区的设立又将加快上海国家中心城市、现代化国际大都市的建设。

显而易见，上海自贸区的建立将释放巨大制度红利。上海自贸区是国务院给上海在政策上的巨大机遇，关键看未来几年这些政策如何落地。自由贸易区一个最大的功能就是开放，能做到贸易的便利化、金融的自由化，以及服务贸易和投资管理进一步的开放。自由贸易区同时又是一种改革，要发展自由贸易园区必须对金融体制、贸易体制、投资体制，包括海关监管管理体制等进行改革。

从目前已经披露的设计方案来看，上海自由贸易区将试行人民币资本项目的自由兑换、扩大服务业开放、税收更加优惠等政策，探索对国际人流、资金和货物的全面开放制度。按照中央的设想，上海自由贸易试验区的建立，实际上是以开放倒逼改革。

未来自贸区内的企业向外方出口商品时可使用人民币结算；而中国企业在外方进口商品时，可直接用人民币进行支付，资金的流进流出将得以放开。换言之，未来企业法人可在自贸区内完成人民币自由兑换。未来自贸区会将对海外资金投资国内资本市场的额度限制、参与者准入逐步放开，海外资金可以更大程度地投资到中国的资本市场，包括债市、股市、期货市场。同时，对这些资本的撤出也将取消限制。这对于推进人民币的国际化将更为重要。长期以来，美元一直是国际贸易的最主要结算货币，国际主流的食品、矿产、资源期货、石油、贵金属等大宗交易都是以美元结算，使美国经济与国际经济天然地结合，也形成了以美元绑架全球经济的统治性局面。人民币的国际化可以推进国际货币体系改革，促进国际经济运行秩序稳定、多元化发展，有利于中国的经济发展和国际地位的提高，也利于履行中国作为一个发展中大国的国际责任。

贸易方面，自贸区同样将逐步取消种种贸易壁垒，向贸易自由港靠拢。上海自贸区可能对进口商品实行零关税，通关制度上也更加简化，改革现行先申报、后入区的海关监管模式,建立舱单预申报管理制度,允许先入区,再申报。除此之外,引资以及对外投资,上海自贸区也将享受更"自由"的政策,使区内中外企业享有区内贸易自由、人员进出自由、货物进出自由、货币流通自由、货物存储自由等五大权益进而探索负面清单管理模式。负面清单实际上就是明确告知对方哪些行业不开放或存在限制。在此之外的,"法无禁止即可为"。从这一调整,可以看出自贸区内将放开市场准入,外商将获得准入前国民待遇的资格。

税收方面,自贸区也将向促进投资和贸易方面倾斜。注册在试验区内的企业或个人股东,因非货币性资产对外投资等资产重组行为而产生的资产评估增值部分,可在不超过5年期限内,分期缴纳所得税;对试验区内企业以股份或出资比例等股权形式给予企业高端人才和紧缺人才的奖励,实行股权激励个人所得税分期纳税政策。将试验区内注册的融资租赁企业或金融租赁公司在试验区内设立的项目子公司纳入融资租赁出口退税试点范围;对内销货物按其对应进口料件或按实际报验状态征收关税,对试验区内生产企业和生产性服务业企业进口所需的机器、设备等货物予以免税。完善启运港退税试点政策,在符合税制改革方向和国际惯例,以及不导致利润转移和税基侵蚀的前提下,积极研究完善适应境外股权投资和离岸业务发展的税收政策。

值得注意的是,上海多次重申上海自贸区的核心是制度创新,而不是优惠政策。这意味着上海自贸区的突破主要体现在"制度红利"上,在对外开放上的表现是进一步思考政府如何管理市场、服务于市场,而不是现行的参与市场、干涉市场。其中最大的核心问题就是推进审批制的改革,这涉及对政府管理内容、政府与市场之间关系的进一步厘清,涉及如何提高政府相关服务的透明度、便捷性。这不仅是上海自贸区需要解决的问题,也是我国经济发展转型升级避不开的问题。

五、结论

上海自贸区已经不再是一个区域性经济改革的范畴,正在变成一场新的制度改革的起点。通过带动金融、税收、贸易、政府管理等一系列政策变革,上海自贸区的建设可能为全国性的改革破局带来巨大的示范效应。

对于跨国企业来说,上海自贸区的发展是世界各国和地区经济发展中机遇的一种典型。如何抓住相关机遇,分享制度红利,改善经营环境,谋求更大发展,需要企业能有更广的国际视野和敏锐的战略意识,这也是经济全球化背景下对跨国企业信息获取和分析能力提出的重大考验。

问题探讨与思考

1. 你如何理解自由贸易区？自由贸易区概念的最大特色是什么？
2. 中国上海自由贸易区的建设可能会对你有何影响？
3. 目前国外主流的自由贸易区建设可以分成哪些类型？试举例说明。
4. 你是否有意向参与自由贸易区建设的某些进程？你觉得自己应该做何准备？

 案例 22　毕马威避税案

本案例学习目标

通过案例学习，了解跨国企业转移价格的概念和方法。

一、问题的提出

什么是转移价格？跨国企业采用转移价格有何利益？

二、理论分析框架

转移价格，在我国又称为转让价格、划拨价格、调拨价格，在西方国家也称之为公司内部价格、内部价格或记账价格，是指跨国公司内部，母公司与子公司、子公司与子公司之间相互约定的出口和采购商品、劳务和技术时所规定的价格。这种价格在一定程度上不受市场供求关系法则的影响，而是根据跨国公司的全球战略目标和谋求最大限度利润的目的，由总公司上层决策者人为确定的。

转移价格的形成是企业扩大规模，实行纵向或横向多样化扩展的必然结果，是由国际市场所具有的不完全性所引起的。国际市场条件的差异化为转移价格的发展提供了条件。转移价格可以从多方面为跨国公司实现全球一体化战略、追求全球利润最大化的目标发挥作用，一方面借助于这一定价手段积极影响内部贸易，以实现全球战略目标；另一方面用它来促成对子公司经营上的激励或对其业绩的考评。跨国公司使用转移定价手段，能有效地减轻所得税和关税的税负，由各子公司分担集中开发的开支、转移资金以求得厚利、避免东道国对资金的限制从而完成资金优化配置，以低价进高价出的定价原则实现利润

139

的转移，逃避东道国的价格控制，避免外汇汇率变动风险和东道国的外汇管制。

但是，对于主权国家，尤其是东道国而言，跨国公司转让定价避税对国家造成一系列消极的影响。其行为直接减少国家的财政收入，违背税负公平原则，侵吞合资者、合作者的利润，也具有较强的负面示范效应，从而增大了政府的反避税成本。因此，国家对于跨国公司的转移价格通常实施控制手段。

三、案例背景介绍

毕马威（KPMG）是一家网络遍布全球的专业服务机构，专门提供审计、税务和咨询等服务，是国际知名的"四大"会计师事务所之一。

从2002年开始，毕马威就开始陷入避税调查的漩涡。直到2005年6月16日，公司通过官方网站向媒体表示公司将对从1996—2002年期间提供的非法避税服务负责，同时还对该不法行为给美国国库造成14亿美元的直接经济损失表示歉意。2005年8月26日，毕马威在位于纽约的地方初审法庭公开承认向客户兜售"恶性避税"，并同意支付4.56亿美元，涉案的8名前税务合伙人和1名律师将另案受到起诉。由此，毕马威避税案尘埃落定。

大约从1996年开始，毕马威开始集中了不少人力和财力大力推进避税产品，大体可以分为四类，分别是最为常用的债券相关发行溢价结构解决方案、外国杠杆投资项目、离岸投资组合策略和公司贡献战略组合策略。其中前三类产品按照美国国内税务局（Internal Revenue Service，下称IRS）的认定，属滥用或非法避税手段，这成为了其被定罪的关键原因。

一般来说，税收服务主要分为两大类，分别是报税和税收规划。前者能够获得一些手续费，后者才是有利可图的关键。一般开发一种新的避税规划需要2~5个月的时间，此后会计公司可以从避税额中获得10%~40%的金额作为报酬。有数据显示，税收服务在全美四大会计公司的总收入中占有近1/3的比重。问题的起源可以追溯到1991年，美国注册会计师协会（the American Institute of Certified Public Accountants，下称AICPA）开始允许会计师根据服务质量收取费用，变相允许会计师们从为客户节省的避税额中提取一定比例，开始被定为10%~40%，而此前是根据工作时间来向客户收取报酬的。此后10年左右的时间里，众多会计公司竭尽所能地研究政策的漏洞，制定各种避税手段满足客户的要求。到了20世纪90年代末，大规模避税现象开始出现，众多的合法和非法的避税手段在美国开始泛滥，因此IRS一方面不停完善税法的相关漏洞，另一方面着手整治非法避税并对之进行比较严厉的惩罚，最为频繁的时候每周发布一次关于新的非法避税手段的通告。

在避税服务上,"四大"会计师事务所一方面,对于已经被查实的问题选择高额罚款来避免遭遇类似安然事件中安达信一样的命运;另一方面,他们还在努力说服监管部门,不断改进开展业务的方式来遵守游戏规则。易而言之,在避税问题上,他们一再依靠自身的实力(罚金)和强有力的公关(说服监管部门)渡过了难关,但是这次毕马威却未能如愿。

对于此次诉讼的解决方案,毕马威通过采用"一揽子协议"的方式来解决,包括付出1.95亿美元以避免众多客户的起诉。这笔赔偿金是那些购买避税产品的客户损失的20%～75%,但是如果毕马威不能通过这种方式解决的话,他的几千家客户在其受到诉讼的同时很可能选择或者必须变更审计机构,这样的结果将会使毕马威走上和安然事件中的安达信一样解体的结局。当然,美国监管部门并不希望看到这一结果,司法部在相关斡旋下选择放弃刑事诉讼。在2005年8月末,在以4.56亿美元同美国司法部和解并交出9名前任高管承担法律责任后,毕马威终于躲过了一劫。据毕马威和美国司法部的协议,毕马威若今后再出现违规行为,政府仍可能在2006年12月以前就此次违规起诉它。

为使毕马威今后更好地走上"正道",政府还任命了美国证券交易委员会前任主席里查德·布瑞登为公司的外部监管人,在未来半年内监管毕马威是否遵守其与美国司法部达成的和解协议,包括取消一项为高收入人群定制的避税方案。

四、案例分析

反思毕马威事件,如何界定合理避税与非法避税成了关键的问题。无论是美国法律还是中国法律,避税是纳税人对现有税法的缺陷及漏洞的成功发现,使纳税人有效地避开了纳税义务,因为这种行为是在遵守税法的前提下进行的,所以它可以反映现行税法的有效性程度。尽管避税本质上不同于偷税,但它也是在钻法律的空子,而合理避税是指纳税人利用合法手段和方法,通过资金转移、费用转移、成本转移、利润转移等方法躲避纳税义务,以期达到规避缴税义务的非违法行为。目前法律界对于避税有两种不同的看法,一种观点认为,避税是对法律漏洞的利用,只要事实符合法律字面的解释,就是合法的;另一种观点认为,避税既要事实符合法律的字面解释,又要符合法律的立法意图,要依据法律的经济或社会目的性,或是依据税法整体内容来判断税法条款对于某件具体事实或行为的运用性与符合性,一项经济行为,虽然形式吻合法律的字面描述,但其后果与立法的宗旨相悖,则在课税目的上仍不予承认。从东道国为客观主体来看,显然更注重后者,因为避税其实不仅仅是个法律问题。

在我国,外资企业通过避税手段转移利润已是公开的秘密。我国目前对外资企业实行两免三减半的优惠政策,这在世界各国中,已属十分优惠的政策,但是相比国际知名的避税天堂,如开曼群岛、英属维京群岛,税负还是高的。然而,作为主权国家而言,我国境内的外资企业通过避税手段转移收入,逃避了我国的征税权,其在跨国经营活动中避税或漏税,将给国家造成巨大损失。据悉,有些外资企业使用的就是由专业部门开发的避税产品,针对中国市场的特点,通过关联交易等手段,采用高进低出的手法,把利润转移到其他国家和地区。

为了遏制外资企业的避税势头,我国国家税务总局于1998年5月6日下发了《关联企业间业务往来税务管理规程》,对于关联企业间的业务往来的涉税事宜进行了规范。在2004年6月9日,国税总局又发文对外资企业间的涉税事项进行了规范,其中特别提到了"在筛选避税嫌疑企业时,要结合年度所得税汇算清缴、审核评税和税务审计等方面的资料,重点审查长期亏损、微利却不断扩大经营规模的企业和跳跃性赢利企业,以增强选案的针对性"。2004年10月4日,国家税务总局出台了《关联企业间业务往来预约定价实施规则》(简称APA),其核心内容是通过预约定价的方式对关联交易进行限定。至此,我国的法律初步形成围堵外资企业避税的体系,但是外资企业避税的势头仍未得到有效遏制,其根本原因,就是上述的对于合理避税与非法逃税的法律界限仍然不清。而且,外资企业的避税手段十分复杂。在企业庞大的业务中价格因素是最不确定的,相关部门缺乏足够的人力和智慧对外资企业以转移定价为主的避税行为进行有效监管。

不仅对于外资企业,国内企业对于避税也日益熟练,在避税港注册已经成为国内企业惯用的避税手法。在国际避税地建立公司,然后通过避税地的公司与其他地方的公司进行商业、财务运作,把利润转移到避税地,靠避税地的免税或者低税率减少税负,"避税天堂"越来越多地便于精明的商人给中国企业的监管造成麻烦,因为这些企业虽然在海外没有真正意义上的实体企业,可在法律上属于"外资企业"。

1995年以来,代表转让定价税制发展方向的美国规则和经济合作与发展组织(OECD)准则,对各自的转让定价规则进行了一系列的补充修订,OECD的主要成员国也在转让定价立法领域进行了一系列新的探索和改进,使转让定价税制的一些基本规定更加全面和完善。除去前面说到的预约定价税制(APA)之外,还提出纳税人举证制度和对转让定价的处罚规定。

事实上,税务部门与企业间避税与反避税的斗争一直在展开,新的法律出台堵住了一些漏洞,但新法规很快又被找到破绽,更新的避税手段又应运而生,随之又继续需要出台更新的法规以堵住漏洞。当然,在这场循环往复的斗法中,让一些擅长"捡漏"的人得到实惠,但确实也让各国的法规在不断走向健全。更重要的是,由于避税风潮对各方面的冲击巨大,不但蚕食着税基,也变相加剧了企业的不正当竞争,因此这种治理必须一以贯之地进行下去。

五、结论

有时候,合理与合法就差在毫厘之间,定价、筹划的方式只有在合法的基础上才能考虑合理。转移定价、纳税筹划的产生根本上说是税法和征管体系的不健全造成的,两者完善后避税的空间被大大压缩。对于避税的合理与合法,作为监管者,应通过不断地完善税法和加强税收征收管理,对非法的偷税筹划进行查处,对合法的避税筹划进行合理引导。当然,更重要的,还是在于国际法律体系和各项规定的不断完善。

(案例部分参考自上海财经大学公共经济管理学院网站并补充整理完成)

问题探讨与思考

1. 什么是转移定价?跨国企业如何转移定价?
2. 跨国企业是如何通过转移定价来避税的?请举例说明。
3. 如何界定合理避税和非法避税?

第九章
跨国企业技术管理

 案例 23　改变世界的苹果

本案例学习目标

通过本案例的学习,了解技术管理对于跨国企业的重要性。

一、问题的提出

什么是技术?跨国企业的技术管理有何意义?

二、理论分析框架

技术是人类为满足物质生产与社会活动需要,运用客观规律创造出来的改造客观世界的一切知识、能力、手段和方法的总和。技术具有无形性、系统性和商品属性。

"科学技术是第一生产力"。纵观历史,世界上很多知名的跨国企业都是以当时新兴的技术起家的,而成功的企业则都始终将技术作为自己的核心竞争力,并在激烈的国际竞争中保持不败。科学和技术改变了整个世界,也给我们带来的全新的体验。

跨国企业的技术管理,是指跨国企业经营战略中通过制定和实施技术创新、技术转移和技术推广,在世界范围内管理知识,建立和保持公司的竞争优势的管理过程。跨国公司的战略模式不同,技术管理方式也会有所区别,但是技术管理是通过技术的研发、创新和跨国转移,以及全球学习体系进行融合、沟通和扩散,建立起完整和高效的技术管理体系,是在长期发展中经过不断完善和改进逐步建立的,也通常渗透在跨国企业的产品、品牌和服务中。

技术创新是企业抓住市场潜在的盈利机会,重新组织、集成生产条件、要素和管理资源,从而建立起效能更强、效率更高和生产费用更低的生产经营系统的创造性过程。广义的技术创新是"研发(R&D)——狭义技术创新——创新扩散"的整个过程。技术创新的关键是新技术的商业化,即将开发出的技术物化到设备、产品、工艺上,创造出新产品,开拓新市场,实现经济利益和社会效益的过程,涉及工艺和产品的变革,还包括组织创新、管理创新和战略创新。

跨国企业的技术创新通常得益于国内或者地区内部相关活动或者专业化辅助服务的空间集群所形成的聚集经济,如创意园区、科技园区等,也依赖于适宜的基础设施,如电信网络和运输系统等,从而便于在相互支持的经营网络中便利地连接各个专业化公司。作为跨国企业,其广泛寻求各种范围和领域的资源,如自然材料、低成本的劳动力、工程技术,以及财务和金融资本等,或者把特定的技术单项职能活动和特定的区位优势相结合,从而利于向目标市场进行拓展和渗透,更大的市场是跨国企业的普遍目标。按照资源的获取、组织与成果分配的流向,跨国企业的技术管理主要分为以下三个阶段:

(1) 获取创新资源阶段。该阶段包括确定区位和技术来源(如建立技术跟踪机构),根据不同的跨国经营战略,从当地或全球获取所需的研究开发、管理或市场营销人员,拓宽融资渠道等。

(2) 组织创新资源阶段。该阶段主要是合理安排技术、资金和人员,需要确立研发、市场和生产、工程人员的组合配置,建立知识与技能分享的机制等。选择产品开发与销售的目标市场,对目标市场进行组织管理,建立国外的生产与供应基地等。

(3) 创新成果再配置阶段。该阶段对创新成果的再配置,根据不同的经营战略,采取的方式有地区服务全球、全球服务地区和各地区联合开发共同分享,涉及建立产品销售、中间品供应渠道,了解并影响东道国的产品进出口等。

三、案例背景介绍

成立于1976年的苹果公司(Apple Inc.)是个人电脑最早的倡导者和生产商之一,其业务包括开发、制造、销售个人电脑、计算机软件及个人数字式辅助设备。最知名的产品包括 Apple II、Macintosh 电脑、iPod 音乐播放器、iTunes 商店、iPhone 手机和 iPad 平板电脑等。从发明个人电脑,到建立一个便携式媒体播放器的全新市场,再到彻底改变人们购买音乐、享受音乐的方式,以及现在利用各种高新技术设备改变了人类的生活方式,甚至整个世界。苹果公司成功

图9-1 苹果公司的商标

的根源在于其产品技术的不断创新、变革和独特的技术管理方式。图9-1为苹果公司的商标。

2010年5月,苹果公司市值超过微软市值,成为全球市值最高的IT企业。在此过程中,苹果公司在全球IT行业的影响力慢慢超过微软。2011年8月9日周二纽约股市盘中,苹果市值达到世界第一。从2012年4月起,苹果以超过5 200亿美元的市值稳坐第一的位置,截至2014年6月,市值约5 490亿美元。2013年9月30日,美国品牌顾问公司Interbrand公布"2013年全球百大最有价值品牌"排行榜,稳坐榜首14年的可口可乐(Coca Cola)首度跌至第三,王座让给上年亚军苹果公司。

讲到苹果公司的诞生,不得不提公司的两位著名的创始人。史蒂芬·沃兹涅克(Stephen Gary Wozniak)和史蒂夫·乔布斯(Steve Jobs)分别出生于1950年和1955年。1972年,乔布斯从加州大学Reeds学院辍学。同年他成为了HP公司的夏季职员,随后与同在HP公司就职的,也是刚从加州大学辍学的沃兹涅克相识。1975年,在乔布斯的卧室中,乔布斯和沃兹涅克开始开发个人电脑,命名为Apple Ⅰ;1976年,Apple Ⅰ开发工作完成,在乔布斯的车库里他们制造出了Apple Ⅰ的原型机。1976年4月1日,苹果电脑公司诞生。

1980年,苹果电脑公司的股票上市,并获得巨大成功。1983年4月,百事可乐公司的前总裁John Sculley成为苹果的总裁兼CEO。但是到了1985年,乔布斯离开了苹果公司,原因是乔布斯认为Sculley根本不懂计算机,而Sculley认为乔布斯不善管理公司。5月31日,Sculley解除乔布斯的一切权力,仅保留了他的苹果主席职务,但乔布斯已经不能对任何决策施加影响;9月17日,史蒂芬·乔布斯正式从苹果辞职。他对苹果董事会表示他计划创建一家新的公司NeXT,他还通知他们5名苹果雇员将与他一起创建新的公司。1986年1月,苹果停止对乔布斯的控告,乔布斯同意6个月内不雇用苹果职员,并且不建立与苹果电脑竞争的电脑公司。

缺少了乔布斯的苹果公司逐渐在走下坡,于是董事会又做了个决定,1996年12月,苹果以4.3亿美元收购NeXT电脑公司。1997年1月26日,乔布斯重新回到苹果公司,从而开始了一系列改变。1997年7月1日,20周年纪念版Macintosh上市,这款机型与以往机型有些不同,主频为250 MHz,配有集成BOSE声音系统,被限量发售,它的独特设计风格使其成为收藏家的珍爱。

1997年7月22日,MacOS 8发布。它是第一个真正不同于MacOS 1.0桌面的系统。新一代的MacOS 8比它的前辈运行更加稳定。1997年8月6日,史蒂芬·乔布斯成为苹果事实上的领导人,他宣布苹果与微软结成联盟,微软购买1.5亿美元苹果股票,而苹果将微软IE浏览器集成到苹果操作系统中。1997年9月,Motorola发布Power PC750(G3)处理器,苹果从Mac兼容机制造商手中购回许可证。1998年1月7日,苹果正式宣布扭亏为盈重新赢利,乔布斯宣布1998年第一财季收益为4 700万美元。图9-2为苹果CEO乔布斯。

图9-2 苹果CEO乔布斯

乔布斯入主后,苹果公司陆续宣布了一系列产品和技术调整,主要包括:

(1) 削减亏损产品推出技术产品。1998年2月27日,Newton项目中止,主要是由于该项目的巨额亏损(苹果从Newton项目开始共投入超过5亿美元)和苹果产品线的削减。所有不重要的和不赢利的产品系列(如打印机和附件)都被中止。1998年8月15日:iMac上市,并且成为历史上销售最快的个人电脑。2000年9月12日,在巴黎苹果展览会上,苹果推出了新款iBook,有两款不同颜色的机型(灰色和青色),其主频为366 MHz或466 MHz。2001年1月9日,在三藩市MacWorld展览会上,乔布斯展示了一系列苹果新产品。

(2) 通过兼并收购获得新颖技术。2001年3月14日,苹果以价值6 200万的苹果股票收购了一家专为学校提供数据管理软件的公司Power School,其基于互联网开发,可以通过Web浏览器对它进行访问。通过收购苹果有能力为学校提供完整的系统集成,为学生提供iMac,为教师提供Power Macintosh电脑,而Power Macintosh G4 Server则可以作为PowerSchool软件和AirPort无线网络的平台。2001年4月18日:苹果宣布本季度收益为4 300万美元,其中MacOS X的销售贡献了900万美元。

(3) 推出全新产品引领时代潮流。这是苹果重回世界舞台,并且一步步引起全球瞩目的关键。如今,"i系列"已经成为了苹果的特征和代名词。

2001年10月推出的iPod数字音乐播放器获得了空前的成功。虽然它并非是市面上首款便携式MP3播放器,但其精良的设计及舒适的手感令其大受好评,配合其独家的iTunes网络付费音乐下载系统,一举击败索尼公司的Walkman系列成为全球占有率第一的便携式音乐播放器,随后推出的数个iPod系列产品更加巩固了苹果在数字音乐市场的龙头地位。到了2007年,苹果宣布售出第一亿部 iPod,是史上销售速度最快的 MP3 播放器。而自首次推出 iPod 以来,苹果现已推出超过 20 款 iPod 产品。

2006 年,苹果发布了个人电脑 iMac,苹果 500 万台 iMac 下线,这一成绩使 iMac 成为迄今为止最成功的个人电脑,苹果公司因此而获得了该公司创立已来最大幅度的市场占有率成长。

2007 年 1 月 9 日,苹果电脑公司正式推出 iPhone 手机,并宣布更名为苹果公司。苹果的这部智能手机直接改变了世界,手机不再是手机,而是每个人身边的智能信息终端。截至 2014 年 3 月 26 日,苹果已售出高达 5 亿部 iPhone。

2008 年 10 月 15 日,苹果公司推出经过全新设计的 MacBook、MacBook Pro 系列笔记本电脑和新产品 Apple LED Cinema Display 显示屏。

2010 年 1 月 27 日,苹果公司推出平板电脑产品 iPad,定位介于 iPhone 和 MacBook 之间,是兼具 iPhone 的触摸屏操作方式而又功能强大的小型个人电脑,采用 iPhone OS 操作系统的修改版。2011 年 3 月 2 日,苹果公司推出平板电脑产品 iPad 2。

虽然传奇人物乔布斯于 2011 年 10 月 5 日去世,但苹果的创新似乎仍然在继续。2012 年 3 月 7 日,苹果现任首席执行官提姆库克发布 iPad 第三代产品。2012 年 10 月 23 日,苹果发布了 iPad(第四代)、13 吋 Retina MacBook Pro,新一代 Mac mini 和新一代的 iMac,当日亦推出了 7.9 吋 iPad mini,是自库克上台以来第一个全新产品。

四、案例分析

苹果公司原有文化的核心是一种鼓励创新、勇于冒险的价值观。自白手起家,小小的苹果电脑便在技术领域内引发两次变革,迫使包括 IBM 和微软在内的每一家电脑公司都加入它开启的新潮流。不仅是勇于创新,事实上,公司一直是我行我素,冒高风险,甚至反主潮流。公司的信条是进行自己的发明创造,不要在乎别人怎么说,一个人可以改变世界。正是这种大无畏精神使公司能够推出令广大用户喜爱的 Macintosh 电脑,在业内率先领引鼠标定位器和图形界面操作系统,也击败了曾经不可一世的手机霸主诺基亚,引领智能手机革命和带动时代潮流变化。苹果的独特的技术管理主要表现在如下方面:

(1)强调苹果的核心价值。苹果的企业价值可以概括为"任用最好的员工,制造最好的产品,提供最好的产品体验"。这可以从苹果的人力资源管理制度中找到佐证。苹果的人力资源管理部门的工作目标是"为公司提供杰出的人才,确保给他们持续的职业晋升空间。每个员工当在任何时候、任何工作中,为争取最高品质的表现而拼搏"。为实现这一目标,苹果制订了相应的招募计划、合伙人机制、员工培训项目、绩效评估、奖惩机制,处处体现着苹果公司的核心价值:客户体验、竞争、平等、自由,不拘泥于成见,不受组织层级制约。

(2)专注于产品、技术和商业模式的创新。乔布斯向全世界发布最新的苹果产品,不断向公众传播苹果的核心价值:创新、不断挑战极限。苹果公司划时代的产品族 iMAC、iPhone、iPad 等的相继成功,使 i 语言成为专属于苹果文化的、象征着最先进的电子技术、最尊贵的用户体验、最有品位设计的专有名词,甚至成为这个时代的特色用语之一,从此反映出苹果走在时代最尖端的电子技术,以及苹果人追求完美、极致、首创的信念。而在技术上,员工都必须牢记苹果比其他任何一家公司都更加注重产品的设计——了解消费者的需求,懂得如何满足消费者的需求,然后着手实现这些目标。顾客厌倦了枯燥的计算机语言和 DOS 磁盘操作系统,苹果推出了图形界面;顾客厌倦了体积颇大、快进倒带缓慢的 Walkman,苹果推出了小巧易操作的 iPod;顾客厌倦了键盘输入、功能不多的手机,苹果推出了革命性的触摸屏智能手机 iPhone。在过去的 10 年中,乔布斯曾带领苹果走出老化的商业模式并进行革新,从而创造了前所未有的成就,并向市场推出了许多更好的产品。无论是产品的设计、新产品的设计理念还是公司独具的简单运营方式,苹果都与众不同。在创新的过程中,新颖的想法只是一部分,具体执行力也同样重要。乔布斯和他的工程师对施乐的图形界面进行了巨大的改进,然后又以施乐永远无法实现的方式对这些技术作了进一步的完善。乔布斯的一些公开讲话,如"创新,这就是我们做的事情","这是全世界最好的电脑","我们拥有最棒的两千五百万消费者"等,塑造了苹果重视技术创新、自信、张扬的公众形象。

(3)时刻关注细节与主导市场。如果说苹果懂得哪一条经营之道,那就是关注细节,意味着长远回报。例如,谷歌的 Android 操作系统与苹果的 iOS 操作系统相比总是缺乏一些闪光点,虽然这点差距并不会让消费者觉得苹果的操作系统更好用。更重要的是,苹果公司做的不是让自己的产品去适应市场,而是由自己的产品去创造市场的需求。除去那为大众所熟知的饥饿营销外,乔布斯有句名言:"亚历山大·格雷厄姆·贝尔在发明电话之前做过任何市场调研吗?"因此乔布斯一次次说"消费者根本就不知道他们自己需要什么,直到你把它呈现在他们面前!"而在涉及技术时,乔布斯脑海中只有一个目标,那就是"主导市场"。他所想的不只是击败市场上的所有公司,而是要彻底摧毁它们。乔布斯想向世界表明,只有他的公司才是最强的,他曾经因为不满意谷歌网站上一个 Logo 字母的颜色,亲自打紧急电话给谷歌的技术人员,让他马上修改。乔布斯就是想向所有竞争者、消费者和所有人证明这一点,并希望员工可以帮他实现这个目标。

(4) 喜欢个人集权主义决策。乔布斯着迷于书法和字体,最初 Mac 电脑漂亮的字体便是出自他在书法课上的设计。在给苹果设计最初的手册时,他仔细的研究了索尼的手册所使用的字体、排版,以及纸张重量。在设计第一台 Mac 的外壳时,他又不断地在苹果的停车场徘徊研究德国和意大利轿车的车身设计。诸如此类的故事,不断向苹果公司内外传输着苹果公司强调细节、重视产品设计与美感,也传递了领导者亲力亲为、不善授权的企业文化。苹果公司最典型的仪式与典礼是新产品发布会,通常都是由乔布斯一个人主持。乔布斯对于"苹果店"有他的战略设想,一方面他让苹果专卖店开遍全美、全球;另一方面他建立了"店里面的店",即在线 APP Store,应用程序、音乐、电子书等可从这里直接下载到用户的 iPhone、iPod touch、iPad 里。这种大规模的、全球化的线上与线下互相呼应的"开店"战略,从未在人类历史上存在过,在最初并不能得到所有人的赞同,但是现在成为了苹果最重要的盈利模式,所以苹果那些创意性的战略的实施很大程度上依赖于乔布斯基于直觉和经验的判断,以及个人独裁的管理模式。

五、结论

苹果公司的成功之道包括重视技术创新,强调设计美感和用户体验,注重细微环节的改进,以及高度个人集权的决策与管理。苹果公司在上述特质的基础上,以其独特的技术管理方式适应了电子产品行业激烈的竞争环境,甚至引领了更大的信息技术行业前进的方向,这也是苹果公司获得关键竞争优势、取得成功的关键。

问题探讨与思考

1. 苹果是如何一步步成为全世界最成功的电子产品公司的?
2. 苹果公司的故事对你有何启示?
3. 你如何评价苹果的技术管理模式?
4. 你认为乔布斯在苹果公司的成长历程中起到了什么作用?
5. 在后乔布斯时代,苹果公司能否再续辉煌?说说你的理由。

案例 24　数码时代折戟沉沙的百年老店——柯达

本案例学习目标

通过本案例学习,进一步理解技术管理对于企业竞争力的重要性。

一、问题的提出

逆水行舟,不进则退。苹果起起伏伏,在新世纪引领了产业革命的潮流,获得了巨大的成功。那么,如果企业没有有效的技术管理,企业会面临什么困难吗?

二、理论分析框架

研究与开发(R&D,研发)是跨国企业技术创新管理的重要内容,不仅是跨国企业占领国际市场、取得技术优势的第一要素,也是跨国企业实行其经营战略的重要途径。研究与开发能够使企业不断创造出适应市场需求的新产品和新服务,使企业赶上科学技术日新月异的发展步伐,提高企业的创新能力,增强企业的市场竞争力。

跨国企业的研发主要包括五种形式和途径。第一种是独立研究与开发,即在基础研究和应用研究的基础上,自行开发具有特色和创新性的新技术、新产品、新工艺以及新系统,采用这种研究与开发形式,一般能够最有效地培养企业的科研技术人员,提高企业的科研技术研究能力。第二种是引进技术,即利用国内外其他企业已有的比较成熟的技术进行研究与开发。第三种是引进技术与创新相结合,即在引进国内外企业已有的成熟技术的基础上,加以吸收、消化和改进,研制出新技术、新产品、新工艺以及新系统。第四种是联合研发,即与其他企业结成技术战略联盟,共同从事研究与开发。第五种是委托研究与开发,即研究与开发工作委托给企业外部的研究机构或大学。

研究与开发和企业的发展战略以及方向紧密相关,只有将研发和企业未来发展的方向相结合,以其引导技术管理,才是企业赢得未来的关键。

三、案例背景介绍

伊士曼·柯达公司(Eastman Kodak Company),简称柯达公司,曾是世界上最大的影像产品及相关服务的生产和供应商,总部位于美国纽约州罗切斯特

图9-3 柯达新旧商标

市,业务遍布150多个国家和地区。柯达公司在影像拍摄、分享、输出和显示领域一直处于世界领先地位,100多年来帮助无数的人们通过胶卷留住美好回忆、交流重要信息以及享受娱乐时光。图9-3为柯达新旧商标。

但是,进入21世纪以来,这个曾经在胶片时代占据全球绝对主导地位的龙头,在数码相机的发展洪流中陡然跌落。自1997年后(除2007年),公司再无盈利记录。2011年,柯达数度传出破产传闻,当年股价跌幅超过80%,这使正在变卖资产求生的柯达遭遇雪上加上的打击。时至2012年1月,柯达的市值从历史峰值的310亿美元,降至1.75亿美元,其现有资产为51亿美元,但债务高达68亿美元,已经资不抵债。十余年间,柯达总市值蒸发超过99%,并且平均收盘价已连续30个交易日位于1美元以下,不符合纽交所的上市要求。2012年1月19日,柯达及其美国子公司提交破产保护申请,以力争度过多年销售下滑所致的流动性危机。柯达表示,此举在于加强其在美国和海外的流动性,将非战略知识产权货币化,妥善解决遗留的负债问题,并使公司专注于最有价值的业务,公司将继续支付员工薪水和福利以及开展面向消费者的服务项目。当时,柯达表示公司已获得花旗集团提供的9.5亿美元18个月期信贷进行业务重组。这家创立于1880年的世界最大的影像产品及相关服务生产和供应商,在数码时代的大潮中由于跟不上步伐,而不得不面对残酷的结局。

自1880年乔治·伊斯曼在美国纽约州的罗切斯特成立伊斯曼干版制造公司以来,柯达公司一直是全球影像产品创新的引领者。胶卷诞生后,柯达迅速占据了全球2/3的市场份额,是毫无疑问的绝对王者。1930年,柯达占世界摄影器材市场75%的份额,利润占这一市场的90%;1964年,立即自动相机上市,当年销售750万架,创下了照相机销量的世界最高纪录。1966年,柯达海外销售额达21.5亿美元,在《财富》杂志中排名第34位,纯利居第10位,当时位于感光界第二的爱克发销量仅及它的六分之一;1975年,柯达垄断了美国90%的胶卷市场以及85%的相机市场份额;1990年、1996年,在品牌顾问公司排名的10大品牌中,柯达位居第4,是感光界当之无愧的霸主。2002年,柯达的全球营业额增至128亿美元,全球员工总数约7万人。

能够长期占据全球影像领域的龙头地位,柯达自然有其绝招——强大的技术创新能力。进入数码相机时代,柯达也是当仁不让的先驱。1975年,柯达实验室研发出全球首台数码相机,并将其用于航天领域;1991年推出了基于尼康技术的首款数码单反 DCS 100,像素数达到 130 万;1995 年发布首款傻瓜型(Point and Shot)数码相机供非专业摄影者使用;1998 年开始生产民用数码相机。柯达从 1886 年就开始赞助奥运会,1986 年成为奥运会顶级赞助商,进一步提升了它的全球知名度。可以说,柯达是数码影像的发明者。数据显示,柯达曾参与了数码相机崛起的每一个细节,在其拥有的超过 10 000 项专利中,有 1 100 项的数字图像专利组合,远超其他任何一个同行。

但是技术创新上的领先,并不代表着市场上的领先。在全球影像业快速切入数字时代后,由于发展战略尚未理清导致产业重心偏差,柯达公司的产品发展重点长期围绕着已有的胶卷、印像和冲洗业务打转,压制了数码相机的进步。即使在摄影技术从胶片化向数码化转型的趋势十分明显时,柯达依然沉溺于传统胶片,无法扭转全球胶卷消费市场以每年 10% 的速度急速萎缩的颓势,直到不得不关闭生产了 74 年的胶卷工厂。

因战略问题错失了许多良机,股价低迷面临摘牌退市的危机,美国柯达公司及其美国子公司正式依据美国《破产法》第十一章提出破产保护申请,以求度过多年销售下滑所致的资产流动性危机。美国《破产法》管辖着公司如何停止经营或如何走出债务深渊的行为,当一个公司临近山穷水尽之境地时,可以援引《破产法》第十一章来"重组"业务,争取再度赢利。破产公司,也就是"债务人",仍可照常运营,公司管理层继续负责公司的日常业务,其股票和债券也在市场继续交易,但公司所有重大经营决策必须得到一个破产法庭的批准,公司还必须向证券交易委员会提交报告。如果依据美国《破产法》第七章申请破产,公司全部业务必须立即完全停止。由破产财产托管人来"清理"(拍卖)公司资产,所得资金用来偿还公司债务,包括对债权人和投资人的债务。

作为一个国际跨国公司中的技术偏执狂,其并未开拓出乔布斯式的创新神话,反而陷入了市场衰退的泥潭中不能自拔,柯达创新神话也随之破灭。自此柯达迈上了缓慢的战略转型之路,对业务结构进行了重组,将其业务部门从三个减少至两个,重组后的两个部门分别是商业部和消费者部。它们将吸收公司胶卷部门的部分业务,同时还将大力发展新的打印技术。

2013 年 5 月,柯达公司正式提交退出破产保护的计划,该公司无担保债权人可获得重组后公司总值 22 亿美元的股份。2013 年 8 月 20 日,美国联邦破产法院批准美国柯达公司脱离破产保护、重组为一家小型数码影像公司的计划。9 月 3 日,柯达退出破产保护,只是柯达已经卖掉了几乎所有使它成名的业务。现在,该公司将专注于销售打印设备和提供打印服务。

四、案例分析

在科技面前,没有人能一直高高在上,时代会抛弃一切落伍者。对于老牌企业而言,要么在固执和傲慢中死去,要么在持续创新中重新焕发生机。柯达的没落源自其对数字时代快速崛起的漠然,也是其偏执发展战略的必然结果。

20世纪七八十年代,柯达几乎一统摄影江湖,在人们心目中,柯达似乎是永不会倒的品牌。然而,这种无敌般的感觉反倒让其管理层滋生了过分的自信,面对新技术的出现和应用,反应迟钝,错失转型最佳时机。

其实柯达进入数字摄影行业并不晚,甚至是数字摄影技术的发明者。柯达1975年发明了第一台数码相机。1991年,柯达与尼康合作推出了一款专业级数码相机。不过,同富士和奥林巴斯这些竞争对手相比,柯达仍把主要精力放在传统模拟相机胶卷生意上。2002年柯达的产品数字化率只有25%左右,而竞争对手富士胶片已达到了60%。2003年,柯达才宣布全面进军数码产业,可当时佳能、富士等日本品牌已占据"数码影像"的龙头地位,就连韩国三星等企业亦已初具规模。2004年,柯达推出6款姗姗来迟的数码相机,但利润率仅1%。传统行业的巨头总是希望能够延续以往的风光,因此在转型时就会瞻前顾后,甚至抗拒转型。柯达的失败,是众多转型不成功的传统行业巨头的一个代表。

市场就是这么无情,无论曾经多么辉煌,无论曾给人带来多么美好的记忆,如果不能跟上时代的潮流,就会被市场无情地抛弃。柯达的成功是因为用当时革命性的成像技术、创新的产品满足人们对真实影像记录的需要,柯达的失败是纠结于自身成功塑造的标准,尽管这些标准在数字成像体系领域已经远远落后。胶卷易于曝光、保存不便、冲洗不易、像素和分辨率偏低、存储量小、无法即时预览和修改,胶卷成像技术在新出现而且日益成熟的数码成像技术前显得不堪一击,虽然柯达在传统感光胶片领域仍然拥有上千项专利,但是标准无人使用,也就几乎等同于废纸。激光打印机的逐渐普及和现代医疗设备的数字化推进,则把柯达直接推向了深渊。企业提供的产品和服务的最终目的就是满足客户需要,在消费者看来,通过什么工具并不重要,重要的是能不断体会到新奇、美好和方便。熊彼特提出"创造性毁灭"来描述市场经济的一个重要特征:"新的消费者和产品、生产和运输方式、市场以及新工业组织形式"不断破坏着市场的均衡,实现超额利润,创造新的行业,同时淘汰旧的公司。从这个观点来看,柯达的失败或许就是因为它过于成功和庞大,以至于沉浸在成功的"标准"当中难以自拔。

我们看来,柯达的失败主要基于两方面原因:首先,传统相机和数码相机的工作原理不同,在数码时代,柯达基于传统相机的供应链优势和专利优势不复存在。在数字化的时代,随着技术水平的发展,各种打印机的普及,数码成像的质量已经远远高于传统胶片,此外在保存、冲洗、储量、易用性等方方面面都遥遥领先,那么还有谁会使用必须避光保存容易曝光、需要复杂麻烦的化学冲洗过程、不能连接电脑、一卷才几十张的胶卷呢?其次,虽然柯达率先发明数码相机,但柯达的成功实质是传统业务的成功,所以传统业务部门对决策影响力甚大,企业资源也会优先配置到传统业务部门,从而导致其转型迟缓。其实,从2003年开始,柯达就启动了两次战略转型,准备放弃传统胶卷业务,重心转向数码产品,但这意味着放弃自己传统的优势和巨额利润,最后也就不了了之了。

反观现在如日中天的苹果、谷歌,柯达的案例告诉我们,只有不断创新的产品才能塑造一流企业。只有不断追求产品创新,不断满足消费者的需求,才能倒逼企业不断创新,立于不败之地。忘记这一点,即使拥有"行业标准"、"世界第一品牌"的光鲜荣耀,早晚也会面临出局的命运。

随着产业技术的不断发展,各种技术路线和产业链之间在基础研究、标准制定、市场应用等各个层面激烈竞争,企业必须着眼点于长远目标,不断创新变革,而在技术驱动扮演重要角色的战略性新兴产业领域尤其如此。在强调技术创新、专注消费体验的时代,老牌贵族转型成功亦屡见不鲜。比如,IBM曾被微软的盖茨预言必将破产,但是IBM早于1995年即启动全面转型,并最终完成了从计算机软硬件提供商向IT服务商的完美转型。美国最大市值公司的苹果,于2000年出现巨亏10亿美元之后,在传奇CEO乔布斯的带领下迅速向电子消费娱乐产品转型,进行全新的战略转型和重新定位,完成堪称经典的苹果转型四部曲,并于2007年将公司名字去掉了以往的"电脑"两字。

企业创新,不仅仅是在行业领域内的技术管理上执著,只有创造顾客的需求,符合时代的潮流,才是企业技术管理长盛不衰的真正奥秘。

五、结论

在这个变化日新月异的时代,唯有"创新"是不变的真理。这种创新,不但基于技术和管理层面,更基于商业模式,乃至消费体验层面。上述案例中的跨国企业昭示,对于老牌企业而言,要么在固执和傲慢中死中,要么在持续创新中重新焕发生机。

显然,世间没有绝对的基业常青,企业的生死存亡充满了诸多的不确定因素。同样,创新和变化虽不能完全确保企业永立潮头,但却是企业持续生存和发展的必要前提。

问题探讨与思考

1. 你是否对传统的胶卷胶片有印象？试查阅相关资料，比较传统和现在的设备成像方式的优缺点。
2. 百年柯达的折戟沉沙，对你有何启示？
3. 你认为柯达的转型应向哪个方向发展？

第十章
跨文化管理和企业社会责任

 案例 25　戴姆勒-克莱斯勒的南柯一梦

本案例学习目标

通过本案例的学习,理解企业文化的含义,从而体会跨国企业跨文化管理的必要性。

一、问题的提出

什么是企业文化?企业文化管理在跨国企业发展过程中有何意义?

二、理论分析框架

企业文化是指企业中长期形成的共同思想、作风、价值观和行为准则,是一种具有企业个性的信念和行为方式,是一种企业管理哲学观念。企业文化是在民族文化和现代意识影响下形成的,具有企业特点的群体意识,以及这个群体意识所产生的行为规范,是社会文化系统的一个有机的重要组成部分,也是一种客观存在的文化现象。

由于世界上各个国家的文化存在差异,跨国企业的经营涉及不同的区域,因此跨文化现象不可避免。跨文化,又叫交叉文化,是指具有不同文化背景的群体之间的交互作用,其主要表现在两个方面,第一是民族文化差异,主要包括不同的民族性格、思维模式、行为方式、政治文化和宗教信仰;第二是企业文化差异,主要在企业层面上得以表现,包括不同的经营思想与经营方式,不同的企业价值观,不同的劳动人事政策等。如果管理不善,跨文化冲突对跨国公司影响是多方面的,一般会产生极度保守、沟通中断、非理性反应以及怀恨心理,还可能给跨国公司带来诸多其他不利的影响,如管理决策的低效率,企业目标的不统一,企业缺乏凝聚力,管理费用大幅度增加等。这些都将加大企业跨国经营的难度,甚至可能最终导致企业跨国经营的失败。

纵观企业的发展历史,跨国企业在急速扩张时期,有的获得了良好的收益和更大的规模效益,有的则在鼎盛时期戛然而止,令人始料未及。在其背后,除了资源、供应链、财务、营销等显性因素之外,隐形的跨文化管理的失误往往是最重要和致命的原因。

三、案例背景介绍

世界汽车工业经过 100 多年的发展,并购、结盟的趋势越来越明显,几乎所有的跨国汽车巨头的成长史都是一部并购结盟史。例如美国的福特、通用、克莱斯勒等汽车公司,它们都是经历了大小几十次甚至上百次的并购才从美国 200 多家汽车公司中生存下来,成为世界汽车市场的主要竞争者。到了 20 世纪 90 年代的中后期,世界汽车工业的增量开始减缓,主要的消费市场出现了不同程度的萎缩,各厂商之间的竞争日趋激烈。在这样的行业背景下,汽车公司合并之风,又一次全球陆续吹起,无论是新兴科技,还是传统产业,似乎都难抵"大者恒大"的合并风潮。合并虽有可能带来更多的市场,但也因此面临更大的挑战和困境,汽车业巨人戴姆勒-克莱斯勒就是跨国并购的一个典型案例。

1998 年 5 月,欧洲最大的工业公司戴姆勒-奔驰公司和美国第三大汽车制造商克莱斯勒进行了世界工业史上最大的兼并案。德国汽车巨头戴姆勒-奔驰公司以 360 亿美元价格并购克莱斯勒,试图打造一个横跨大西洋两岸的汽车巨头。收购双方之间互补的产品线,不同的市场势力分布,协同平台低成本的可能性,都给当时大多数投资人和社会公众带来无限的想象空间。但是新婚的蜜月期实在太短,2 年不到的时间内,克莱斯勒非但没有从合并中获得好处,反而于 2000 年夏天,在美国市场份额自 20 世纪 90 年代以来首次跌至 14% 以下。2000 年下半年克莱斯勒出现了惊人的 18 亿美元的亏损。而在之后的几年中,除了 2005 年,克莱斯勒曾短暂地再度辉煌过外,整体业绩都乏善可陈,时隔数年,克莱斯勒仍然难以摆脱长期亏损的局面,其 2006 年的亏损额更是高达 15 亿美元之巨。2007 年 5 月 14 日,美国瑟伯勒斯(Cerberus)资本管理公司宣布以 74 亿美元收购克莱斯勒汽车公司 80.1% 的股份,从而挤进竞争激烈的美国汽车业,而这也意味着德国戴姆勒-奔驰公司和美国克莱斯勒公司的 10 年联姻走到了尽头。图 10-1 为戴姆勒-克莱斯勒公司的标志。

第十章 跨文化管理和企业社会责任

1998年5月7日,戴姆勒-奔驰(Daimler-Benz)和克莱斯勒两家公司宣布合并,360亿美元的手笔震惊了全世界,是历史上最大的一次两大跨国汽车公司的合并案。时任克莱斯勒公司首席执行官罗伯特·伊顿和戴姆勒-奔驰公司首席执行官于尔根·施伦普都将之称为"公平的合并",并担任3年的联席首席执行官。3年后伊顿会辞职,施伦普将会成为公司唯一的首席执行官。公司在奥本山、密歇根和德国斯图加特都会设立总部,公司通用的语言定为英语。

图10-1 戴姆勒-克莱斯勒公司的标志

当时,双方都认为规模经济效应以及技术和其他信息的共享能够带来巨大的节约(仅1年就节约了4亿美元)和更高的利润。戴姆勒贡献工程技术诀窍,克莱斯勒贡献创造力和营销技术,德国人精益、细致、追求品质化的汽车生产技术配上美国人丰富的创意和追求经济的管理头脑,前景似乎一片大好。戴姆勒集团欲通过与克莱斯勒合并之后互补长短,增加汽车市场占有份额,因为克莱斯勒称霸北美地区,戴姆勒则在欧洲称王,吃下六成以上的市场,且戴姆勒有克莱斯勒欠缺的高级轿车,克莱斯勒则有戴姆勒亟欲发展的小型车。戴姆勒公司的豪华轿车、商用汽车以及运动型汽车和克莱斯勒的低价位轿车、轻型卡车、小货车以及小型篷车互为补充,除了少数产品外,他们的生产线几乎没有重复。双方眼见未来广大的市场,一拍即合,成就了历史上最大宗的汽车合并案。1998年11月17日正式合并,戴姆勒和克莱斯勒各占新公司50%的股份。合并之后的新公司也展现了各种惊人的数据,全球员工人数超过4.4万人,营收成长12%,奔驰车和Smart车系的销量从92万辆突破到107万辆,而克莱斯勒旗下的四个品牌,包括Chrysler、Dodge、Jeep和Plymouth,销量也比前年的300万辆增加了20万辆。合并后最初上半年第二季营业收入比去年同期增加17%,特别是在北美市场,继续保有领先地位,并且奔驰车与Smart车系创下31万辆的新纪录。

两家公司合并的本身是正确的,当时被人们称作"郎才女貌"的天赐良缘,新的戴-克公司股票曾一度涨到了108美元,但合并的方法和程序却是错误的。合并时,两家公司对资本、技术、管理、营销和运营方法考虑得相当成熟。但两家公司并未对德国与美国的企业文化、戴姆勒与克莱斯勒的企业文化进行整合,以至于后来内部的文化冲突占据了主导地位,出现了一个公司两个总部的局面。文化冲突也直接导致了后续各方面的恶化,当媒体上开始出现关于奥本山和斯图加特之间发生冲突的报道后,销售问题和生产问题成了头条新闻,股票跌至26美元,两家公司的合并没有产生"1+1>2"的效益。

四、案例分析

这一系列问题的最初表现,起源于收购时高层的作为。克莱斯勒方面,1998年,伊顿同戴姆勒谈判收购适宜,但是奔驰的高管施伦普似乎没有公平对待克莱斯勒,很不光彩地撒了谎,而合并之后,伊顿等克莱斯勒高层的管理权力被其迅速剥夺了。伊顿面对来自施伦普的施压没有主动进行抗争,克莱斯勒上层管理人员纷纷"跳槽",导致大量高层管理人才外流,这直接导致了合并前看好的美国式创新和营销成了无本之源,也间接导致施伦普的失误,最终造成公司2000年灾难性后果。戴姆勒方面,施伦普在收购克莱斯勒后的集权表现,惹怒了崇尚自由和民主的美国高管。克莱斯勒业绩不佳,与三菱或现代的合作不成功,其全球战略遭到失败,总公司的财务状况持续恶化,而其和工会的协议又导致公司的生产能力过剩了约30%,加上质量问题发生了公司历史上最严重的召回事件,使人质疑施伦普的战略,也质疑其管理能力。

跨国企业的合并战略的制定需要精密的筹划,施伦普和伊顿的全球视野与公司的产品线是协调一致的,虽然组织的最高层互相认可国家和企业文化,但是在基层对不同文化和管理风格进行整合时却遭遇了文化冲突。不同的文化环境还有不同的经济、社会和政治等因素,必会形成较大的文化差异。文化冲突的产生原因主要有:种族优越感、不恰当地运用管理习惯、不同的感性认识、沟通误会、文化态度等。文化冲突的焦点主要集中在以下几个方面:

(1)民族性问题。在这家具有显赫荣耀的德国企业与历史悠久的美国企业的巨型合并中,出现意识形态问题并不令人感到奇怪,公司普通员工之间的相互憎恨甚至追溯到了第二次世界大战的美德大战。美国公司的一些设计人员和管理者认为,合并就是被德国公司接管,因此他们选择离开而加入了美国的通用和福特。在两家公司联合董事会中,德国人和美国人的比例为5:3,而合并宣布之后,独立意愿很强的美国人(克莱斯勒的员工)发现德国人控制着戴姆勒-克莱斯勒公司的命运和管理权,他们开始受不了德国人对他们发号施令。崇尚自由和民主的美国人觉得公司不是"对等合并",而是已经卖给了外国人。克莱斯勒的原总裁伊顿也即将退休,说话也失去了权威,尤其是谎称共享领导权的行为更是为后来的乱局埋下了祸根。

(2)文化认同。文化差异存在于认知、习惯、处事方式与偏见之中,常常不被人们引起充分的注意,因为沟通能有效地消除误会,加强认同感。问题在于,主导兼并的企业总是试图将自己的文化强加给被兼并企业,而不论这样做会对合作双方的意愿与自尊带来怎样的影响,这就扼断了文化认同的沟通途径。在戴姆勒与克莱斯勒的合并案中所看到,在不平等合并中浮现出傲慢与忿恨,当经理与职工的距离达到一定程度,自下而上的沟通便自然中断,结果经理人员无法了解实情,两者在不同的方向上越走越远。戴姆勒-克莱斯勒的总部设在德国,由德国人掌握大权,可公司的通用语言却定为英语,造成高层管理者间沟通上的困难。合并不久,习惯于美国式经营作风的美国人在以严谨刻板著称的德国人的管理下,纷纷离开了公司,有些人是因为文化冲突而被逐出了公司,中高级管理或技术人员则是无法沟通而自行离去的。比如说,德国人并不怎么重视诸如鲍勃•鲁兹(Bob Lutz)等设计师的贡献,其原本设计令消费者满意、无需花费太多成本与研究精力的产品,但是在德国人的管理下,原先克莱斯勒的果敢与创造力被埋葬了。很多克莱斯勒的设计者们因为不能参加新奔驰车的设计而感到难堪。美国人创造性思维与技术领先的关键——公司相对无拘无束的文化不仅遭遇了挑战,而且受到德国人的否认与排挤。

(3) 管理方式的转变。两家企业之间的平滑融合还存在其他障碍。戴姆勒本应面临着调整自身的重任,使自己从一家保守的德国公司转变为一个面对多元文化的大型跨国公司,可是公司的方方面面,包括管理结构、命令的下达和计划的指定等都体现了德国人的本性。戴姆勒的高管们把博士、教授等称谓用在自己的名片上,大多数人都穿着深色的三件套装;与之相反,克莱斯勒则以轻松自由的氛围和创造力而闻名。德国的高层管理者可能会用长达50页的报告进行讨论和制定决策;而美国同事却更倾向于直接的交流。在董事会以下,德国员工们习惯于研究问题并将结果直接交给上级,而管理者通常也会接受这项提议;但美国的管理者通常在接受报告后将其存档,这种做法令德国员工难以接受。

在经营理念上,克莱斯勒的生产模式是按计划生产,然后供给经销商;而戴姆勒的生产模式是以顾客的订单进行生产。两家公司的产销模式完全相反。双方合并的目的之一是想由合并共享先进技术已体现整合的优势,但目前建立共享的汽车生产平台还无法实现。克莱斯勒公司长期以来擅长用新奇的汽车造型和低廉的价格来赢得市场,而戴姆勒公司则一贯把先进的技术、精密的制造、一流的质量和昂贵的价格作为其基本的市场形象。相去悬殊的市场定位和消费者对两家市场的消费定势,决定了两家公司的技术与市场整合的艰难。

(4) 人们之间不同的价值观和行为规范。两国员工对待津贴的态度,也不一样。公司内德国人对美国同事干活少拿钱多忧心忡忡,主要是原克莱斯勒经理人员工资普遍比德国同级管理人员高出 2~4 倍,而对工作的投入恰与德国人相反。克莱斯勒领导层每周工作五天,戴姆勒则工作 6 天。在德国工作的美国人周五早早下班赶回美国,有的甚至在周五早晨就乘坐公司往返飞机回美国去了,而在美国工作的德国同事,则总在周五下午 5 点准时下班然后回国。不过,德国人在享受公款方面却较美国人擅长,德国人喜欢开会,繁文缛节多得令美国人无法理解;德国人出国开会动辄坐头等舱,还经常住在高级宾馆的套房里度假。因此,彼此之间的冲突也日渐增大。

合并与兼并往往伴随着不同文化之间的纠葛,即使是相似企业之间的合并,情形也是如此。德国企业文化要求严格遵守标准的运作程序(SOPs),而美国的企业文化则很少对此作出限制;德国人在心理上主要受财务因素的支配控制,强调成本分析与严格的财务预算,而美国人在心理上则主要受销售因素的支配,寻求销售额的最大化,运营灵活,不惜时常超限支出。这些文化上的差异会阻碍彼此之间的融合,而放任的企业文化导致了沟通障碍与协作失调。新戴-克公司的每个团队都在购买零部件上各自为政,不同的车型使用不同的平台与部件,这样企业也就丧失了原先所预期的规模经济优势。例如,拓荒者(Durango)与吉普车使用不同类型的前挡风玻璃雨刮器,克莱斯勒的 5 个团队使用 3 种不同的轧制钢材料以增加塑料保险杠表面的抗腐蚀强度。

五、结论

戴姆勒-克莱斯勒公司合并案说明,只有文化的合并与成功整合,才是真正意义上的合并。文化差异在跨文化沟通与管理中是一种必然的现象,如果处理不当,这种非管理因素必将成为影响公司经营管理失败的决定因素。跨国并购并不是资金与技术的简单联合,而是从资产到企业文化的整合。跨国并购的成功与否在很大程度上取决于在有形资产的优势互补过程中,对企业文化差异和冲突的处理。合并后的戴姆勒-克莱斯勒并未获得预期的并购效果甚至导致经营上的失败,究其根本原因在于企业整合不利,而这种整合的关键在于企业的文化整合,文化整合的首要工作又取决于整合战略。

公司文化会植入到企业生产和管理的文化,而文化网络会影响到整个公司的员工。因此,跨国企业的重要任务之一就是架起文化沟通的桥梁,以便员工能够把注意力集中到生产经营上,而不是无休无止的隐形对抗之中。一般来说,跨文化整合要经过四个阶段,即探索阶段、碰撞阶段、磨合阶段、创新阶段。各个阶段文化接触和碰撞的心理特征不同,整合工作的侧重点和具体措施也不同。为了建立文化多样性的潜在协同优势,应当在合并初期从文化调研着手,

第十章 跨文化管理和企业社会责任

从高级管理层开始自上而下地贯彻文化整合过程,在有关公司员工的培训、津贴、管理方式、经营理念及规章制度的重整努力。面对冲突,合并双方应各自让步并主动融合到对方的企业文化中,在适应文化的基础上制定出让双方都满意的政策,使合并后的企业能真正互补,员工发挥出最大的潜能,在各方面创造新的价值,重塑和创新企业文化,从而达成预期的合并效果。

问题探讨与思考

1. 如何理解跨国公司的文化和价值观?
2. 你如何理解跨国公司的跨文化管理?

 案例 26 墨西哥湾漏油事件

本案例学习目标

通过案例的学习,理解跨国企业的社会责任,以及政府在主导跨国企业履行社会责任中的重要作用。

一、问题的提出

什么是跨国企业的社会责任?除了企业自身的因素之外,企业践行社会责任还会受到哪些因素的影响?

二、理论分析框架

公司社会责任是指公司董事作为公司各类利害关系人的信托受托人,而积极实施利他主义的行为,以履行公司在社会中的应有角色。跨国公司的企业社会责任是指公司在创造财富、对股东利益负责的同时,作为全球公民,对所在国家(包括母国与东道国)的政府、公众、员工和环境理应承担的责任。

强化跨国公司对员工社会责任的主要手段,可以包括买家主导型的商品链,即由大型零售商和贸易公司占主导地位,在发展中国家完成生产的商品供应网络,从而利于市场对于企业产品品质的监管;在相关国际公约的框架下制定和遵守公司工作生产守则,承诺并承担社会责任、遵守投资所在国的法律、维护劳工权益、改善劳动条件,并要求其承包商与转包商遵循同样的生产行为规范;健全公司自身监督机制,鼓励与保护包括公民个人监督与社会舆论监督在内的社会监督,重视工人的参与和谈判力量,把硬性社会责任规范纳入市场准入机制,建立跨国公司品牌负责制等等。

三、案例背景介绍

BP[全称:British Petroleum(英国石油),简称:BP,后 BP 简称成为正式名称],中文名为英国石油公司,是世界最大私营石油公司之一,也是世界前十大私营企业集团之一。现在的 BP 由前英国石油、阿莫科、阿科和嘉实多等公司整合重组形成,目前经营范围涉及油气勘探、开采、炼制、运输、销售、石油化工及煤炭、有色金属、计算机、海运、保险等多方面。图 10-2 为英国石油公司(BP)的商标。

图 10-2　英国石油公司(BP)的商标

2010 年,美国墨西哥湾原油泄漏事件引起了国际社会的高度关注,而事故的责任方则直指 BP 公司。

2010 年 4 月 22 日,媒体报道,在爆炸起火两天之后,美国路易斯安那州沿岸的一座石油钻井平台 22 日沉入墨西哥湾,对附近海域造成严重污染。美国海岸警卫队发言人向媒体证实,这座名为"深水地平线"的钻井平台,在爆炸起火 36 个小时之后沉入墨西哥湾,11 名工人失踪。发生事故的钻井平台使用了 9 年,而在 2008 年 3 月至 2013 年 9 月租给了英国石油公司(BP)负责管理。人员发现在沉没当日的下午 1 时开始漏油,并继续蔓延。最初估计每天平均有 12 000 到 100 000 桶原油漏到墨西哥湾,导致至少 2 500 平方公里的海水被石油覆盖着。专家们担心此次漏油会导致一场环境灾难影响多种生物,此次漏油还影响了当地的渔业和旅游业。

美国政府在 4 月 29 日把墨西哥湾钻油台漏油危机列为国家级灾害,总统奥巴马表示,将倾尽全力,清理即将漂浮到美国岸外的油污。白宫发言人则直接表示"英国石油公司必须对墨西哥湾漏油危机负责,并要求该公司采取最大的反应行动。"5 月 2 日,美国总统奥巴马出面要求英国石油公司"为救灾花销埋单"后,BP 首席执行官托尼·海沃德次日就表示,BP 将对漏油事故及其造成的环境污染负全责。他说:"这不是我们(造成)的事故,但这是我们的责任。我们也将满足所有正当的损害赔偿要求。"此后,世界各国向墨西哥湾提供了各种帮助、方案和技术支持。

5月22日,奥巴马在每周广播讲话中颁布行政命令,宣布成立独立的总统委员会调查墨西哥湾原油泄漏事件,并表示在能够确保此类事件不再发生前,近海石油钻探活动不得继续进行。但是与此同时,大量新闻报道、视频图片等向全世界显示,墨西哥湾泄漏原油严重危害生态系统。海底漏油点每天至少还会泄漏数以万升的原油,因此,漏油对生态系统的破坏仍将继续。

在舆论和群众的压力和关注下,伴随着各种不断尝试又不断失败的堵住漏油口的方案的推行,全美逾50个城市将展开抗议示威活动,美国政府和BP公司的对话和交涉也在不断展开。6月3日,美国政府宣布将在当天晚些时候给英国石油公司提交一个总额为6 900万美元的账单,要求该公司为美国政府迄今应对墨西哥湾原油泄漏而支出的费用埋单,英国石油公司则已为漏油事件支出10亿多美元。奥巴马于6月8日接受媒体时对墨西哥湾漏油事件用词强硬,甚至爆出粗口,进一步给英国BP石油公司施压以加大堵漏力度。这次美国史上最严重的环境污染事件令奥巴马政府受到了很大冲击,在6月3日至6月6日期间,华盛顿一家媒体对1 000名美国民众展开了调查,其中有69%的人都认为政府处理这件事情时做得"不怎么样"甚至是"非常糟糕",奥巴马压力巨大。BP公司先后采用开启止喷阀、安放控油罩、设置吸油管等多种办法堵漏,但均以失败告终。公司股价在6月25日在伦敦市场一度下跌9%,市值缩水幅度扩大至逾1 000亿美元。

有意思的是,6月11日外电报道,英国财政大臣欧斯本表示,不能忘记英国石油公司(BP)给英国和美国民众带来的经济价值;这是英国政府对在美国身陷猛烈抨击的英国石油公司首次公开表示支持。英国首相卡梅伦当日在与英国石油公司主席斯芬博格通电话时表示对该公司在墨西哥湾漏油而导致的对环境破坏,感到"沮丧"和关切,同时表示英国政府将帮助英国石油公司应对这一事件。卡梅伦同时也希望英国石油公司能够保持稳定,因为BP是在英国、美国和其他国家都非常重要的公司,其继续保持强大和稳定事关每个人的利益。英国政府面对这一危机时处于两难境地,一方面在美国对此事件的指责调门越来越高时,英国不希望该事件影响两国传统的盟友关系;另一方面也不希望英国石油公司遭受更大损失,因为目前,英国石油公司在英国的雇员超过1万人,1 800万人直接持有或通过退休基金拥有该公司的股票。在电话中,卡梅伦要求英国石油公司继续努力阻止石油泄漏,清理污染,并满足一切"合法"的相关赔偿要求。6月12日,英国首相卡梅伦与美国总统奥巴马通电话,墨西哥湾漏油事件成为主要话题。奥巴马澄清说,自己有关漏油事件的言论并非针对英国;英国首相办公室则发表声明说,交谈"气氛融洽、富有建设性"。在各方谈判和协商之下,6月16日,英国石油公司表示,将拿出200亿美元建立墨西哥湾石油泄漏事件赔偿基金。同时,该公司将不再发放今年头三个季度的股息。

7月15日下午,经过压力测试和检验后,英国石油公司终于宣布"完全控制住墨西哥湾漏油"。新安装在墨西哥湾海底的控油罩证实奏效,能成功搜集全部泄漏原油。此时,这起美国历史上最惨重的原油泄漏事件已经持续了86天。黑色的原油肆无忌惮地从海底泄漏进墨西哥湾,海面浮油污染扩散至美国南部沿岸5个州,酿成了美国有史以来最严重的环境灾难。7月27日,英国石油公司宣布,受墨西哥湾漏油事件影响,2010年第二季度出现169亿美元的巨额亏损。此外,首席执行官辞职的消息也得到确认:CEO托尼·海沃德辞职,其职务将由美国人鲍勃·达德利接替。鲍勃·达德利目前是BP漏油反应部负责人,是BP掌门位置上第一位美国人。

8月5日,英国石油公司宣布,工程技术人员当天已完成向墨西哥湾漏油油井注入水泥以封堵油井的工作。用水泥封堵油井不是整个过程的终结,但它显然可以确保"再不会有原油漏出"。水泥可望在6日凝固,这将标志着水泥封堵油井工程大功告成。之前,BP于3日下午开始向漏油油井注入大量钻井泥浆和水泥,4日宣布取得预期效果,油井压力受到钻井泥浆液体静压力的控制,油井达到"静止"状态。8月9日,英国石油公司BP在一份官方声明中说,为了解决墨西哥湾大量漏油问题,该公司已经花费了61亿美元,这些费用包括支付墨西哥湾沿岸居民的索赔、钻减压井、控制漏油、静态灭止以及上星期为密封破裂油井而采取的灌注水泥措施。同时,因为这次的漏油事故,英国石油公司正面对数百亿美元的罚款、清理费和赔偿费用。

9月19日,为了将漏油井彻底封死,作业人员在漏油井附近挖掘了减压井。此前,16日,减压井与漏油井对接,作业人员从次日起向减压井内灌注水泥,以从漏油井底部进行封堵。水泥凝固并通过压力测试后,漏油井被彻底封死,墨西哥湾漏油事件的技术处理工作宣告结束。自2010年4月发生墨西哥湾原油泄漏事件以来,约有440万桶原油流入墨西哥湾。

2011年9月,美国海岸警卫队和海洋能源管理局公布的调查报告认为用于加固油井的水泥出现问题是原油泄漏的主要原因,油井在漏油事故发生前已存在预算超支、监测设备出现异常等问题。英国石油公司和哈利伯顿公司在实施油井水泥工程时,减少注入油井的水泥量以节约开支,造成油井安全出现问题。

11月2日,英国石油公司宣布,应对墨西哥湾原油泄漏事件数月的清理堵漏费用,以及法律方面应当支付的罚款等费用总计约399亿美元。虽然英石油对原油泄漏事件处理费用的预期提高了77亿美元,但原油泄漏事件发生后,英石油已于第三季度实现盈利,净收入17.9亿美元。为筹集漏油处理资金,英石油已经谈妥大约140亿美元资产出售交易。

2012年11月,英国石油公司与美国达成和解,接受12.56亿美元刑事罚款,在未来三年向美国证交会支付5.25亿美元,另外提供23.94亿美元支付给野生动物基金会用于环境补救行动,3.5亿美元提供给美国国家科学院。此外,BP将对已经达成和解的个人和企业诉讼将支出78亿美元赔款,后续的相关诉讼也还将继续。

(资料来源:根据互联网新闻资料整理。)

四、案例分析

2010年的墨西哥湾漏油事件可谓是全球的焦点之一。从4月份的漏油出现到9月份的彻底封死,美国政府、BP公司可谓费尽周章,耗资巨大方才堵住了油井的漏洞,但是要堵住媒体和群众的嘴,后续那一系列责任追溯、经济索赔等仍将持续相当长的时间,而隐形的生态环境污染的索赔则将遥遥无期。在这出闹剧中,BP扮演了一个跨国公司勇于承认错误、承担企业全方位社会责任的角色,美国奥巴马政府则通过自己的各种经济、政治、公关的手腕维持住了自己在国内乃至全球民众前的地位和形象,这些都显示出跨国企业社会责任的承担由政府主导,但这些都无法掩盖双方在管理不善上的种种深层次错误之举。当然,案例背后也隐隐地透出了大国之间政治关系和经济利益的博弈。

美国举国上下的愤怒和口诛笔伐没有让BP公司如外界想象那样的惊慌失措。直到6月16日,BP公司的高层才与奥巴马举行双方首次的会谈,距离4月20号油井爆炸已相隔近两个月。BP的态度非常明确,这个2009年盈利160亿美元的公司有能力且有意愿支付因漏油事件带来的损失,但是美国人期待的谢罪不在该公司考虑范畴之内。

作为一家强大的跨国公司,BP具备了抵御大规模突发灾难的能力。泄漏事件爆发前,BP的市值是1 070亿美元,尽管蒸发了近千亿美元,但该公司的盈利能力并没有受到损失。作为一家能源公司,市值的蒸发直接损害的更多是股票持有者的利益,BP则可以依靠遍布全球各地的油气资源的产权度过漫长的危机。

除了经济规模和偿还能力外,BP更大的底牌来自它对政治领域独特又异常准确的理解。作为一家经验丰富的跨国公司,常年与形形色色的各国政府打交道,BP对漏油事件政治和社会效应发酵的显然有最基本的预见力,该公司在这次危机公关中的表现,其实更像是傲慢或者说不屑。面对美国,BP的自信比起很多国际大国来毫不逊色,因为它坚信自己会获得政治上的支持或者说它了解美国政府强硬态度的底线,也了解他背后的英国政府会不得已主动化解部分责任。

在BP看来,即便公司在漏油事件爆发之初就承担全部罪名并诚恳地向美国民众道歉,依然逃脱不了美国各界的激烈指责,毕竟惨剧已经造成,至少1.7亿升石油泄漏了出去。既然道歉会让公司在赔偿方面陷入一个更加无法讨价还价的境地,那还不如用近乎刻意的淡然和股票市值的跳水,让母国大英帝国觉得自己国家的企业受到了欺负,而国民的养老钱缩水似乎更为致命,进而不得不介入的程度,这样便可以用政治运作的方式降低公司的应付成本,转移和分薄公司面临的巨大压力。

从英国政府的角度而言,新任首相卡梅伦似乎也正等待这样一个合适的机会,因为如果不是美国人情急之下的口不择言触动了英国人的民族主义神经,卡梅伦想说服经济困境中的英国人民为了一个公司的马虎施工和管理事故买单是极不容易的。6月11日,卡梅伦首相和克莱格副首相唱起了双簧,首相宣称要和奥巴马总统电话商谈此事,并承诺一定协助BP清理油污;副首相则警告说,美国的激烈态度可能引起英国反感,两国应竭力避免"扩音机外交"的发生。英国政治人物和主流媒体也群起响应,宣称美国对BP的态度"恶劣、情绪化且反英"。

英国政府的表态,使墨西哥湾漏油事件进入了一个新的发展阶段,不仅BP的股票应声回涨7%,借力打力的手法也使一场因管理不善带来的环境灾难变成了政治性的国家间关系问题。事态发展到这个地步,肯定与美国平民希望严惩BP的初衷背道而驰,但却未必不是美国政府的福音。

在美国的政治生态中,政府部门、政治家与大公司尤其是大型跨国公司的密切合作关系其实是国家机器有效运转的基本保证,政客中从议员到总统,背后都有多个有各自利益的经济集团作支持。从美国的国家发展历史上看,美国的国运早已经和这些跨国企业的扩张融为一体。即便奥巴马立志仿效富兰克林·罗斯福加强国家干预和市场监管,也不得不在庞大的经济刺激方案中,为那些在经济危机中负有责任的大企业们留出减税的份额。在本质上,企业家精神代表了美国梦的精髓,美国人防范政府多于防范企业家,所以美国人更喜欢去指责政府,而不是追究企业的责任。

没有跨国资本的支持,不以资本的开放为国际战略的基石,美国的全球地位就不会稳固有力。只要美国还是一个开放性的国际体系的领导者,它与跨国企业之间的利益共生关系就不可改变。这种历史积淀和现实诉求使美国政府

第十章 跨文化管理和企业社会责任

对待跨国公司的态度历来慎重。BP 不是一个美国企业,但多年来它与美国政府之间已经形成了亲密的合作关系。处理 BP 所犯的错误时,美国政府需要遵循早已与跨国公司这一特殊群体达成的默契,也需要考虑其他跨国公司的感受,这是美国的全球战略与国家定位决定的。

五、结论

今天,跨国公司已经掌管了全球 1/3 的生产和 2/3 的国际贸易,它们比历史上任何时期都更加深刻地影响着全世界的发展与福利。但是它们是否意识到了自己的责任和义务,从墨西哥漏油事件中我们找不到乐观的答案。

BP 在这次事件中付出了惨重的代价,相信其他跨国巨头们也可以吸取足够的教训。但是如果我们不吝于用悲观的态度考虑的话,就会发现相对于其强大到足以和国家博弈的能力而言,过少的约束使跨国公司犯重大错误的土壤依然肥沃。BP 在环境保护方面所犯的过失,与高盛公司在欧洲主权债务危机中的角色一样极不光彩,但它们都找到了足够的政治庇护。

问题探讨与思考

1. 跨国企业应承担哪些社会责任?请举例说明。
2. BP 公司是否在墨西哥湾漏油事件中承担起了应尽的社会责任?为什么?

 案例 27 康菲漏油事件

本案例学习目标

通过本案例的学习,进一步理解企业跨国责任的重要性。

一、问题的提出

跨国企业社会责任的承担,仅从公司自身内部角度而言,动力往往不足。企业和资本都是逐利的,外部监察又往往流于形式,所以必须纳入其他监督力量。哪些力量会影响跨国企业的责任履行?

二、理论分析框架

公权力的纳入是提高跨国企业社会责任履行的重要方面。公权力的监管,是国家机关的监管,依其主体性质的不同,可以分为权力机关的监督(比如国会、议会或者人民代表大会等),行政机关的监督(政府机构)和司法机关(法院和检察院)的监督。政府及其组成部门,其实只是公权力监督中行政机关的监督,其可以利用自身人员等行政方面的优势加强监督检查,加强准入资格的确定。切实加大权力机关对公司履行社会责任状况的监督力度,克服权威虚置的现象就显得非常重要,因为权力机关不存在利益偏向,也不会流于商业操作,监督有效性会得到提高。此外,权力机关有天然的监督职能,并能有效动用监督之后的惩罚力量,适于运用行政和法律手段,对于企业有强大的约束力。

三、案例背景介绍

美国康菲国际石油有限公司,是一家综合性的跨国能源公司。作为全美大型能源集团之一,核心业务包括石油的开发与炼制,天然气的开发与销售,石油精细化工的加工与销售等石油相关产业。公司以雄厚的资本和超前的技术储备享誉世界,与30多个国家和地区有着广泛的业务往来,并与中海油合作开发蓬莱19-3油田。2011年6月,该合作项目发生溢油事故,康菲被指责处理渤海漏油事故不力;12月,康菲公司遭到百名养殖户的起诉。2012年4月下旬,康菲支付10亿元用以赔偿溢油事故,并与中海油合出资3.5亿修复渔业。图10-3为康菲公司的标志。

图10-3 康菲公司的标志

1. 康菲漏油事件回放

发生溢油事故的蓬莱19-3油田是我国最大的海上油气田,是中国海洋石油总公司与美国康菲石油中国公司在渤海海域合作勘探发现的油田,年产量约占渤海原油产量的1/5。康菲公司拥有49%的权益,中海油拥有51%的权益,康菲是作业方。

据中海油方面的信息,溢油事故包含连续两次平台事故:2011年6月4日,由康菲中国任作业者的蓬莱19-3油田B平台附近的海床出现原油渗漏;6月17日,该油田C平台一口在钻井发生小型井涌,导致溢油发生。根据我国的海洋环境保护法等有关法律规定,在石油开采生产作业中,溢油事故的责任由作业方来承担。接到报告后,北海分局随即督促康菲中国开展自查。但康菲中国随后处理此事的态度,引来各方不满。

6月4日当天,国家海洋局北海分局接到康菲中国报告后立即责成其进行排查。但此后B、C平台附近海域仍持续有油花溢出。6月17日,该油田C平台发生小型井底事故,当日,国家海洋局紧急约见康菲中国及中海油负责人。7

月1日,康菲中国和中海油先后称渗漏点已得到控制,油膜回收基本完成。但其实甚至到9月7日国务院常务会召开时,溢油风险点仍未彻底查清,溢油隐患仍未彻底排除。7月3日,中海油称漏油只污染了200平方米海面,这一说法随即遭到国家海洋局的反驳。后者7月5日称污染面积为840平方公里。7月6日,康菲称没有原油到达海岸。7月19日,国家海洋局就公布辽宁和河北两浴场发现油污颗粒。8月1日,康菲又称两个浴场发现的油污与此次事故无关。

面对康菲一而再地推诿责任,7月13日,国家海洋局决定停止蓬莱19-3油田B、C平台的油气生产作业活动,要求康菲中国采取一切有效措施彻底排查并切断溢油源,彻底消除再次发生溢油的风险。7月20日、29日,国家海洋局先后两次责成康菲中国于8月31日最后期限前完成B平台附近溢油源封堵、清理完毕C平台泄漏的海底油污,并组织力量对已漂至岸滩的溢油进行回收清理。8月31日当天,即上述国家海洋局责成康菲封堵油污的最后期限之时,康菲中国向国家海洋局提交了一份厚达上千页的报告。9月2日,经七部委组成的溢油事故联合调查组一致审议通过,国家海洋局认定康菲公司在8月31日前没有完成"两个彻底"——彻底排查溢油风险点、彻底封堵溢油源,并责令蓬莱19-3油田全油田"三停",即(停止回注、停止钻井、停止油气生产作业)。与此同时,国家海洋局将代表国家对康菲公司提出生态索赔。

9月6日,康菲首次提出设立渤海湾基金,当时康菲称:"该基金的设立旨在根据中国相关法律承担公司应尽的责任并有益于渤海湾的整体环境。"这种说法被外界解读为生态环境基金。康菲石油公司董事长兼首席执行官穆怀礼当时表示:"康菲石油公司对于该事件的发生深表歉意,以及因此对中国的人民和环境产生的影响表示道歉。"9月19日,康菲公司宣布,该公司董事会批准设立第二项基金,用于"为渤海湾蓬莱19-3油田事件造成的任何损害提供公平合理的赔偿"。康菲公司还将与其合作方中海油或其他有关方面合作,以专门响应中国渤海湾环境问题。可见,此项基金为赔偿基金,但赔偿基金规模以及如何运作等重要细节康菲并未披露。在涉及基金方面,康菲石油仅表示将与中国相关政府部门及该油田合作方中国海洋石油总公司配合,而最终则又遥遥无期。

时至11月,国家海洋局将其定性为"一起造成重大海洋溢油污染的责任事故"。但是令国人愤慨的是,12月16日,据《华尔街日报》报道,康菲石油相关负责人表态称,康菲石油在对蓬莱19-3号油田钻井平台周围的水质进行了检测,还在海岸沿线进行了调查研究,基本没有证据显示今年6月发生的漏油事故对环境产生了影响。随后,有媒体针对上述内容向康菲石油求证并且得到了确认,表示在与《华尔街日报》等国际媒体交流时的确发表了该言论。而到了12

月19日,康菲则又对此进行了否认,称此前相关负责人对媒体发表的"没有污染"言论在翻译过程中存在歧义,但是显示溢油对环境造成的持续性影响非常小。

康菲石油的摇摆态度引起了诸多争议。渤海是半封闭的内海,平均水深仅为20多米,溢油对渤海环境的影响是严重的危害。而且,溢油造成的油基泥浆至今还未完全清理干净,对环境的影响还将长期存在。康菲公司对公众隐瞒不报在先,屡屡误导陈述在后,同时一再试图回避承担其造成的生态损害和养殖等经济利益损失,其两面三刀、阳奉阴违的做法已经导致了公信力丧失。

2. 索赔之难

7月5日,国家海洋局称,因为渤海溢油事件,责任主体康菲石油面临最高20万元的行政执法处罚以及生态索赔,引起社会舆论大哗。因为这是新中国成立以来发生的第一起涉及跨国企业作业和环境生态索赔的案例,国内尚无先例。但是,以其恶劣的社会影响,结合2010年发生的美国墨西哥湾漏油案后BP公司设立的200亿美元专项赔偿基金来看,诸多评论以为惩罚过轻。此后,国家海洋局积极筹备生态索赔,但是康菲石油渤海湾溢油事故发生以来,对中国的环境和渔民造成了巨大的伤害,与国家海洋局的索赔计划相比,民间对康菲的诉讼,无论是公益诉讼还是民事诉讼,中国各级法院尚未受理任何一桩索赔诉讼。受损渔民和律师,多方奔走半年,却一直无果:

河北省乐亭县的水产养殖损失大概在70%左右,其扇贝养殖户代表,在8月31日前往天津海事法院起诉康菲石油中国有限公司,索赔3.3亿元,海事法院给出了不予立案的理由:新闻报道不足以证明康菲公司与渔民存在损害和被损害的关系,损失统计表是养殖户自己计算的,同样没有证明力。按照法院的说法,如果要立案,还需要鉴定报告,还要有国家海洋局出具的带有公章的证明等。

在河北乐亭渔民提起民事诉讼被驳回之后,11月18日,山东烟台30名受损养殖户提出集体诉讼,将康菲石油中国有限公司、中国海洋石油总公司告上了法庭,要求赔偿损失2 000多万元。但直到11月30日,此案受理的最后期限,青岛海事法院未给此案代理律师任何回复。"法院既没有立案,也没有说不立案,就这样拖着。"不仅是这起民事诉讼,之前针对溢油事故的公益诉讼,法院方面也没有给出是否立案的信息。

面对各种潜在的索赔,2012年1月25日,康菲与其中国合作伙伴——中海油,与农业部和有关省份达成一笔金额为13.5亿人民币的协议。但是农业部的这笔赔偿资金如何落实到受损渔民的手里,是否够,怎么分,似乎又是一个问题。

2012年2月2日,在北京大学法学院举行的环境公益诉讼中美研讨会上,与会部分学者和法律人士讨论了一种新的可能方案:到美国起诉康菲石油。建议的背后凸显现实的无奈:目前国内起诉的最大障碍就是法院的"沉默"。法院方面迟迟不肯立案,根本原因在于溢油事件涉及全国多个地区的众多渔民,又涉及众多政府部门,法院方面可能希望通盘考虑。

四、案例分析

面对康菲公司摇摆不定的拖拉态度和前后矛盾的说辞,其所作所为和中国政府对于此次漏油事件的态度有关。

康菲在中国渤海湾的溢油事故,造成了严重的环境污染,并且致使沿海渔民损失惨重,这是一个不可辩驳的事实。漏油事故发生后,康菲石油先是瞒报,然后又对封堵漏油工作消极应对,反而搜寻对自己有利的各种证据逃避责任;道歉也是姗姗来迟而且毫无诚意,之后又出尔反尔不断食言,简直就是寡廉鲜耻。问题是,康菲似乎毫不在意,不仅因为它的合作伙伴是中海油,更因为中国的执法部门从未对漏油事件真正重视。一方面,面对中国法律体系中对环境保护立法方面的严重落后,最高20万元的罚款实在是九牛一毛;另一方面,与跨国公司角力的一直只是一个市级单位,国土部下属的国家海洋局下属的分局,其监督力量显然太小。

刘善后处理的久拖不决,康菲的底气变得越来越足,而事故的相关责任方中海油同样未对此表明表态。作为项目的实际控制者,中海油更乐意把国家的资源通过外包的方式开采,自身获得利益,而出了问题则事不关己高高挂起。

康菲在中国的无耻再次证明,资本是逐利的,不可改造的是贪婪人性,可以改造的唯有制度。因此,问题在于我们的执法部门和制度法律纵容无耻。手握权力与职责的监管者和执法者,面对这类事件似乎无法可依,始终都是淡定无比。中方除了认定中海油、康菲渤海漏油是一起责任事故外,对于其最终对海洋生态环境的影响,权威报告迟迟没有出台,而单靠一起责任事故的单薄认定,对受损方的民间个人和企业维权很难提供实质性帮助。在污染影响程度认定上久拖不决,恰恰折射出长期以来在海洋环境污染事故中,监管层长期缺位,或者说在环保立法上我国的缺失和落后。需要反思的是,如何对中国海洋环境污染事故进行认定。目前,随着我国工业化的发展,对于石油的依赖程度越来越大,我国的海上能源开采和海上能源通道建设如火如荼,相关监管制度须尽快建立,法律必须及时完善,以免重蹈覆辙。康菲石油公司在中国渤海造成的污染无人问责,这很危险。

五、结论

康菲漏油事件的处理，事关国家主权的监管效力，事关中国法律的严肃公正，事关中国政府的行政效率，自然也事关相关制度的基本信誉。康菲漏油事件很有可能以"非法"的途径不了了之。官方的行政处罚力度过低，民间的司法诉讼又没有得到法院的有效受理，公理无法得到伸张。此次事件是我国环境问题的一个缩影，单纯依靠现有的行政、司法机制已经不能适应环境保护事业的发展和新型环境问题的解决，必须动用人民代表大会制度，通过行政、司法和公众参与机制的互动，加强公众对行政和司法的监督，才能迫使跨国企业承担相应的社会责任。康菲中国奈何不得，实在是我国的权力机关、政府机关和法律机关对于跨国企业的监管过于薄弱，企业不承担社会责任的代价过低。

结合前例，美国在处理BP漏油事件的做法，无疑为我国海洋监管部门和司法诉讼提供了样本，英国石油为漏油事件付出惨重代价。由于奥巴马政府的坚持，BP对漏油事件损失进行了较为全面的赔偿：一方面接受美国政府的处罚，另一方面设立了一笔200亿美元的基金，专门用于赔偿漏油事件的受害者。对于康菲案例的处理，我们希望国家的权力机构能以此警示众多外国公司及大型垄断国企，同时开始着手建立和完善相关制度、程序、规则和法律，给民众一个负责任的交代，也为日后处理类似事件做一个未雨绸缪的提前控制。

问题探讨与思考

对比前述墨西哥湾漏油事件，从本案例中我们应有何反思？

# 第十一章
跨国企业风险管理

 案例 28　肯德基食品安全问题事件

本案例学习目标

通过案例的学习,了解风险管理的含义,理解跨国企业风险管理的重要性。

一、问题的提出

什么是风险?跨国企业经营管理过程中会遇到哪些风险?

二、理论分析框架

风险泛指自然界和社会上所发生的自然灾害或意外事故。跨国企业经营风险是指跨国公司在创办和生产经营过程中,由于各种事先所无法预料的因素的影响,使跨国公司的实际收益与预期收益发生背离,从而有蒙受经济损失的可能性,包括了自然灾害、意外事故及国内、国际一切政治、经济、市场、人员的变动给企业经营成果带来的不确定性。

在跨国经营的过程中,主要面临政治风险、外汇风险、商品物质风险、价格风险和管理风险等。

政治风险主要表现为经营性限制——外汇控制、市场控制、价格控制、就业保护政策等,税收歧视——关税壁垒,非关税壁垒等,剥夺性措施—东道国发生重大经济变革或母国政府关于严重恶化时发生的诸如强制收购或出售外国企业或资产、征用或没收外国资产等行为。国家主权、政府政策及经济民族主义通常被看做是东道国政治风险的成因基础。

外汇风险是指在一定时期内,经济实体以外币定值或衡量的资产与负债、收入与支出,以及未来的经营活动可望产生现金流量的本币价值因货币汇率的变动而产生损失的可能性,这需要跨国企业在经营活动中运用灵活的汇率策略和工具。

商品物质风险是指跨国公司在国际经营中由于自然灾害或意外事故而可能承受物质损失的可能性,主要包括自然风险和人为意外事故等。

价格风险是指因国际市场行情变化引起价格变动,进而影响跨国公司的收益,使跨国公司蒙受损失的可能性,从两方面对跨国公司的经营造成影响:一方面,国际市场行情变化有可能提高企业所需的投入要素的价格,增加企业的成本和费用;另一方面,国际市场行情变化又有可能降低企业的产品和劳务价格,使企业的收益减少。

管理风险是指跨国企业内部的管理模式、规章制度、劳动守则、企业文化价值观等在跨国经营中,会受到当地环境、条件的影响,尤其是人文因素、社会风气和价值观的引导而发生改变,无法得以贯彻从而影响管理方式的风险,对企业的产品质量和服务水平产生不良的后果;先进的管理方式由于东道国管理者的素质限制而无法推行,质量控制无法得到满足而产生缺陷,国际标准实施的不统一,从而使得企业品牌和声誉受到损失。

风险管理是指公司以风险发生、发展和变化的客观规律为依据,运用系统的方法和手段,保证企业的资产、盈利能力和人员免受意外事故造成的不利影响。风险管理过程可分为三个阶段,即风险识别、风险估价、风险处理,这三个阶段密切联系、顺次衔接。

三、案例背景介绍

肯德基(Kentucky Fried Chicken 肯塔基州炸鸡),简称 KFC,是美国跨国连锁餐厅,同时也是世界第二大速食及最大炸鸡连锁企业,由哈兰德·桑德斯上校于 1930 年在肯塔基州路易斯维尔创建,主要出售炸鸡、汉堡、薯条、蛋挞、汽水等西式快餐食品。经营理念是不断推出新的产品,或将以往销售产品重新包装,针对人们尝鲜的心态,从而获得利润。肯德基现隶属于百胜餐饮集团。

肯德基与麦当劳市场定位相似,顾客群基本上重合,以"特许经营"作为一种有效的方式在全世界拓展业务,其"不从零开始"的方式类似一种"交钥匙工程"的特许加盟店形式。作为世界上最大餐营业巨头百胜下属的子公司,肯德基在世界上拥有 17 000 家门店,已在中国大陆 500 多个城市开设了 3 000 余家连锁餐厅。但是,作为大众消费类的餐饮业,它所面临的风险是显而易见的——如此巨大的加盟店数量,其本土化、当地化的管理肯定会良莠不齐,在食品上游原材料的供应上不可避免地受到影响,食品质量无法保障,于是就有了近年来众多关于肯德基食品安全问题的事件。图11-1为肯德基的品牌标志。

图11-1 肯德基的品牌标志

1. 苏丹红事件

2005年2月18日,英国最大的食品制造商第一食品公司生产的沙司中发现了被欧盟禁用的"苏丹红一号"色素。同年3月4日,苏丹红现身中国市场。北京市政府食品安全办公室从亨氏辣椒酱中检出"苏丹红一号",同批次产品已被责令下架召回。

3月16日晚,中国百胜餐饮集团在上海发表公开声明称,其旗下餐饮品牌肯德基的食品新奥尔良烤翅和新奥尔良烤鸡腿堡调料在15日检查中被发现含有苏丹红一号成分,国内所有肯德基餐厅已经停止售卖这两种产品,同时销毁所有剩余调料。肯德基表示将积极配合政府有关部门,严格追查此次供应商在调料中违规使用苏丹红一号的责任,确保此类事件不再发生,并且公司已安排好重新生产不含苏丹红成分的调料,预计在一周内,就可以恢复新奥尔良烤翅的销售。对此次食品安全事件,肯德基深表遗憾,并向公众道歉。之后,3月18日,北京市有关部门在食品专项执法检查中,又从朝阳区某肯德基餐厅抽取的原料中检出"苏丹红一号",涉及的产品新增加了包括"香辣鸡腿堡"、"辣鸡翅"、"劲爆鸡米花"在内的三种产品,从而使肯德基"涉红"产品总数达5种之多。据不完全统计,因为苏丹红事件,肯德基全国1 200家门店在四天时间内至少损失2 600万元。其竞争对手麦当劳则借此机会大举抢夺市场。

2. 老油门事件

2011年8月,肯德基承认用豆浆粉冲豆浆,每杯成本仅0.7元却卖出5.5元以上的高价,此事余波未平,又深陷"老油门"。以前在肯德基工作的人员爆料在肯德基的后厨里,用于炸鸡的油4天才彻底更换一次,期间每晚把油渣滤掉后第二天继续用;鸡在水里简单过一遍还滴着血水就直接裹面了,用于洗鸡的水都浑浊了也无人更换;高峰时,按照规定应该炸7分钟的鸡翅不到4分钟就被捞出来。对食用油使用频次的问题,按照中国国家药品食品监督管理局要求,通常检验食用油能否继续使用是用pH试纸测试,看其过氧化值、酸值是否已经达到规定中不能使用的范围,检测试纸都会派发到相关餐饮门店。肯德基同时有其内部操作规定,按规定每天都需要检验,但没人去做这项工作,多数时间是直接把塑料板上的日期改成当天的,用来防止区长检查。

3. 问题鸡事件

2012年11月23日,媒体曝光了山西粟海集团养殖的一只鸡从孵出到端上餐桌,只需要45天,是用饲料和药物喂养的,而粟海集团正是肯德基与麦当劳的大供货商。之后,央视新闻频道曝光山东白羽鸡养殖黑幕,为了让鸡多采食、长得快,当地很多养鸡场24小时照明,白羽鸡长期处于亚健康状态,还有一些养鸡场给鸡喂养含激素的违禁药物。被喂养了激素的鸡全都卖到了屠宰场里,部分"速生鸡"在养殖户交给山东六和集团、盈泰公司等的屠宰场之后,未经检验检疫就被宰杀,部分产品流入百胜餐饮集团上海物流中心。

2013年1月15日,中国网河南频道记者又爆料,称河南大用集团有加工出售病鸡、销售死鸡的情况。大批量的鸡不等到利益最大化就因为某些疾病被紧急出棚屠宰,进而流入市场被食用,死鸡并没有就地无害化处理,而是被拉到了几十公里外处理后加工成鱼粉、骨粉,能挂上链的公司都要去加工分割后出口销售,多用于快餐企业,比如麦当劳、肯德基、德克士等。

4. 案例分析

作为跨国企业,肯德基的本土化经营势必会遇到各种风险。除去政治风险、汇率风险等之外,它在当地化经营的时候,在操作运营的标准控制和原材料供应链方面的风险尤其显著。前者是基于组织规模扩大导致的管理难度加大,公司内部规范准则无法切实地贯彻执行;后者,由于地域性的问题和运输成本的原因,食品业的原材料供应通常都是东道国范围内就地取材,从而减少采购、运输等成本支出,对于快餐这种大众化消费的行业来说非常普遍。

面对这种典型的商品物质风险,在苏丹红案件中,面对来自公众、媒体和竞争对手的压力,肯德基对于危机的应变可以说是及时有效的。首先,百胜集团先于国家质检机构发布了肯德基部分产品调料"涉红"的消息,并且及时将涉红产品撤柜,向公众道歉。在肯德基涉红食品重新上市后,随即的消费者态度调查显示,近八成的消费者相信肯德基的产品。其次,肯德基始终以积极的态度与媒体、公众以及政府有关部门进行沟通。在整个事件中,肯德基先后四次向媒体发出声明,解释原因,说明情况,并且对曾购买过"涉红"产品的顾客公开道歉,满足顾客的赔偿要求,从而成功地避免了与顾客对簿公堂,淡化了负面影响。同时,肯德基还积极配合政府有关部门追查含有苏丹红成分的原料来源,进一步强化了公司敢于承担社会责任,尊重公众权益的企业形象。最后,肯德基的营销策略针对性很强,实现了对产品销售的有力推动。在涉红产品重新投入市场后,肯德基在各家门店都张贴了宣传产品安全的海报,并且配合了一定

第十一章 跨国企业风险管理

力度的电视广告投入以增强公众信任,还以苏丹红事件为契机,提出"健康快餐"概念,针对中国消费者的口味需求,研发不同的蔬菜产品,同时不断推出新的产品。事发之后,肯德基勇于承担责任,积极进行自查,并停止销售相关产品,为了防止疏漏,还改进了供应链管理。肯德基是在第一时间和媒体进行沟通的,它面对媒体做出解释的同时,又追究供应方的责任,转移了公众的部分视线,通过配合公关策略的产品促销有效地降低了危机事件对于企业产品销售的不利影响。以"健康快餐"的概念全面提高了产品形象,为未来的市场竞争打下了坚实的基础。

可以说,在 2005 年面对品牌危机的众多企业当中,肯德基的应对策略是最有效的,甚至可以说,苏丹红灾给肯德基的经营带来了危机的同时也给肯德基带来了发展的机遇。但是好景不长,后续越来越多的案例显示,肯德基遭遇的管理风险越来越大,其危机公关能力已经渐渐无法满足日益挑剔的中国消费者的要求,也凸显了我国监管部门在食品安全问题上的巨大隐患。

在"老油门"事件中,作为世界著名的餐饮企业,肯德基一定知道相关食品安全的规定,也肯定有自己企业内部的规范和操作守则。表面上看,事件的问题原因是因为可以省钱。用新油炸东西的成本当然比老油高,如果多使用几次老油,对店面多、客流大的肯德基来说,可以节省相当大的费用。但是从深层次来看,中国的从业管理者漠视公众健康,政府和相关部门监管太过于宽松才是真正的原因,这也折射出我国社会的实际问题。相关法律禁止重复使用过期用油,食品卫生部门的落实却仅仅是发放试纸,以方便食品企业操作,也便于相关部门检查,但问题是"没人去做这项工作,多数时间是直接把塑料板上的日期改成当天的就完事了"。肯德基的特许经营产生了大量的连锁店,但是大量的从业者和经营者难免良莠不齐,肯德基总部的监管显然并不尽如人意,事件严重影响了企业的信誉,管理风险的控制明显十分欠缺。当然,这种管理风险也是在中国整个大的社会环境下对食品安全轻视、漠视的结果,有关部门只派发试纸,不实地检查的浮躁和油滑的作风,更是让法律虚置,监管成空。更可怕的是,监管部门的这种作为已是司空见惯,公众见怪不怪。跟肯德基一样,中式的早餐店炸油条也常用老油,但有关方面只是规劝消费者不要吃,但却对早餐店很少检查,也没见对经营者有所处罚。肯德基在中国的问题,更多的似乎是入乡随俗而已。

"问题鸡"事件则直接是供应链风险的体现。而这种供应链的问题,其实并不仅限于肯德基一家。中国的餐饮和食品行业在食品质量上以次充好、假冒伪劣的新闻可谓不绝于耳。当我们把目光关注在光鲜的洋品牌,寄希望于他们提供安全、高价的食品之际,我们每天所接触的食品,又有多少隐患在呢?我国的食品安全是一个自上而下的问题,监管的立法漏洞、执法不严;从业人员的违法成本过低,准入门槛太低;群众的维权意识不强,或者说取证难,维权更难。虽然,在经历了"速成鸡"风波后,中国的养鸡模式正在悄然生变。"用鸡大户"肯德基宣布将在中国扶持"一条龙养殖模式",到2014年年底此种模式的鸡肉采购量有望占比超过60%。百胜集团高层表示,肯德基已与圣农就最新开发的浦城项目签署鸡肉采购意向书。

我们可以认为,肯德基为代表的跨国企业是被我们国内同行业的种种不正之风所同化了。既然国人对自己身边餐饮行业的种种乱象都能熟视无睹,那么外来的企业照样学样也就不足为奇了。对于肯德基这多年来的种种食品安全问题,从"苏丹红"的主动危机公关,到之后"食用油"的照样学样,要反思的恐怕不仅仅是涉案的肯德基,更是我们整个社会对于食品安全的容忍度太高。解决食品安全问题,除了需要监管部门严格监管并加大惩罚力度以外,企业内部也应加强内部流程管理,严格按照标准进行生产,在保证质量的前提下进行扩张,否则一味寻求开店速度,加快扩张,只会给管理带来更多的麻烦,最终降低产品质量,影响品牌价值,不再被消费者喜爱。麦当劳曾关闭了几家在法国的连锁店,原因是其卫生条件不符合创始人克罗克的要求;而现在中国国内的肯德基店已经远远多于麦当劳,盲目扩张的背后显然隐患重重。当然,作为消费者,我们不能让并不安全的洋快餐控制了中国下一代的口味,更不能纵容洋快餐在中国犯了错还能淡定推脱责任的做派。在中国整体食品质量环境和监管体系不健全的大环境下,违规企业的违法成本较低,消费者的维权意识就显得尤为重要。民以食为天,食品安全问题关系着千家万户的生命安全,从政府到百姓,都不应继续漠视这十几年来的食品安全和卫生领域种种乱象。

五、结论

跨国企业在经营和管理活动中,会不可避免地遇到各种风险。在对外扩张的过程中,企业管理者需要有效的风险管理,以应对在不同国家和社会环境下经营的问题。只有以市场和消费者的需求为导向,不断提高产品和服务质量,应对和解决风险问题,维护企业和品牌的形象,才是跨国企业长盛不衰的秘诀。

问题探讨与思考

1. 跨国企业在经营管理过程中会面临哪些风险?请举例说明。
2. 肯德基遭遇的食品安全问题,应该用哪方面的风险来解释?

3. 你如何评价"洋快餐"?
4. 请为跨国企业的风险管理改进措施提供你的建议。

案例 29　荷兰郁金香的故事

本案例学习目标

通过案例的学习,了解经济领域"泡沫"的概念,深层次理解跨国企业经营风险。

一、问题的提出

跨国企业在不同的国家和地区从事经营活动,会不可避免地面临经济泡沫带来的风险问题。如何认清泡沫,从而有效规避风险?

二、理论分析框架

经济泡沫是指由于局部的投机需求(虚假需求)使资产的市场价格脱离资产内在价值的部分。它实质是与经济基础条件相背离的资产价格膨胀。

跨国企业在经营过程的初级阶段,是以商品贸易方式为主导的。在商品的供需价格中价格原本能有效反映其内在价值,但是人们的行为存在非理性而且信息不完全,特别在商品市场中,商品价格的上涨可能导致购买需求增加而不是减少,导致价格进一步上涨的正反馈作用。在这种情况下,当价格偏离投资品价值时,市场的作用可能导致它进一步偏离价值,并最终陷入商品泡沫的深渊。如果跨国企业来到一个新的市场,看到了市场的繁荣而盲目扩大经营规模,则需应对由产能过剩和泡沫消散的时候产生的风险。当然,基于经济全球化的背景下,跨国企业可以梯度转移地寻找新的目标市场,但是如果商品泡沫扩散到全球经济泡沫的时候,更大的风险将难以应对。

三、案例背景介绍

"郁金香效应"是人类历史上第一次有记载的金融泡沫。16 世纪中期,郁金香从土耳其被引入西欧,不久,人们开始对这种植物产生了狂热。到 17 世纪初期,一些珍品卖到了不同寻常的高价,而富人们也竞相在他们的花园中展示最新和最稀有的品种。到 17 世纪 30 年代初期,这一时尚导致了一场经典的投机狂热。人们购买郁金香已经不再是为了其内在的价值或作观赏之用,而是期望其价格能无限上涨并因此获利(这种总是期望有人会愿意出价更高的想法,长期以来被称为投资的博傻理论)。"整个国家都沉醉于这一骗人的幻想之中,这一幻想就是人们对郁金香花的热情永远不会褪去;而当人们了解到,就连外国也被这种热情感染了之后,就不由得相信,世界的财富将会集中在苏德尔海(Zyndersee)岸边,贫困在荷兰只会成为一个传说。"后人对郁金香投机热作了这种描述。

1554年,一个名叫布斯贝克的人在土耳其的亚德里亚·诺泊尔看到了一种他以前不认识的花,这种花非常招他喜欢。当他询问花名时,主人说了一个土耳其单词"头巾"(Turban),因为这种花看起来与这种东方的头饰有些相像。后来郁金香被布斯贝克带到了中欧,在那里尤其是在荷兰,郁金香受到了人们热情的欢迎。但是几年以来这种花也只是用于装点坐落在市内通航运河岸上的市民住宅的庭院。人们后来又培育了新的品种,但只有喜爱花园的人对郁金香的鳞茎感兴趣。人们对这种高贵的植物的需求与日俱增,但是价格还是维持在一个相对理性的范围内。

在这个动荡的年代里,荷兰经过历史上第一次成功的资产阶级革命——"尼德兰革命"的洗礼后,堪称17世纪最为发达的资本主义国家,掌握着世界海上霸权,首都阿姆斯特丹也成为世界贸易和金融中心,1608年,世界上第一个具有现代意义的证券交易所即诞生于此。荷兰人无与伦比的冒险和开拓精神帮助他们取得了这些伟大的成就,但也许正是这种冒险精神,竟成了培育投机者的温床。追求巨大财富的商人们就是在身体力行效仿奢侈的贵族生活方式,不久之后,拥有一个栽种着精美讲究的花卉的花园也成了礼仪上的要求。于是乎,人们不仅希望在极其漂亮的房屋和精心挑选的衣物上更胜一筹,更试图通过高贵华丽的郁金香花坛来相互攀比。郁金香一下子成了最流行的花卉。

于是,人们逐渐开始哄抬郁金香的价格,这一哄抬价格的行为在经济史上被称为"郁金香热",从1634年开始人们便对这种不引人注目的花球进行了投机活动。为了使贸易更加专业化,人们用称量金子的小秤来计算珍贵的郁金香花球,然后再把它们卖给报价最高的感兴趣的人。这种投机活动很快在全荷兰开始蔓延,人们将乡村旅馆转变成了热闹忙碌的郁金香花交易所,并用它赚取钱财,唤起了最广泛的群众阶层对郁金香贸易的兴趣。人们看到郁金香的"行情"在上扬,这又不断吸引新的买家前来,因为他们都希望尽可能不用工作而尽快致富。没过多久,报纸上也出现了郁金香证券行情版。到处都可以看到人们赚得盆满钵满,因为价格在升高,并且不停地升高,人们甚至可以从一株花球中赚取2 500古尔登(金币),而这样一个巨大的数字在那时相当于2节车厢的小麦、4节车厢的干草、4头肥牛、4只肥猪、一打可以随时准备屠宰的肥羊、4桶啤酒、2桶黄油、1 000斤奶酪、一张床、一套西服和一盏银杯,所有这一切用一笔郁金香交易就可以达成。

整个荷兰都像是失去控制了。每个人都想增加郁金香花球的储量,毕竟这种花球预兆着一份利润,然后他们再卖掉已经涨价不少的郁金香花球。游戏也逐渐波及了国家的其他正常贸易领域。商人们削价抛售商品,以便能够用赚取的利润来购买郁金香花球。甚至连最贫穷的人也都聚集在俱乐部周围,为的是能够用仅有的那么一点钱买到一株花球。

和以往一样,人们在这种投机时期里的乐观情绪是没有止境的,但是正像投机热突然爆发一样,这种热潮也一下子冷却了下来。《布莱恩维尔游记》中记载了一个故事,他把引发郁金香花球大恐慌归结为一起偶然事件。一位年轻的水手,是一个外国人,初来乍到,他不知道荷兰国内正在掀起起郁金香投机潮。水手离船时他顺手拿了一朵名为"永远的奥古斯都"的郁金香球茎,而那朵球茎是船主花大代价从阿姆斯特丹交易所买来的。当船主发现郁金香丢失时,便去找那位水手,并在一家餐厅里发现水手正满足地就着熏腓鱼将球茎吞下肚去。水手对郁金香的球茎的价值一无所知,他认为球茎如同洋葱一样,应该作为鲱鱼的佐料一块儿吃。值几千金币的球茎在一个陌生人眼里竟如同洋葱,消息不胫而走,荷兰人开始反思,到底是水手疯了,还是什么地方出了问题。

这个偶然事件仿佛一枚炸弹,引起阿姆斯特丹交易所的恐慌。谨慎的投机者开始反思这种奇怪的现象,反思的结果无不例外地对郁金香花球的价值产生了根本性的怀疑。极少数人觉得事情不妙,开始贱价卖出花球,一些敏感者立即开始仿效,随后越来越多的人卷入恐慌性抛售浪潮,暴风雨终于来临了。货物的供给量迅速上升,而价格开始直线下降。人们开始惊慌恐惧,更有细心的人开始思考之前的价格是否合理,而这则进一步让价格崩盘。整个国家不得不长时间地忍受这场崩溃带来的阵痛,因为所有人的乐观心情一下子破碎了。

[资料来源:(德)彼得·马丁:《资本战争——金钱游戏与投机泡沫的历史》。]

四、案例分析

所有的商品泡沫,包括案例中的郁金香泡沫,并不是由于投机活动的对象即郁金香花引起的,它更多地取决于投机者们的幻想。正是他们对快速致富的渴望导致了行情上涨,而他们却从未真正思考所有这一切发生的原因。这种情形在郁金香上显现得尤为突出,因为购买郁金香的人在投机热中给这种花所定的价格显然与它的本身价值不符。投机商们一下子来了兴致,为他们制造梦幻的这一材料即郁金香便在相当长的时间内一直持续涨价,直到它过分地超出了所有理智的使用目的。一个小小的碰击就足以使象征着这一行情的整座大厦坍塌,而这种小小的碰击往往微不足道——比如传说中的那位水手。

在此案例中,世界投机狂潮的始作俑者为自己的狂热付出了巨大的代价,荷兰经济的繁荣仅昙花一现,从此走向衰落。郁金香花球大恐慌给荷兰造成了严重的影响,使之陷入了长期的经济大萧条。17世纪后半期,荷兰在欧洲的地位受到英国有力的挑战,欧洲繁荣的中心随即移向英吉利海峡彼岸。郁金香依然是郁金香,荷兰却从此从世界头号帝国的宝座上跌落下来,从此一蹶不振。"郁金香效应"成了经济活动特别是股票市场上投机造成股价暴涨暴跌的代名词,永远载入世界经济发展史。而伴随着投机运作资产而最终日薄西山的企业,在历史长河中也比比都是,虽然其大多显示出明显的产业扩张过度的痕迹,但是不争的事实在于,这类企业都看到了过于繁荣的市场假象而忽略了风险规避意识。

在历史上第一个记录郁金香泡沫的是麦基(Mackey),他在1852年发表的一篇文章中研究了200年之前发生的这一案例,可惜,他的文章只有7页纸,不仅提供的数据不全,还没有指出所引用数据的来源。在他之后,贝克曼(Beckmann)归纳出了1637—1643年的有关数据,穆宁(Muning)讨论了1672—1696年之间的经济数据。在1950年以后,由于要研究多元动态和不稳定资产的价格变化规律,人们又一次注意到了在荷兰发生的这一次非常典型的泡沫经济现象。郁金香泡沫成为载入文献的最早的泡沫经济案例。

在跨国企业经营过程中,除去典型的产品引发的商品泡沫之外,在对外间接投资或者对外直接投资过程中,出现在股票市场的经济风险和泡沫同样需要引起关注。在兼并和收购海外企业的过程中,企业需要在并购过程中通过分析企业外部环境来重新评估即将进入或者正在从事产业的吸引力,比如说分析产业竞争状况、新的竞争对手进入市场的可能性、产品或服务替代品的可能性等。新的行业发展趋势,或者自身所在的行业是否值得进一步跨大规模,工业与经济形势是否出现开始下滑的转折点,对方资产规模或者股票市值是否虚高,通过这一系列资产价格与真实价值体系的比较,作出预警性的风险前馈控制。

五、结论

所有的金融泡沫正如它们在现实世界中的名称所喻示的一样脆弱,当人们意识到这种投机并不创造财富,而只是转移财富时,总有人会清醒过来,这个时候,泡沫就该破灭了。也许有一天,我们在经济全球化的时候,也会看到那某种形式上的……泡沫。这在跨国公司的经营过程中,是值得我们警醒和规避的。

问题探讨与思考

1. 荷兰郁金香的案例,给你有何启示?
2. 什么是经济学意义上的"泡沫"?跨国企业如果要进行风险管理,应如何认识到产品和服务的价值?

第十二章
走向世界的中国跨国企业

 案例 30　联想和 IBM

本案例学习目标

通过本案例的学习,了解中国企业国际化发展的代表——联想集团,理解联想通过并购外延式发展的动因和问题,及其解决的对策。

一、问题的提出

联想的国际化发展选择了何种方式?有何借鉴意义?

二、理论分析框架

跨国并购是跨国公司常用的一种资本输出方式。跨国公司的国际并购涉及两个或两个以上国家的企业,两个或两个以上国家的市场和两个或两个以上政府控制下的法律制度。跨国并购常常能够用比较低的价格获得他国企业的资产或股权,其主要原因,第一种是目标企业低估了自己某项资产的价值,而并购方对该项资产却有自己的认识,就能以较低的价格获得他国企业的资产;第二种情况是并购方利用对方的困境,低价收购亏损或不景气的企业;第三种情况是利用目标企业股票暴跌的时候收购其股票。在如今经济全球化的背景下,不少跨国企业也会选择战略性地收缩或者放弃一些未来缺乏利润点、非行业和经济发展趋势的非核心的业务,从而维系和做强自己的核心竞争力,而这部分业务对于缺乏经验和核心技术,同时又手握资产、急需扩张的新兴发展中的工业化国家的企业来说,具有极大的投资价值。

第十二章 走向世界的中国跨国企业

对于中国投资者而言,成功海外并购的概念不仅仅局限于被并购目标是否实现资产升值和达到特定财务运营指标,更注重在整个动态过程中满足投资者进行并购的初衷和远景战略目的。作为新兴的工业化国家的企业和其拥有的后起之秀的品牌,中国的海外并购可以在世界范围内提升品牌的知名度,通过并购实现无形资源的转移,买到提升品牌价值和内涵,能解决自己的问题的业务,用更短的时间满足了其实现国际化在人力资源、企业文化、品牌资源、研发能力、客户关系、完整渠道及供应链等多方面提升的需要。

三、案例背景介绍

联想集团是一家在信息产业内多元化发展的大型企业集团,富有创新性的国际化的中国科技公司。公司成立于1984年,柳传志带领的10名中国计算机科技人员前瞻性地认识到个人电脑必将改变人们的工作和生活,以20万元人民币的启动资金以及研发成果,在北京一处租来的传达室中开始创业,年轻的公司命名为"联想"(legend,英文含义为传奇)。1994年,联想在香港联合交易所上市。自1997年起,联想电脑一直蝉联中国国内市场销量第一,占中国个人电脑市场超过三成份额。2003年4月,联想集团在北京正式对外宣布启用集团新标识"Lenovo",用"Lenovo"代替原有的英文标识"Legend",并在全球范围内注册。在国内,联想将保持使用"英文+中文"的标识;在海外则单独使用英文标识。"Lenovo"是个混成词,"Le"来自"Legend","novo"是一个假的拉丁语词,从"新的(nova)"而来。图12-1为联想集团的标识。

图12-1 联想集团的标识

IBM(International Business Machines Corporation),中文名为国际商业机器公司或万国商业机器公司。总公司在纽约州阿蒙克市,1911年创立于美国,是全球最大的信息技术和业务解决方案公司,目前拥有全球雇员30多万人,业务遍及160多个国家和地区。该公司创立时的主要业务为商用打字机,及后转为文字处理机,然后到计算机和有关服务。IBM为计算机产业长期的领导者,在大型/小型机和便携机(ThinkPad)方面的成就最为瞩目。其创立的个人计算机(PC)标准,至今仍被不断的沿用和发展。2004年,IBM从"海量"产品业务向高价值业务全面转型。图12-2为IBM的公司标识。

图12-2 IBM的公司标识

2004年12月8日,联想宣布以6.5亿美元现金、6亿美元的公司股票收购

IBM 在全球的个人计算机(PC)业务,此外还将 IBM 个人计算机的 5 亿美元的债务转到自己名下。联想在一夜间成为世界第三大个人计算机厂商,拥有至少 130 亿美元的年销售收入和 7.6% 的全球个人计算机市场占有率。2005 年 5 月 1 日,联想正式宣布完成收购 IBM 全球 PC 业务完成。

1. 联想收购 IBM 的融资与支付方式

联想集团于 2004 年 12 月,以总价 17.5 亿美元收购 IBM 的全球 PC 业务,其中包括台式机业务和笔记本业务,获得 think 系列品牌。从联想的角度看,尽管 PC 已是 IBM 的迟暮业务,但对联想仍有较大的价值。在本次收购中,联想最直接的收益就是可以获得 IBM 的研发力量和全球销售渠道,这些将极大地帮助联想在全球构建一个完整的 PC 产业链来参与国际竞争。此外,新的联想集团在 5 年内有权根据有关协议使用 IBM 的品牌,并完全获得商标及相关技术,这就使得联想的产品在全球 PC 市场上具有最广泛的品牌认知。因此,联想对 IBM 的 PC 业务的收购,为联想开辟出一个以前难以涉足的巨大国际市场空间,联想成为全球第三大 PC 厂商,年收入规模约 120 亿美元,进入世界 500 强企业。联想并购获得的成功不仅得益于其目标选择的正确性,在一定程度上也得益于并购融资方式的正确选择。

联想收购 IBM 的 PC 业务的实际交易价格是 17.5 亿美元,具体支付方式则包括 6.5 亿美元现金,6 亿美元的联想股票和 5 亿美元的债务。在股份收购上,联想以每股 2.675 港元向 IBM 发行包括 8.21 亿股新股和 9.216 亿股无投票权的股份。在整个财务安排上,当时自有现金只有 4 亿美元的联想,为减轻支付 6.5 亿美元现金的压力,与 IBM 签订了一份有效期长达 5 年的策略性融资的附属协议,而后在 IBM 财务顾问高盛的协助下,从巴黎银行,荷兰银行,渣打银行和工商银行获得 6 亿美元国际银团贷款。随后,联想还获得全球三大股权投资公司的青睐,以私募的方式向德克萨斯太平洋集团、泛大西洋集团及美国新桥投资集团发行股份,获得总计 3.5 亿美元的战略投资,其中德克萨斯太平洋集团 2 亿美元,泛大西洋集团 1 亿美元,美国新桥投资集团 5 000 万美元。联想集团则以每股 1 000 港元的价格,向这三家公司发行总共 273 万股非上市 A 类累积可换股优先股和可认购 2.4 亿股联想股份的非上市认股权证,三大战略投资者因而获得新联想 12.4% 股份。这三家私人股权投资机构在联想与 IBM 达成协议之前就开始与联想密切接触,并促成联想与 IBM 的收购中起了重要的作用,同时三家投资方还为联想吸纳了 20 家银行的 5 年期 6 亿美元的银行贷款。

从 2002—2005 年,联想的资产负债率一直保持着 40% 左右的水平,即使在

2004年联想并购IBM这一年,其资产负债率也没有大幅度提高。联想的并购能够顺利完成,并且没有出现长时间的消化不良问题,主要原因在于其并购融资方式的合理选择。联想并购IBM的PC使用的是"股票加现金"的支付方式。联想在香港上市,通过换股减少交易现金支出,通过国际银团贷款和私募筹集交易现金和运营资金。多种并购融资方式组合,降低了其财务风险,同时也避免了营运资金的困难。

2006年,联想综合营业额达146亿美元,同比增长10%,联想的个人电脑同比增长了12%,集团的全年毛利率达创纪录的14%。

2. 收购的插曲:遇阻和刁难

2005年1月,有境外媒体透露,联想收购IBM的PC业务尚未获得美国外国投资委员会(CFIUS)的批准,CFIUS的委员担心,联想员工可能会刺探商业机密,将有可能对此项交易进行调查。此前,联想举行签约仪式时曾宣布交易获得了中国国家发展与改革委员会的批准。不过IBM表示已向CFIUS申请核准,该公司完成这项交易需获得美国监管当局的多方同意。美国联邦贸易委员会(FTC)认为这项交易并不会违反反垄断法,而CFIUS负责对外国企业收购美国公司进行评估,以确保相关交易不会威胁美国的国家安全。此前,很少有国外的收购被CFIUS否决的先例,但美国外国投资委员会的确曾经阻止过外国公司的收购以及迫使某项交易修改收购条款。

2005年1月26日,这起并购案又在美国国会遇到障碍,3名共和党众议员要求布什政府对这笔交易展开调查,理由是可能威胁美国国家安全。美国许多商界人士对此感到惊诧,但对调查前景普遍乐观。事实上也是如此,调查期结束后,美国商务部还是顺利批准这笔交易。

3. 新联想的战略整合

新联想首先要做的是人力资源整合,留用外方人才。显然,联想缺少国际化经营人才,所以留用IBM在PC业务的高层,有利于平稳过渡,减少动荡。在新联想中,杨元庆担任董事局主席,CEO则由原IBM高级副总裁兼IBM PC事业部总经理斯蒂芬·沃德担任。目前,在联想14位副总裁和高级副总裁中,5位来自IBM,另有5位的背景是跨国公司或国际咨询公司。由此,新联想拥有一支高水平的国际化管理团队。1年的实践证明,留用斯蒂芬·沃德,稳定了军心,实现了平稳过渡,新联想的国际业务已顺利地扭亏为盈。为此,新联想聘任戴尔前高级副总裁阿梅里奥担任公司新的CEO,沃德担任公司顾问。

高层之后则是员工的问题。IBM个人电脑业务部门有近万名员工,分别来自160个国家和地区,如何管理这些海外员工,并留住关键人才,提防戴尔、惠普等厂商乘机挖墙脚,对联想来说是个巨大的挑战(奔驰收购克莱斯勒后,克莱斯勒的员工纷纷转投通用和福特,就是个前车之鉴)。为了稳定队伍,联想承诺将暂时不会解雇任何员工,并且原来IBM员工可以保持现有的工资水平不变。把他们在IBM的股权、期权改成为联想的期权。另外,在并购协议中规定,IBM PC部门的员工并入新联想两年之内,不得重投旧东家IBM的怀抱。联想原想设立双总部,但是原来IBM方的部分员工坚持认为要用国际化的形象,还是把总部设在纽约。这些措施使IBM PC人员流失降低到最低程度。当时,IBM PC部门9 700多名员工几乎全部留了下来,其中20名高级员工和新联想签署了1~3年的工作协议。

留用和整合企业内部的高层管理和员工后,新联想的最大挑战是保留IBM的核心客户,并且打败戴尔和惠普。新联想对客户流失风险是有预计的,并采取了相应措施:全球销售、市场、研发等部门悉数由原IBM相关人士负责,将总部搬到纽约,目的是把联想并购带来的负面影响降到最低;IBM在全球发行的《纽约时报》和《华尔街日报》上刊登巨幅广告,向消费者承诺IBM PC业务并入联想后,IBM大部分的经理级主管人员仍会是新公司里的主角,IBM PC的系统架构也不会改变;2004年12月13日联想集团披露与IBM之间的附属协议,特别强调,对一些特殊客户(如已签订合同并未交割的政府客户),联想集团将被允许向IBM提供这些客户的个人计算机和某些服务。新联想将使用IBM品牌5年,这对客户的保留有很大的帮助,联想还会继续用IBM的销售模式,继续使用IBM的服务,继续使用IBM的融资手段,这些对客户来说感觉没有变化。除了媒体公关之外,联想还和IBM一起,一共派了2 500个销售人员到各个大客户去做安抚工作、说明情况,保持市场的稳定。

并购有一条"七七定律":70%的并购没有实现期望的商业价值,其中70%的并购失败于并购后的文化整合。文化冲突在跨国并购的情况下要较国内并购更为明显。因为跨国并购不仅存在并购双方自身的文化差异,而且还存在并购双方所在国之间的文化差异,即所谓的双重文化冲突。文化差异造成的文化冲突是跨国并购活动失败的主要原因。联想与IBM的文化冲突,既有美国文化与中国文化的冲突,又有联想文化与IBM文化的冲突。如何跨越东西方文化的鸿沟,融合双方优秀的企业文化因素,形成新的企业文化是联想未来面临的极大挑战。为了减少文化差异,增加交流,新联想把总部迁到美国的纽约,杨元庆常驻美国总部。为了双方更好地沟通,新联想采用国际通用语言——英语,作为公司的官方语言。文化磨合最重要的是董事长、CEO的磨合,现在联想的两位高层磨合得很好。

根据双方约定,新联想在今后5年内无偿使用IBM的品牌,并完全获得"Think"系列商标及相关技术。其中前18个月,IBM的PC部分可以单独使用,18个月到5年之间可以采用IBM和联想的双品牌,5年后打联想的品牌。鉴于IBM是全球品牌、高价值品牌、高形象品牌,新联想在并购后大力宣传ThinkPad笔记本品牌和ThinkCentre桌面品牌,以此作为进军国际市场的敲门砖。与此同时,新联想确定了国内Lenovo主打家用消费,IBM主打商用的策略,两条产品线将继续保持不同的品牌、市场定位,并在性能和价格方面做出相应配合。

联想对于进军国际市场做了充分的准备。早在2003年,联想成功地由Legend变成了Lenovo。2004年3月26日,联想集团成为国际奥运会全球合作伙伴,通过赞助2006年都灵冬奥会和2008年北京奥运会,提高Lenovo品牌在全球市场的知名度。另外,聘请国际广告机构——奥美公司,创作了全新的广告宣传语——"只要你想!"通过这些举措,联想也做到了加快Lenovo从一个区域性品牌向世界性品牌的过渡。

4. 未来的后续:梅开二度

接近10年之后,2014年1月23日,早间突然宣布停牌的联想集团于下午发布公告称,拟以现金加股票总价23亿美元收购IBM的X86服务器业务。同时,IBM将有7 500名正式员工和1 500名合同员工加入联想集团。联想集团通过此次并购,将以全球14%服务器市场份额,跃升为全球第三大服务器厂商,联想在5年内仍然可以使用IBM品牌。根据两家公司签订的协议,23亿美元收购价中包含20.7亿美元现金和向IBM定向发行1.82亿股联想集团股票。这是联想和IBM的第二次联姻。事件一经披露,又引起了全球的目光关注。

四、案例分析

从本案例来看,结合相关数据,在收购前两家公司基本状况分析如下:

(1) 资本结构方面。2004年,联想是中国市场的计算机行业的龙头企业,市场占有率高居第一,而IBM在全球计算机行业的地位也不容小觑。从资本结构来看,联想主要是通过负债尤其是流动负债来融资,而股本率非常低,储存类权益也不高,这说明联想公司负债比例很高,那么它的固定费用和债务支付数额也会很大。但是,其财报显示联想的流动资产比率值很高,这就弥补了其高负债比例的融资结构,高流动性资产比例反映了公司短期还债能力有保障,短期流动性也保证了公司的长期偿付能力。与此同时,IBM的PC业务则从2001年起一直亏损,拖累了IBM整体的发展。

(2) 财务状况方面。在多元化策略(互联网、IT业务、手机)运营3年后，联想的总体业务规模维持在230亿元人民币左右，而运营利润持续下滑：2001年，2002年、2003年分别为5.3%、5.2%和4.4%。2001年到2004年，从销售净利润来看，联想从5.07%下降到4.38%。但对比一下，IBM的PC业务则更不乐观，2001—2004年每年都是亏损状况：2001年为－3.97亿元人民币，2002年为－1.71亿元人民币，2003年为－2.58亿元人民币，2004年上半年为－1.39亿元人民币(较同期亏损大了43%)。从资产周转率来看，联想的资产周转率大不如IBM，主要受制于国内的销售方式；从权益乘数来看，联想在1.5~1.85间，但IBM一直为负；权益报酬率来看，两个企业大致相当。

联想的最主要底气在于中国市场的庞大和产品销量的稳定，2004年，联想在中国市场PC排名第一，占25.10%，2004年与2003年相比，中国PC的出货量增幅相当高，这就表明了市场的需求量非常大，前景广阔。

截至2004年11月28日，联想的股价为3.35港元，市价总值超过240亿港元，市盈率为24.72倍，具有相当的市场价值。

(3) 发展战略方面。联想方面，虽然中国PC市场强大，但中国IT行业有以下几点问题：第一，缺少资本；第二，缺少核心技术；第三，经营规模停滞不前，新增长点乏力；第四，差异化发展，大部分企业还处在起步阶段，有些企业甚至还没有明确的方向；第五，中国内地的IT制造业大都还停留在组装的阶段，并没有形成一条完整的产业链，靠的只是廉价的劳动力和较低的运营成本。联想集团也具有中国计算机行业缺乏技术的通病，但联想也有许多的优势，如运营费用低，能将各种运营成本降到10%；在中国市场上有政府的支持，且占较大市场份额，有一定的品牌知名度；拥有针对消费者和小企业市场的非常齐全的产品线。

IBM的商业原则是以客户为中心，靠核心技术立足。IBM有着无可挑剔的产品品质，始终盘踞着全球高端市场。其笔记本电脑一直牢牢吸引着大量极具含金量的高端商业用户。IBM还拥有很高的全球品牌认知度，一流国际管理团队，多元化的客户基础和分销网络。但是从财务数据来看，IBM从2001年到2004年上半年PC业务一路亏损，成为了企业发展的一个累赘。如果能甩掉这个累赘，将有助于企业的进一步发展，而且从收购方获得更多的资产发展企业。

联想的获利能力稳定，波动性不大，而IBM的PC业务连年亏损，两者的合并可以深度互补，产生协同效应。IBM资产周转率较高，与之相比联想较低，资产的收益质量不高，因此并购能够提高整个营运资金占用的使用效率，增加资产获利能力，达到优势互补。于是，联想在PC领域有技术板块不足的缺陷，有

第十二章 走向世界的中国跨国企业

收购 PC 需求;IBM 有甩掉 PC 业务的需求,两个企业天时地利人和地擦出了火花,收购和被收购互利互惠,为双方的发展都带来了利益。这当然是一件不可多得的好事。

(4)公司控制方面。在现代股份制企业中,控制权的实质是董事会多数席位的选择权,收购兼并是实现公司控制权转移的主要手段。联想收购 IBM 的 PC 业务实质上就是一个收购兼并的过程,收购后,IBM 的 PC 控制权归联想所有,同时,IBM 的 PC 部分的控制权就转移给了联想集团。联想收购代价包括 6 亿美元的股票。收购前联想集团的股权结构为联想控股持有 57%,公众流通股占 43%。收购后,IBM 一跃成为联想集团第二大股东,持有联想 19%的股票,联想控股继续保持第一大股东地位,持有约 46%的股份,公众流通股约为 35%。代理权的争夺是大股东与大股东之间的争夺,小股东既无力,也无能力控制公司。虽然 IBM 成为联想第二大股东,但是 IBM 占的控股比例还是远远落后于联想控股,所以联想不会失去其代理权,公司的控制权还是稳稳地捏在自己的手上。

这次联想的收购行为,当时是中国 IT 行业在海外投资最大的手笔,至此,联想集团将成为收入超过百亿美元的世界第三大 PC 厂商。从收购方来看,联想的动机主要有这些:

(1)国内个人计算机市场遭遇瓶颈。中国具有广阔的市场,发展空前、潜力巨大,但始终面临缺少资本和缺少核心技术的劣势。何时才能改"中国制造"为"中国创造"一直是一个热点问题。在发展的过程中,国内的个人计算机市场不可避免的遇到了这个尴尬的问题。当时,就有人预测到 2007 年中国的 IT 市场将有 270 亿美元的前景,而 2004 年才 8.4 亿美元。要解决不断增加的技术需求和技术跟不上需求的问题成为了发展道路上的根本矛盾。

(2)心怀国际化发展的抱负。21 世纪,已经有"地球村"的概念,全球化的发展日益加快,市场经济全球化也是其中一个重要的部分。一个大的企业想要发展壮大,走国际化发展道路是非常好的一条道路,融入国际经济市场,与国际接轨是企业必须面对的一大挑战和机遇。联想集团收购 IBM 表现出的勇气已经彰显了企业的抱负,并购 IBM 可以让联想接触不同国际公司之间的业务,融合另一个国际企业的文化。不仅仅是对联想,这一举措将中国的 PC 业务也推上了国际舞台。

(3)发展品牌、技术、营销渠道的需要。通过收购 IBM 的 PC 业务,扩大了联想的业务实际规模,由此在世界 PC 领域占有举足轻重的地位。同时,联想商誉的增加其实远大于收购成本。当时的联想具有能力收购 IBM 的 PC 业务,能获得的利益是巨大的,品牌效应和品牌地位的提高和市场份额的增加各种因素会促进联想利益的增加。联想打入国际市场一是迎合了当今企业发展与国际接轨的形势;二是提高了在国际上的知名度,这些带来的经济效益也是不可估量的。管理层想要获得更多的利益,对利益的追求也驱动着他们衡量各方面因素去追求更高的利益。

并购后,联想公司表示将实行三步走:第一步,联想将在采购制造方面进行和IBM的合作;第二阶段,进行市场和销售的整合;第三阶段,进入到对方都没有的领域去。两者有很强的互补性,IBM服务的很多客户都是高端的,而联想拥有广大的中端和低端客户。这样的合作,将产生非常好的效用。联想收购后将把IBM在全球知名的"Think"品牌笔记本业务,联想品牌和客户的高品质服务与支持整合在一起,从而形成遍及全球160个国家的庞大分销网络和全球认知度。对于联想来说,忠诚度已经建立起来的IBM用户,是否会改换门庭,才是需要考虑的。在知道一个品牌将不再是由自己熟悉的生产者开发,设计和制造的时候,改选戴尔、惠普等品牌对很多西方消费者似乎是顺理成章的事。于是,联想的品牌整合和对IBM的宣传公关才显得尤为重要。让顾客先接受联想的Thinkpad,再接受联想,循序渐进而非急于求成,有利于联想在全球电脑市场的渗透,也有益于联想品牌全球化推广的过程。

从被收购方看,虽然IBM是个人电脑的奠基者之一,但很早以前IBM就进行了产业改组,个人电脑不是IBM的主要经营业务。IBM曾是IT行业的巨无霸,但是随着战略结构的不断调整,核心业务也渐渐集中。它把计算机芯片业务外包给了英特尔,从而成就了芯片首席帝国;它把系统操作平台业务外包给了微软,也造就了比尔·盖茨的一世成就。从20世纪90年代开始,IBM就转为以公司集团为主要对象提供电脑服务业务的企业,个人电脑逐渐退出IBM的生产领域,有时候不但不赚钱,还要赔钱。目前IBM的个人电脑业务占有其总销售额的10%,但利润非常低,对公司每股盈利贡献率不到1%。因此IBM早有把个人电脑业务分离出来的考虑。现在能有联想这样一个在迅猛发展的中国和亚洲市场占有老大位置的伙伴及时接手自己的烫手山芋,对IBM来说不失为在一个合适的时间合适的机会下作出的合适的选择,而且,把这块业务卖给联想也总比卖给直接竞争对手戴尔和惠普会更加合适。

据IBM向美国证交会提交的文件显示,其卖给联想集团的个人电脑业务持续亏损已达3年半之久,累计亏损近10亿美元,而联想并购IBM PC业务3个月后就实现赢利,意味着并购后的资源整合初步成功。此次收购IBM PC是联想国际化战略的继续,是联想高层在合适的时间作出的一个合适的决定。我

国企业走向世界最缺少的是品牌和技术,通过收购,联想得到了需要多年才能积累的资产:高端品牌、核心技术。联想今后可以在 IBM 搭建的平台上从事业务,可以说,联想已站在巨人的肩膀上。到目前为止,联想的整合正按计划进行,整合效果超过预期。联想并购 IBM 的 PC,资源整合是成功的,这意味着联想已走出其国际化道路的关键一步,而此后的道路仍将继续。

2013 年 5 月 23 日中午,联想公司发布 2012—2013 财年全年业绩报告。数据显示,在截至 2013 年 3 月 31 日的财年内,集团销售额为 338.73 亿美元,同比增长 15%。净利润为 6.35 亿美元,同比增长 34%。集团的全年毛利年比年增长 18% 至 41 亿美元,毛利率为 12%。全年经营溢利为 8 亿美元,年比年上升 37%。联想的全年盈利同比上升 34% 至 6.35 亿美元。在 PC 市场,联想全年市场份额达到 15.5%。在智能终端市场,联想市场份额达到 5.9%,成为全球第三大厂商。

随着时代的发展,服务器业务对联想来说非常重要,这才有了最新的"联想 IBM 二度联姻"的消息。近年来 PC 机销售下滑,毛利率也很低,相反服务器业务则有不错的利益,且依然有不错的市场空间,加上联想成本控制和营销,收购后能加速联想在服务器市场的拓展。据第三方的统计数据,全球服务器市场规模约 500 亿美元,主要被惠普、戴尔、IBM 三家分食。联想要在这个领域分一杯羹的难度并不小,但是有了上一次的成功经验,我们有理由期待联想的成功。

五、结论

收购 IBM 的 PC 业务将能解决联想集团在发展道路上遇到的技术问题、提高国际知名度问题以及发展品牌、技术、营销渠道的问题。因此,联想用智慧和勇气收购了 IBM 的 PC 业务。成立 20 年来,联想经过无数坎坷,但是要成为一个具有国际规模的长久企业,和 IBM 的合作是一个突破性契机,联想管理集团的管理层在两家国际顾问公司的大力支持下,完成了近 13 个月的谈判和工作量极大的业务梳理工作,最终走到了一起。

作为中国跨国企业的代表,联想要真正成为有实力的跨国公司,不仅仅要扩大规模,加强并购和外延式发展,更要注重提高核心竞争力,不断通过走国际化的道路促进公司的提高。

问题探讨与思考

1. 中国跨国企业走出去的动机和原因有哪些?
2. 你如何评价联想的"走出去"历程?

案例 31　世界的海尔

本案例学习目标

通过本案例的学习,学习海尔集团企业发展的过程,理解海尔集团内涵式发展的含义。

一、问题的提出

中国企业的国际化道路,除了出资收购国外先进企业的技术和业务之外,是否还有其他的模式?

二、理论分析框架

由于产业创新和基础研发的欠缺,新兴工业国家和发展中国家的企业发展道路,多以向发达国家和地区从国外引进产品的生产流水线或者生产技术而起步。一般其发展经历模仿、吸收、改良、创新等 4 个阶段。

在技术模仿阶段,企业会选择国内市场广阔而没有同类竞争企业的行业,注重产品在国内的新颖性、实用性,利于开拓市场并打造品牌。企业会制定从具体的国外企业引入技术的方针,签署相关合作合同,致力于模仿合资企业的先进技术。在技术吸收阶段,企业会发挥技术的应用能力,主要通过选择性的技术导入与自主开发,提高国外产品与国内市场的融合度,使得自己的产品更被国内市场和消费者认可;同时,会加强研发,加快原材料核心部件的国产化。到了技术改良阶段,企业会着重于提高产品的质量与生产效率,一方面有助于自主品牌的培育;另一方面扩大企业规模,利用自身改良技术增加产量,降低单位成本,从而获得更多的利润。这一阶段,企业会着手进行正式的研究与开发工作。最后的技术创新阶段,企业的研发工作从产品中心向技术中心转变,此时企业已经具有独立开发和较强研究能力,并不逊于欧美传统强国的企业,往往能提出新概念,并且尝试成为行业标准的确立者,从而引领新的行业和新的产业革命。

三、案例背景介绍

海尔,中国家电品牌,创立于 1984 年,经过 30 年创业创新,从一家资不抵债、濒临倒闭的集体小厂发展成为全球白电第一品牌。中国海尔团队秉承锐意进取的海尔文化,不拘泥于现有的家电行业的产品与服务形式,在工作中不断求新求变,积极拓展业务新领域,开辟现代生活解决方案的新思路、新技术、新产品、新服务,引领现代生活方式的新潮流,以创新独到的方式全面优化生活和环境质量。

2012年12月21日,据世界著名消费市场研究机构欧睿国际(Euromonitor)发布最新数据显示,海尔在世界白色家电品牌中排名第一,全球市场占有率8.6%,第四次蝉联全球第一。海尔同时拥有"全球大型家电第一品牌、全球冰箱第一品牌、全球冰箱第一制造商、全球洗衣机第一品牌与第一制造商、全球酒柜第一品牌与第一制造商、全球冷柜第一品牌与第一制造商"共9项殊荣。调查显示,海尔旗下产品的全球份额也节节攀升。2012年,海尔冰箱的品牌和制造商零售全球份额分别为14.8%和16.6%,海尔洗衣机的品牌零售量全球份额为11.8%,海尔酒柜品牌和制造商零售全球份额为15.3%,海尔冷柜的品牌与制造商零售全球份额为18.6%和18.8%。在智能家居集成、网络家电、数字化、大规模集成电路、新材料等技术领域,海尔也处于世界领先水平。"创新驱动"型的海尔致力于向全球消费者提供满足需求的解决方案,实现企业与用户之间的双赢。

自2002年海尔集团以489亿元的品牌价值首次问鼎中国最有价值品牌榜首以来,其连续12年蝉联"中国最有价值品牌"榜首,品牌价值逼近千亿。2013年10月13日,第19届中国最有价值品牌研究报告正式揭晓,海尔以992.29亿元(人民币)的品牌价值继续荣登冠军宝座。

1. 标识的故事

海尔商标的演变是海尔从中国走向世界的见证。海尔的故事,就是一部中国企业商标创业史。

1985年,海尔创业刚起步时,电冰箱生产技术从德国利勃海尔公司引进先进技术和设备,生产出亚洲第一代"四星级"电冰箱,当时双方签订的合同规定,为体现双方合作,海尔可在德国商标上加注厂址在青岛,于是海尔引进"琴岛—利勃海尔"作为公司的商标。(琴岛,青岛的别称)。

当时从冰箱装饰考虑,设计了象征中德儿童的吉祥物"海尔图形"(海尔兄弟)。海尔卡通吉祥物LOGO图设计寓意:中国的海尔和德国利勃海尔,中德双方的合作如同这两个小孩一样充满朝气和拥有无限美好的未来。"琴岛—利勃海尔"和"海尔兄弟图形"成为企业第一代识别标志。这些识别标志经广告广泛宣传,使海尔商标初步深入人心,为企业发展起到了积极作用。到20世纪80年代末90年代初,"琴岛—利勃海尔"冰箱在中国已是家喻户晓,成

QINDAO–LIEBHERR

图 12-3 海尔第一代识别标志

图 12-4 海尔兄弟卡通形象

琴岛海尔
QINDAO–HERR

图 12-5 海尔第二代识别标志

为优质产品的代名词。图 12-3 为海尔第一代识别标志,图 12-4 为海尔兄弟卡通形象。

1991 年企业名称确定改为"青岛琴岛海尔集团公司",产品商标也同时改为"琴岛海尔",实现企业名称与产品商标的统一,同时导入 CIS 理念,推出以"大海上冉冉升起的太阳"为设计理念的新标志,中英文组合标志"琴岛海尔","海尔蓝"为企业专用颜色,形成了集团 CI(Corporate Identity,企业标志)的雏形。这是海尔的第二代识别标志。这些标志的推出强化了消费者对海尔企业和商标的认知,但是识别标志存在着不够凝练,工业感、科技感不强等弱点。伴随着海尔企业的迅速发展,多元化、国际化的趋势更加明显,原有的企业识别标志已不能适应企业发展的步伐,迫切需要更为超前的企业识别标志和品牌定位。图 12-5 为海尔第二代识别标志。

随着企业进军国际化市场步伐加快,1991 年 12 月,企业名称改为"海尔集团",集团将产品品牌与集团名称均过渡到中文"海尔"。

1993 年 5 月,经过深入的调查研究,决定将第二代识别的中文标志去掉,直接将企业名称简化为"海尔集团",集商标标志、企业简称于一身,设计了英文"Haier"作为标识,新的标识更与国际接轨,设计上简洁、稳重、大气、国际化,广泛用于产品与企业形象宣传中,产生了第三代海尔企业识别标志。为推广"Haier",集团以中文"海尔"、海尔吉祥物图和"Haier 海尔"组合设计为辅助推广手段,力求建立长期稳定的视觉符号形象。这种抛开具体图形符号标志、追求高度简洁的超前做法,顺应了世界流行的设计趋势,为企业国际化奠定了形象基础。在此基础上,海尔集团把企业识别系统看做一个过程而非一种表现形式,在企业发展中以务实的态度不断完善企业视觉识别各要素,经过不断改进加以完善。从"琴岛—利勃海尔"到"琴岛海尔"再到"海尔",从商标的演变可以看出海尔塑造品牌形象、逐步走向国际化品牌的发展历程。海尔正在努力成为真正的国际化品牌。图 12-6 为海尔第三代识别标志。

2004 年 12 月 26 日,集团开始启用了新的海尔标志,标志由中英文(汉语拼音)组成,与原来的标志相比,新的标志延续了海尔 20 年发展形成的品牌文化;

第十二章 走向世界的中国跨国企业

同时，新的设计更加强调了时代感，英文每笔的笔画比以前更简洁，汉字是中国传统的书法字体，风格变中有稳，动态和稳定相结合。图12-7为海尔第四代识别标志。

2013年7月28日消息，海尔在创新全球论坛上，海尔正式发布了步入网络化战略阶段之后品牌的新形象。公布了全新的企业logo和slogan(商业口号)，其中新口号是"你的生活智慧，我的智慧生活"。

海尔最新版识别标志新形象主要有三大变化。一是海尔主色彩从红色重新回归蓝色。在新的战略阶段，海尔向着提供专业服务及解决方案的科技形象转变，新的品牌主色彩随之转变为蓝色，以体现科技创新与智慧洞察的视觉感受，似乎也寓意着要开拓新的蓝海。二是"I"上的点由方点变为圆点，以及字体整体优化。圆点象征着地球，体现海尔创互联网时代的全球化品牌理想，也表现了海尔对网络平台中每一个个体的关注，意味着全球化背景下集团将个体的智慧汇聚成海尔的网状平台。字体整体优化，以获得更好的视觉平衡。三是辅助图形为网格状，以象征海尔节点闭环的动态网状组织，网格没有边框，无限延伸，喻义网络化的海尔无边界，没有层级，而是共同直面用户需求的节点。图12-8为海尔第五代识别标志。

图12-6　海尔第三代识别标志

图12-7　海尔第四代识别标志　　图12-8　海尔第五代识别标志

2. 海尔的品牌战略

从1984年创业至今，海尔集团经过了名牌战略发展阶段、多元化战略发展阶段、国际化战略发展阶段、全球化品牌战略发展阶段四个发展阶段，2012年12月，海尔集团宣布进入第五个发展阶段：网络化战略发展阶段。

第一阶段是名牌战略发展阶段(1984—1991年)。20世纪80年代，正值改革开放初期,很多企业引进国外先进的电冰箱技术和设备,包括海尔。那时,家电供不应求,很多企业努力上规模,只注重产量而不注重质量。海尔没有盲目上产量,而是严抓质量,实施全面质量管理,提出了"要么不干,要干就干第一"。当家电市场供大于求时,海尔凭借差异化的质量赢得竞争优势。

这一阶段,海尔专心致志做冰箱,在管理、技术、人才、资金、企业文化方面有了可以移植的模式。1985年,一位用户来信反映海尔冰箱有质量问题,时任厂长张瑞敏让员工用大锤砸毁76台有缺陷的冰箱,砸醒了员工的质量意识。这把大锤已被被中国国家博物馆正式收藏为国家文物,文物命名是:1985年青岛(海尔)电冰箱总厂厂长张瑞敏带头砸毁76台不合格冰箱用的大锤。

第二阶段是多元化战略发展阶段(1991—1998年)。20世纪90年代,国家政策鼓励企业兼并重组,一些企业兼并重组后无法持续下去,或认为应做专业化而不应进行多元化。海尔的创新是以"海尔文化激活休克鱼"思路先后兼并了国内18家企业,使企业在多元化经营与规模扩张方面,进入了一个更广阔的发展空间。当时,家电市场竞争激烈,质量已经成为用户的基本需求。海尔在国内率先推出星级服务体系,当家电企业纷纷打价格战时,海尔凭借差异化的服务赢得竞争优势。1998年,哈佛大学把"海尔文化激活休克鱼"写入教学案例,邀请张瑞敏参加案例的研讨,张瑞敏也成为第一个登上哈佛讲坛的中国企业家。

这一阶段,海尔开始实行 OEC(Overall Every Control and Clear)管理法,即每人每天对每件事进行全方位的控制和清理,目的是"日事日毕,日清日高"。这一管理法也成为海尔创新的基石。

第三阶段是国际化战略发展阶段(1998—2005年)。20世纪90年代末,中国加入WTO,很多企业响应政府号召走出去,但出去之后非常困难,又退回来继续做贴牌加工。海尔认为走出去不只为创汇,更重要的是创中国自己的品牌。因此海尔提出"走出去、走进去、走上去"的"三步走"战略,以"先难后易"的思路,首先进入发达国家创名牌,再以高屋建瓴之势进入发展中国家,逐渐在海外建立起设计、制造、营销的"三位一体"本土化模式,产品批量销往全球主要经济区域市场,有自己的海外经销商网络与售后服务网络,Haier品牌也因此有了一定知名度、信誉度与美誉度。美国海尔大厦就位于美国纽约曼哈顿百老汇大街,这幢建筑是纽约的标志性建筑,成为了海尔在美国的总部。

这一阶段,海尔推行"市场链"管理,以计算机信息系统为基础,以订单信息流为中心,带动物流和资金流的运行,实现业务流程再造。这一管理创新加速了企业内部的信息流通,激励员工使其价值取向与用户需求相一致。

第四阶段是全球化品牌战略发展阶段(2005—2012年)。互联网时代带来营销的碎片化,传统企业的"生产—库存—销售"模式不能满足用户个性化的需求,企业必须从"以企业为中心卖产品"转变为"以用户为中心卖服务",即用户驱动的"即需即供"模式。互联网也带来全球经济的一体化,中国企业的国际化和全球化之间应该是逻辑递进关系:"国际化"是以企业自身的资源去创造国际品牌,而"全球化"是充分利用全球的资源,创造本土化主流品牌,从母国主义走向全球战略,是质的不同。因此,海尔整合全球的研发、制造、营销资源,创全球化品牌,在每一个国家的市场创造本土化的海尔品牌,提升产品的竞争力和企业运营的竞争力,与分供方、客户、用户都实现双赢利润,从单一文化转变到多元文化,实现持续发展。

这一阶段,海尔探索的互联网时代创造顾客的商业模式就是"人单合一双赢"模式。员工成为自主创新的主体,由此形成了企业与员工之间关系的一个新格局,由原来员工听企业的,变成现在员工听用户的、企业听员工的用户创新的方案。人单合一双赢的本质是:员工可以创造用户并且分享价值。也就是说,员工有权根据市场的变化自主决策,员工有权根据为用户创造的价值自己决定收入。这是又一种创新的全球化自主经营方式。图12-9为海尔品牌战略的演进。

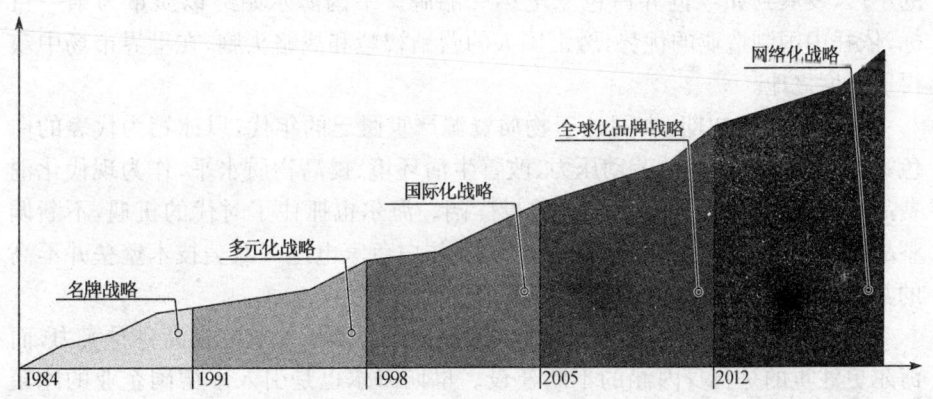

图12-9　海尔品牌战略的演进(引自海尔官网)

第五阶段是网络化战略发展阶段(2012—2019年)。现在的时代是一个全新的移动互联的时代,互联网时代的到来颠覆了传统经济的发展模式,而新模式的基础和运行则体现在网络化上,市场和企业更多地呈现出网络化特征。在海尔看来,网络化企业发展战略的实施路径主要体现在三个方面:企业无边界、管理无领导、供应链无尺度,即大规模定制,按需设计,按需制造,按需配送。

2014年年初,海尔宣布了自己的最新业绩:2013年,实现全球营业收入1 803亿元,利润总额首次突破百亿大关,达到108亿元,同比增长20%。利润增幅连续7年保持两倍于收入增幅。相较于1 803亿元的全球营业额,海尔更关心自己利润的路径而不仅仅是结果。从8年前开始的商业模式创新,以及目前海尔向互联网转型的最新探索,才让海尔获得了目前的竞争力业绩。

而海尔推进的互联网转型,为业界所强烈关注,甚至带来了新的商业"生态圈"模式。2013年年底,国内最大的互联网公司阿里巴巴,就主动向海尔抛出了橄榄枝,对海尔旗下海尔电器公司注资28.22亿港币,双方建立了战略合作关系,进一步深耕物流配送业务。业界也对此进行了高度评价,认为这是中国制造业与互联网融合的具有里程碑意义的事件。这也体现出张瑞敏所阐释的"互联网思维":在"零距离"和"网络化"的现实下,企业要实现"平台化",即从过去的"垂直一体化"转型成为"开放的商业生态圈"。

(资料来源:海尔官网 www.haier.net。)

四、案例分析

海尔的发展史是中国跨国企业一步步发展壮大的历史。从一家濒临倒闭的小厂,发展到如今世界白色家电第一品牌。中国海尔始终以质量为第一目标,依托中国制造业的优势,融汇国人的营销智慧和战略头脑,在世界市场中获得了一席之地。

在改革开放初期,中国处于物质资源严重匮乏的年代,以冰箱为代表的白色家电能够减轻人们的劳动压力、改善生活环境、提高物质水平,作为现代化消费品在中国市场可谓如鱼得水,前景广阔。海尔也抓住了时代的机遇,不断调整战略,强化自身实力,着眼海外市场,抓住白色家电这一欧美技术壁垒并不高的契机,打造了中国自己的世界品牌。

相比联想以资本收购海外企业,从而直接获得相关业务提高自身实力,而海尔更注重的是自身内涵的不断建设。早期海尔也是引入了德国企业的冰箱制造技术,并且强化质量从而赢得了在国内的声誉,但是海尔的后来发展是以国内市场为背景的渐进性发展,不断增强自身的实力和研发,从而形成了独特的内涵式的创新建设发展。这种基于本国市场白手起家、不断进取、与时俱进的做法,虽然未必能吸引人们的目光,引起国际市场的轰动,但却更加可贵,因为它需要企业家有高瞻远瞩的潮流意识和战略眼光,以及锐意进取、戒骄戒躁的创业精神,同时也更符合中国的实际国情和中国人脚踏实地、天道酬勤的文化价值观及创业理念,也更适合广大中国企业学习和仿效。

　　值得欣喜的是,在新的时代背景下,海尔并没有故步自封、停滞不前,在传统制造和零售业面临互联网经济冲击的浪潮下,海尔仍然能在战略上作出及时的应对。在互联网时代,海尔通过解决方案和管理模式的破坏性创新,与用户进行设计、生产、服务全流程交互,为用户量身定制个性化的智能家居体验和引领的美好生活解决方案;通过开放平台模式,整合全球一流资源,试图构建创新生态圈和商业生态圈。

　　海尔,不仅是中国的海尔,也是世界的海尔。

问题探讨与思考

1. 中国跨国企业要做大做强,应从哪些方面入手?
2. 你是否认可海尔的发展模式?请作针对性的评述。
3. 海尔的发展和联想有何区别?
4. 从海尔标志的演进历史出发,结合苹果、摩托罗拉等企业 Logo 的变化,评述标志对于一个企业发展过程的影响。

参考文献

[1] 大卫·H·霍尔特(Holt David H.),卡伦·W. 维吉顿(Wigginton Karen W.).跨国管理[M].2版.王晓龙,史锐,译.北京:清华大学出版社,2005.

[2] 克里斯托弗·巴特利特(Christopher Bartlett),休曼特拉·戈歇尔(Sumantra Ghoshal),保罗·比米什(Paul Beamish).跨国管理:教程、案例和阅读材料[M].5版.赵曙明,译.大连:东北财经大学出版社,2010.

[3] 海伦·德雷斯基(Helen Deresky).国际管理·跨国与跨文化管理:课程与案例[M].7版.北京:清华大学出版社,2012.

[4] 包铭心(Paul W. Beamish),莫礼训(Allen J. Morrison),安德鲁·C·英克本(Andrew C. Inkpen),菲利普·M·罗森茨韦格(Philip M. Rosenzweig).国际管理——教程与案例[M].5版.北京:中国人民大学出版社,2005.

[5] 弗雷德·卢森斯(Fred Luthans),乔纳森·P·多(Jonathan P. Doh).国际企业管理:文化、战略与行为[M].7版.赵曙明,程德俊,注译.北京:机械工业出版社,2010.

[6] 弗雷德·卢森斯(Luthans F.),理查德·霍杰茨(Hodgetts R. M.),乔纳森·多(Doh J. P.)著.跨文化沟通与管理[M].6版.北京:人民邮电出版社,2008.

[7] 魏小军.跨文化管理精品案例[M].上海:上海交通大学出版社,2011.

[8] 毛蕴诗,袁静.跨国公司经营管理:案例与阅读材料[M].广州:中山大学出版社,2010.

[9] 单宝.跨国公司经营管理[M].上海:上海财经大学出版社,2008.

[10] 谭云清.管理学[M].上海:上海财经大学出版社,2013.

[11] 张纪康.跨国公司与直接投资[M].上海:复旦大学出版社,2011.

[12] 艾伦·C·夏皮罗.跨国公司财务管理[M].7版.北京:中国人民大学出版社,2005.

[13] 李尔华,崔建格.跨国公司经营与管理[M].2版.北京:清华大学出版社,北京交通大学出版社,2011.

[14] 任永菊.跨国公司经营与管理[M].大连:东北财经大学出版社,2012.

[15] 何志毅,柯银斌.中国企业跨国并购10大案例[M].上海:上海交通大学出版社,2010.

[16] 中央电视台《跨国并购》节目组.跨国并购[M].北京:电子工业出版社,2012.

[17] 陈向东.当代跨国公司管理[M].2版.北京:机械工业出版社,2013.

[18] 关雪凌,罗来军,等.跨国公司经营与管理[M].北京:中国人民大学出版社,2012.

[19] 高湘一.跨国公司经营与管理[M].北京:中国商务出版社,2009.

[20] 郭伟,徐翔.跨国公司经营管理案例:世界 500 强企业的成功之道[M].上海:复旦大学出版社,2012.

[21] 廖民生.中国跨国公司发展战略与案例[M].北京:经济科学出版社,2013.

[22] 王志乐.2012 走向世界的中国跨国公司[M].北京:中国经济出版社,2012.

[23] 宋鸿兵.货币战争[M].北京:中信出版社,2007.

[24] 宋鸿兵.货币战争 2:金权天下[M].北京:中信出版社,2012.

[25] 王焕祥.跨国公司经营与管理[M].北京:经济科学出版社,2011.

[26] 汪熙.约翰公司—英国东印度公司[M].上海:上海人民出版社,2007.

[27] Keay, John. The Honourable Company-A History of the English East India Company [M]. London: Harper Collins, 1991.

[28] Bringhurst, Bruce. Antitrust and the Oil Monopoly: The Standard Oil Cases, 1890—1911[M]. New York: Greenwood Press, 1979.

[29] Chernow, Ron Titan. The Life of John D. Rockefeller, Sr[M]. London: Warner Books, 1998.

[30] Folsom Jr, Burton W, John D. Rockefeller and the Oil Industry from The Myth of the Robber Barons[M]. New York: Young America, 2003.

[31] Giddens Paul H. Standard Oil Company (Companies and men)[M]. New York: Ayer Co. Publishing, 1976.

[32] Henderson Wayne. Standard Oil: The First 125 Years[M]. New York: Motorbooks International, 1996.

[33] Knowlton Evelyn H, George S. Gibb, History of Standard Oil Company: Resurgent Years 1911—1927[M]. New York: Harper & Row, 1956.

[34] 曾小龙,吴昌南.邓宁的 OLI 理论扩展及其对我国的启示[J].科学经济社会,2008,26(03):43-47.

[35] 郑磊.邓宁 OIL 理论的演变[EB/OL].价值中国网,http://www.chinavalue.net/Finance/Article/2008-11-9/143508.html.

[36] Frederick Allen.神秘配方:可口可乐百年行销传奇[M].文林,译.台北:麦田出版社,1996.

[37] 龙文元.卖水的哲学:无处不在的可口可乐[M].合肥:安徽人民出版社,2012.

[38] 马克·彭德格拉斯特.可口可乐帝国[M].2 版.高增安,马永红,李维余,译.北京:华夏出版社,2009.

[39] 李慧群.百事可乐与可口可乐:全球两大饮料巨头的品牌营销与竞争战略[M].北京:中国物资出版社,2007.

[40] 康怡祥.一分钱优势:沃尔玛连锁制胜之道[M].安徽人民出版社,2012.

[41] 山姆·沃尔顿(Walton S.),约翰·休伊(Huey J.).促销的本质:沃尔玛创始人山姆·沃尔顿自传[M].南京:江苏文艺出版社,2012.

[42] 程东升.李彦宏的百度世界[M].北京:中信出版社,2009.
[43] 周艳国.百度创业内幕[M].杭州:浙江人民出版社,2012.
[44] 章晓明.百度:互联网时代的搜索神话[M].北京:中国工人出版社,2010.
[45] 杰克·韦尔奇(Jack Welch),约翰·拜恩(John A. Byrne).杰克·韦尔奇自传.曹彦博,孙立朋,丁浩,译.北京:中信出版社,2013.
[46] 邵雨.杰克·韦尔奇管理日志[M].杭州:浙江大学出版社,2013.
[47] 时丽霞.优酷土豆合并案例浅析[J].企业研究,2012(08):21-25.
[48] 余四林.论优酷土豆合并的风险与影响[J].当代经济,2012(22):32-33.
[49] 王雪玉.优酷土豆合并:1+1能否大于2？[J].金融科技时代,2012(10):30.
[50] 龚伟同.宝洁VS联合利华——一对冤家同途殊归的十年[J].商务周刊,2009(4):74-77.
[51] 何佳讯,卢泰宏.联合利华的中国战略[J].现代商贸工业,2003,15(3):30-33.
[52] 雷·克罗克(Ray Kroc),罗伯特·安德森(Robert Anderson).麦当劳之父的创业冒险[M].钱峰,译,北京:机械工业出版社,2009.
[53] 拉里·莱特(Larry Light),琼·基顿(Joan Kiddon).重塑品牌的六大法则:麦当劳是如何为品牌重注活力的[M].吕熠,译.北京:中国人民大学出版社,2010.
[54] 肖晓春.连锁王·麦当劳标准化体系[M].广州:广东经济出版社,2012.
[55] 周禹,白洁,李晓冬.宝洁:日化帝国百年传奇[M].北京:机械工业出版社,2010.
[56] 雷富礼(Lafley. A. C),拉姆·查兰(Ram Charan).游戏颠覆者:宝洁CEO首度揭示品牌王国缔造的奥秘[M].辛弘,石超艺,译.北京:机械工业出版社,2009.
[57] 艾铁成,李波,秦力洪.品牌帝国:宝洁中国商战传奇[M].北京:中国经济出版社,2012.
[58] 袁志刚.中国(上海)自由贸易试验区新战略研究[M].上海:格致出版社,上海人民出版社,2013.
[59] 上海市社会科学界联合会.中国(上海)自由贸易试验区150问[M].上海:格致出版社,上海人民出版社,2013.
[60] 王俊文.加快实施中国自贸区战略研究[M].北京:中国商务出版社,2013.
[61] 亚当·拉辛斯基(Adam Lashinsky).苹果:从个人英雄到伟大企业[M].王岑卉,译.上海:上海财经大学出版社,2013.
[62] 沃尔特·艾萨克森(Walter Isaacson).史蒂夫·乔布斯传(Steve Jobs：A Biography)[M].北京:中信出版社,2011.
[63] Thompson, Earl A., Treussard Jonathan. The Tulipmania: Fact or Artifact? [M]. Los Angels: UCLA, 2002.
[64] 彼得·马丁,布鲁诺·霍尔纳格.资本战争:金钱游戏与投机泡沫的历史[M].王音浩,译.天津:天津教育出版社,2008.